Manfred E.A. Schmutzer
Um-Wege zur Un-Wahrheit

Gewidmet
Lesern, die am Nach-Denken noch Gefallen finden

Manfred E.A. Schmutzer (Univ.-Prof. em., Dipl.-Ing., Dr. phil., PhD) ist Sozialwissenschaftler im Bereich Wissenschafts- und Technikforschung. Der Herausgeber der Quartalsschrift »Technik Kontrovers« und Mitbegründer des Instituts für »Technik und Gesellschaft« an der TU Wien hatte Gastprofessuren und Forschungsaufenthalte u.a. am Wissenschaftszentrum Berlin (WZB), der ETH Zürich, Universitäten in den USA, an der Akademie der Wissenschaften in Beijing und der TU Graz. Er ist Fellow u.a. der »Japan Society for the Advancement of Science«. Zu seinen Veröffentlichungen zählen u.a. »Ingenium und Individuum« (1994), »Die Geburt der Wissenschaften. Panta Rhei« (2011) und »Die Wiedergeburt der Wissenschaften im Islam – Konsens und Widerspruch« (2015).

Manfred E.A. Schmutzer

Um-Wege zur Un-Wahrheit

Von Technikeuphorie über Wissenschaftsskepsis zur Kunst

[transcript]

Bibliografische Information der Deutschen Nationalbibliothek
Die Deutsche Nationalbibliothek verzeichnet diese Publikation in der Deutschen Nationalbibliografie; detaillierte bibliografische Daten sind im Internet über http://dnb.d-nb.de abrufbar.

transcript Verlag | Hermannstraße 26 | D-33602 Bielefeld | live@transcript-verlag.de

Umschlaggestaltung: Kordula Röckenhaus und Marie Arndt, Bielefeld
Druck: Majuskel Medienproduktion GmbH, Wetzlar
Print-ISBN 978-3-8376-4123-3
PDF-ISBN 978-3-8394-4123-7

Gedruckt auf alterungsbeständigem Papier mit chlorfrei gebleichtem Zellstoff.
Besuchen Sie uns im Internet: *http://www.transcript-verlag.de*
Bitte fordern Sie unser Gesamtverzeichnis und andere Broschüren an unter: *info@transcript-verlag.de*

Inhalt

Vorwort

Die vorliegende Sammlung von Essays entstand in einem Zeitraum von mehr als zwanzig Jahren. Sie kann daher als Dokumentation eines intellektuellen Werdegangs betrachtet werden.

Dieser Werdegang wurde massiv von Strömungen geprägt, die in den jeweiligen Epochen den Ton und eine Stimmung vorgaben. Die autobiografische Note kann folglich auch als zeitgeschichtliches Dokument verstanden werden.

Allerdings handelt es sich um noch mehr:

Die Arbeit gliedert sich offensichtlich in zwei aufeinander Bezug nehmende Teile. Der erste Teil bietet eine kritische Auseinandersetzung mit vorgefundenen Gegebenheiten und bemüht sich um deren Analyse und um deren Verbesserung. Übereinstimmend damit befleißigt er sich einer gängigen Ausdrucksform.

Der zweite Teil verlässt nun den tradierten Pfad und versucht sich im Entwurf alternativer Zugänge. Dieser Wechsel bringt zugleich auch eine unübersehbar neue Ausdrucksweise mit sich. Der Wandel des Jargon wird dabei als unvermeidbar betrachtet. Die Begründung dafür wird in einem „Propädeutikum" geliefert, das somit das Bindeglied zwischen den beiden Teilen bildet.

Der nicht unbeträchtliche Unterschied zwischen diesen zwei Teilen signalisiert zugleich einen Bruch in den Anliegen und in der Weise, wie sie vorgebracht werden. Wird im Teil eins noch der Versuch unternommen, mit den gängigen Ausdrucksmitteln argumentativ unübliche Erkenntnisse zu transportieren, so wird im zweiten Teil davon Abstand genommen. Dort wird aufgrund der Einsicht, dass mit den gängigen sprachlichen Mitteln auch nur gängige Inhalte vermittelt werden können, ein neuer Weg eingeschlagen. Er besteht darin un-gängige Mittel einzusetzen, um un-gängige Inhalte oder Un-wahrheiten zu vermitteln.

Um dieses doch eher aussichtslos scheinende Bemühen nicht von Anfang an als gänzlich absurd und verrückt erscheinen zu lassen, sei festgestellt, dass sich auch die Intentionalität der Rede verändert hat. Bestand anfänglich das Bestreben noch darin, mit vernünftigen Argumenten zu überzeugen, so setzte sich im Laufe der Erfahrungen die Einsicht durch, dass das unmöglich ist. Es muss vielmehr ein Wandel der Stimmungen bewirkt werden, dann folgt der Wandel der Argumente und der jeweiligen „Vernünfte" auf dem Fuß. Soviel zur Einstimmung gewogener Leser!

Dass mir aus unterschiedlichen Motiven schon Andere gewogen waren und mir in verschiedenster Weise auf diesem Weg hilfreich zur Seite standen, bezeugt nachfolgende Danksagung. Sie ergeht zunächst an meine Universität, die Technische Universität Wien. Sie hat die Publikation dieser Arbeit durch finanzielle Unterstützung ermöglicht. In emotionaler und intellektueller Hinsicht bin ich hingegen zu großem Dank verpflichtet: Hermann J. Hendrich, Horst L. Renner, Helga Renner, Jessica A. Schmutzer, Edith Wegscheider, Horst Wegscheider und Isabella Wessig. Ungenannt müssen alle jene bleiben, die mir bei diversen Vorträgen und Diskussionen positives „feed-back" gaben und mich dadurch darin bestärkten, auf verworrenen Wegen weiterzuwandern.

Wegmarken eines Zeitpfades

In jenen Jahren, als ich meine beruflichen Zukunftsentscheidungen treffen musste, kreisten die ersten Sputniks um unseren Planeten. Es wurden Autobahnen und Kraftwerke gebaut. In den Kinos, die damals das Mekka der Jugend waren, wurden die ersten Breitwandfilme gezeigt. Die Abkömmlinge betuchter Eltern besaßen Magnetophone und Kofferradios, die Bewunderung und Neid bei ihren Schulkameraden erweckten. Manche tuckerten auf Motorrollern durch die Landschaft, andere besaßen Schmalfilmkameras. In immer mehr Wohnungen fanden sich elektrische Warmwasserboiler, die häufiges Duschen erlaubten, und Waschmaschinen, die sogar das tägliche Wechseln von Kleidung möglich machten. Die Welt war nach den Entbehrungen des Krieges und der Zeit danach im Umbruch und dieser präsentierte sich vor allem in der Verfügbarkeit technischer Geräte. Sie versprachen, was schon früher gefordert wurde, Freiheit, doch einer anderen, viel umfassenderen Art als jener, die die „Jugendbewegung" des beginnenden 20. Jahrhunderts verkündete.

Wenig Wunder, dass sich in der Jugend und der öffentlichen Meinung eine Technikverliebheit breit machte, die von dem gleichzeitig verbreiteten Mythos, dass alle Weltprobleme durch technischen Fortschritt gelöst werden könnten, zusätzlich genährt wurde. Wer diesem Idol verfiel, inskribierte an einer „Technischen Hochschule", die damals noch nicht durch die Bezeichnung „Universität" geadelt war. Einer von diesen war auch ich.

Der lange Marsch durch Zeichensäle, Werkstätten und Labors, gepaart mit ersten Erfahrungen aus der Praxis der Industrien, ließ bald ahnen, dass Freiheit durch Technik einen Preis einforderte, der mit der Münze beträchtlicher Unfreiheit zu bezahlen war. Autoritäre Lehrer, Standards und Normen, nicht nur nach ÖNORM oder DIN, engten den Bereich der Freiheit unerfreulich ein. Doch die feuerspeienden Raketen, der Mann am Mond, die ersten Rechenmaschinen oder erfolgreiche Herztransplantationen ließen den Preis als angemessen erscheinen. Denn als angehender Ingenieur lernte man, dass „ohne Fleiß kein Preis" bzw. ohne Preis kein Fortschritt zu erwirken sei.

So begann der Glanz der technischen Lösungsversprechen trüb zu werden. Erste Nachrichten erreichten Europa aus dem Mutterland der Technikverliebtheit jenseits des Atlantik. Los Angeles versinkt im Smog. Vögel und Fische sterben zu Tausenden durch Umweltvergiftung. Und dann: Agent Orange in Vietnam, die Spätfolgen von Hiroshima und Nagaski und Minimata als Pendant dazu, die ersten Erkenntnisse in der Onkologie, die die erhöhte Krebssterblichkeit auf karzinogene Substanzen zurückführten, Contergan-Babies und die Häufung von Verkehrsunfällen auf den Straßen und in der Luft. Allmählich wurden die Vorteile etwa der Anti-Babypille kritischer beurteilt und es stellten sich Fragen, z.B. ob die Gefahren der Atomenergie nicht deren Vorteile überwiegen. Der Mythos vom technischen Fortschritt entpuppte sich zunehmend als solcher.

Der Glaube, dass dieser Fortschritt quasi Teil der Evolution und folglich naturgesetzlich ablaufen würde, sodass die Ingenieure nur dessen Werkzeuge wären, schwand. Es wurde deutlich, dass hinter diesem vorgeblichen Entwicklungsgesetz fundamentale Interessen standen, die nicht selbstlos auf die Verbesserung der menschlichen Lebensbedingungen hinzielten, sondern überwiegend auf die ihrer eigenen Lebensbedingungen. Doch der Mehrheit der Ingenieure wurde nach wie vor die uralte Erlösungsgeschichte vorgebetet, und fasziniert von ihrer eigenen Gottähnlichkeit schafften sie munter weiter, ohne rechts oder links zu blicken.

Studentenunruhen in Berkeley und bald darauf in Frankreich und Deutschland zeigten Interdependenzen auf, die allerdings im Kopf eines frisch gebackenen Ingenieurs mehr Verwirrung als Verständnis schafften.

Es waren ein paar Zufälle, die mir Kontakte eröffneten, welche meine Blickrichtung änderten. Aufgrund dessen fiel der Entschluss, nach dem Technikstudium nicht sofort den vorgezeichneten Pfad zu betreten. Stattdessen wurde die Chance ergriffen, die sich in Form eines Postgraduate-Studiums bot, Politikwissenschaft zu studieren. Dieses Fach war im deutschen Sprachraum ein akademisches Novum. Den universitären Segen erhielt es erst viele Jahre später.

Die Novität und die Erwartung, die verwirrenden Sachverhalte nun auch verstehen zu können, stärkten meinen mit Risiko behafteten Entschluss. Wie sich bald herausstellte, war das Risiko weitaus geringer als vermutet. Die Vertreter dieser neuen Disziplin trachteten nämlich danach, dem Erfolgskonzept der Physik und der Technik zu folgen, um selbst ebenfalls anerkannt und respektiert zu werden. So kam es, dass Studenten meiner Provenienz begehrt waren und reichlich Förderung erfuhren.

Die anfänglichen Vorstellungen, zunächst etwas anderes kennenzulernen, um dann in die alten Fußstapfen zurückzukehren, machten neuen Platz. Das Bestreben der Politologen nach Respekt und meine Unfähigkeit, das konfuse Gerede dieser Disziplin zu verkraften, ermunterte mich dazu, tatkräftig daran mitzuwirken, dieses Fach durch Mathematik und formale Modelle zu bereichern und es dem Ziel näherzubringen, das schon im 19. Jahrhundert an der École Polytechnique formuliert wurde: eine „soziale Physik" zu werden.

In dieser Haltung vielseitig bestärkt, bewarb ich mich um ein Forschungsstipendium des British Council. Problemlos erhielt ich es und mehr: es wurde noch zweimal verlängert. Ich wurde an der University of Essex aufgenommen und begann dort meine Forschungsarbeiten, die darin bestanden, formale Modelle sozialer Prozesse zu entwickeln. Anfänglich waren diese mathematisch konzipiert, doch schon bald wurde klar, dass die Komplexität und Prozesshaftigkeit der Phänomene besser mit Hilfe von Computermodellen beschrieben würden. Das war für mich der erste Schritt, dessen neue Richtung mir damals gänzlich unklar war. Doch in der Retrospektive wird deutlich, dass ich damit eben zunehmend mehr von den tatsächlichen Vorgängen im Sozialbereich erfassen konnte. Im Zuge dessen wurde auch deutlich, dass diese Prozesse mit den Regeln der Mathematik und Informatik nicht umfassend in Übereinstimmung standen. Diese Einsichten waren erschütternd. Sie erschütterten nicht nur mein eigenes Selbstverständnis, sondern auch jenes einiger meiner Unterstützer und führten zum Teil zu beträchtlichen Konflikten. Genau genommen war ich auf dem Weg, deren Programm in Frage zu stellen. Dennoch beendete ich meine Arbeit an der University of Essex mit einem Abschluss als PhD.

Ich selbst fand mich zusätzlich an einer Weggabelung, die mir neue Entscheidungen abforderte. Die Komplexität politischer Entscheidungsfindung ließ es notwendig erscheinen, soziale Prozesse mit zu berücksichtigen und die Rolle von Sozialisation, Ideologien und Religion einzubeziehen. Genauso wenig durften ökonomische und historische Bedingungen ignoriert werden. In diesem Kontext wurde mir bald klar, dass Begriffe wie „Zeitgeist" keine leeren Phrasen sind, sondern Komplexe benennen, die gemeinhin als kulturbedingt verstanden werden.

In einem Land wie Großbritannien herrschte im Unterschied zum Kontinent seit langem eine Grundstimmung[1] vor, die am besten als empirizistisch charakterisiert wird. Diese Prädisposition ist zu nicht geringem Teil der multikulturellen imperialistischen Vergangenheit geschuldet, die – weil sich zwischen Afrika, dem fernem Osten oder den amerikanischen Prärien wenig findet, was sich leicht in ein einfaches Theoriengebäude einfügen lässt – bemüht ist, auf Fakten zurückzugreifen. Die Briten entwickelten folglich seit David Hume einen Zugang, der von Hume selbst als „An Attempt to introduce the Experimental Method of Reasoning into Moral Subjects" bezeichnet wurde, wie im Untertitel seines weit verbreiteten Werks „A Treatise on Human Nature" (1739/40) angekündigt wurde. In seinem in Großbritannien weit rezipiertem Werk verweist er mit Nachdruck darauf, dass sich Völker und Nationen durch eine Vielfalt an Werthaltungen, Sitten, Gewohnheiten und Stilfragen unterscheiden, die alle emotional verankert sind. Auch vorgeblich rationale Entscheidungen[2] sind ebenso wie „nicht-rationale" Wunschvorstellungen Ausfluss solcher gesellschaftlichen Prägungen. Es müssten daher diese unterschiedlichen sozialen Vorgaben empirisch studiert und theoretisch differenziert

1 | Das ist ein erster Hinweis auf Ansätze M. Heideggers, die in den letzten Kapiteln dieses Bandes behandelt werden.

2 | Siehe dazu: „Die Vernunft vernimmt", dieser Band.

werden. Auf diesem Nährboden formierte sich, letztlich motiviert durch die weltweiten Eroberungen, eine Grundeinstellung, die anders als in Deutschland oder Österreich die Kulturen fremder Nationen studieren wollte und nicht dazu tendierte, sie in ein quasi-naturwissenschaftliches Korsett zu zwingen. Meinerseits hatte dies zur Folge, dass ich mich nun auch mit „Social Anthropology" auseinandersetzte. Frucht all dessen war letztlich, dass ich auch Naturwissenschaft und Technik mit anderen Augen zu betrachten begann. Habe ich mich bei meiner ersten Konversion, jener zu den Sozialwissenschaften, über die Widersprüchlichkeit ihrer Theorien gewundert, so begann ich mich nun über die apodiktischen und tautologischen Grundannahmen der Physiker und ihrer „Sprache", der Mathematik, zu wundern. Sätze wie „tertium non datur", egal, ob in der Mathematik bei indirekten Beweisen benutzt oder in den Kunstsprachen der Informatik[3], ließen sich nicht länger von den Dogmen päpstlicher Unfehlbarkeit unterscheiden.

Ich wandelte mich vom Protagonisten – vielleicht in einer vergleichbaren Weise, wie Ludwig Wittgenstein nach dem „Traktat" – zum Kritiker des rationalistisch-empirizistischen Ansatzes. Diese neuerliche Metamorphose fiel mit meiner Rückkehr nach Wien und einer Beschäftigung am Institut für Soziologie an der Universität zusammen. Historisch war es zugleich jene Epoche, wo in Österreich eine Kampagne für bzw. gegen das Atomkraftwerk Zwentendorf geführt wurde. Diese Thematik führte mich zurück zu meinem Ausgangspunkt, der Technik. Doch nun betrachtete ich sie mit völlig neuen Augen. Die Weigerung der Protagonisten, die ungelösten Probleme des entstehenden radioaktiven Abfalls ernst zu nehmen, und die sich daraus ergebenden Diskussionen über die Unvermeidbarkeit eines heraufdämmernden, antidemokratischen Überwachungsstaates, bestärkten mich schließlich darin, die früher bereits geahnten Bezüge zwischen heutiger Technik und autoritären Organisationen in Wirtschaft und Staat als Bedrohung zu sehen. Allerdings blieb die Hoffnung aufrecht, dass sich diese Möglichkeit verhindern ließe, wenn man den Technikern nur die Augen öffnen würde.

Naheliegender Weise ortet ich die größten Erfolgsaussichten bei den nachrückenden Generationen. So begann ich mich für eine Revision der Lehrpläne an technischen Universitäten einzusetzen. Dass die Widerstände gegen ein derartiges Programm nicht unbeträchtlich sein würden, sah ich voraus. Dass aber die anfänglich begeisterte Jugend sich innerhalb kurzer Zeit dem neoliberalen Dogma von Margaret Thatcher und Ronald Reagan lustvoll unterwerfen würde, überraschte mich. Der epochale Schwenk meiner anfänglich Verbündeten ins andere Lager machte mich in der Folge zum einsamen Rufer in der Wüste. Diese Rolle blieb mir bis zu meiner Emeritierung. Ein neuerlicher Schwenk, der nun, vermutlich durch die Realität bedingt, von der inzwischen frustrierten jungen Generation kam, kam für mich zu spät.

3 | Siehe dazu: Schukuky – meine Zweifel, dieser Band.

Wie es jedoch scheint, nicht nur für mich. Die Ideologie von grenzenlosem Wachstum durch technische Innovationen wurde nämlich inzwischen in mannigfacher Weise in Institutionen verankert. Eine Kursumkehr des aufgeblähten Apparats scheint nahezu unmöglich.

Einzige Hoffnung liegt unter diesen Voraussetzungen in einer grundsätzlichen Konversion. Die fatale Fixiertheit auf Materielles muss gebrochen werden und einer neuen Sinngebung Raum schaffen, die ich in einer Hinwendung zu immateriellen Werten, wie sie etwa die Kunst anbieten könnte, als Möglichkeit erahne.

Die Frage drängt sich auf, warum gerade die Kunst. Ich werde sie an dieser Stelle nicht beantworten, sondern habe das in den vier jüngsten Essays versucht. Doch andeutungsweise sei soviel gesagt: Martin Heidegger hat darauf hingewiesen, dass sich heutige Wissenschaft ausschließlich mit dem „Seienden" beschäftigt und dass sie deshalb einzig nur richtige Antworten findet, aber nicht imstande ist, Wahrheit zu erkennen. Die Beschäftigung mit dem Nicht- oder Noch-nicht-Seienden (dem „Un-Wahren") sei aber eine unabdingbare Voraussetzung dafür, sich wahren Erkenntnissen anzunähern. Betrachtet man die Geschichte, die alte wie die jüngste, so kann nicht übergangen werden, dass es plötzliche, unerwartet in Erscheinung tretende Ereignisse sind, die den Lauf der Geschichte nachhaltig verändern. Es wäre also schon allein deshalb bedeutungsvoll, Wege zu finden, sich diesem Noch-nicht-Seienden anzunähern. Die Vorgehensweise unserer Wissenschaften bietet hier jedoch keine an. Um mit Heidegger fortzufahren, so sind für diese Aufgabe „Seher" vonnöten, wie sie die antiken Mythen öfter als nur einmal nennen. Es reicht aber nicht, dass diese „Seher" nur sehen, was andere nicht wahrnehmen. Sie müssen ihre Gesichte auch in einer Weise zum Ausdruck bringen können, dass ihre Mitmenschen die Mitteilung auch begreifen. Diese Form der Mitteilung erfordert die Kunst des Dichtens, wobei „Dichten" nicht nur in der Dichtung, sondern in allen Kunstbereichen stattfindet. Das ist ein Grund, warum das Augenmerk unserer Zeit mehr auf der „wahren Kunst" der Sehenden liegen sollte.

Es gibt aber darüber hinaus auch eine zweite Begründung. Der neuzeitliche Weg der Wissenschaft wird von der Maxime der „Dienlichkeit" bestimmt. Wissenschaft unterscheidet sich nicht länger von Technik. Erkenntnis ist zweckorientiert. Dieser „Telos" ist aber halt- und ziellos, so seltsam das klingen mag. Er vermittelt nicht länger das, was Erkenntnis eigentlich bieten sollte: Sinnhaftigkeit. Sinnhaftigkeit lässt sich in der Beschränktheit des Daseins aber nur gewinnen, wenn schlussendlich das eigene Werk das in der Folge zahlloser Entscheidungen geformte Selbst selbst fasst, es rahmt und zum Erscheinen bringt. Es ist ein Sinnangebot, das solcherart eröffnet wird. Daher erscheint die Hinwendung zur Kunst als Weg zur Wahrheitsfindung in einer Zeit verwahrlosender Orientierungslosigkeit offenbar eine Alternative zu bieten, der Vorzug einzuräumen ist.

Diese Sichtweise ist allerdings einem spezifischen Standpunkt geschuldet: er wurzelt in einem selbstbezogenen Individualismus[4], wie ja obige Formulierungen mehr als deutlich machen. Außerdem kommt das in Heideggers Konzept des „Daseins zum Tode" unübersehbar zum Ausdruck.

Nicht so deutlich wird hingegen, worin das von ihm ebenfalls angesprochene „Rettende" besteht, das sich in der Dichtung und in weiterem Rahmen eben in der Kunst anbietet. Der Eindruck, dass dieses Rettende eben wieder nur ein vielleicht verzweifeltes Selbst retten wird oder gar soll, wurde von ihm nicht problematisiert. Doch umgekehrt wird von ihm auch das „Mit-sein" mit Anderen stets betont. Diese Anderen, die ja vor allem durch das „Man" repräsentiert werden, bleiben in Hinblick auf ihre Rettung unberücksichtigt, jeder rettet sich oder sein Selbst selbst.

Die Rettung vor den Gefahren umgreifender Technisierung (M. Heidegger 1955) durch Dichtung stellt sich mir als pures Wunschdenken dar, das gut gemeint sein kann, doch wenig wirkungsvoll zu sein scheint. Heideggers ausgeprägter Individualismus lässt ihn das wenig geschätzte „Man", man mag vermuten im elitären Geiste Heraklits, vergessen. Doch auch die Existenz dieses „Man" ist Teil einer Wahrheit, ein Teil, den Heidegger bei der Rettung zu übersehen scheint.

Die Antwort auf die Frage, wie dieses „Rettende" über das jeweilige Dasein hinaus Wirkung entfaltet und auch die „Anderen" rettet, wird deshalb im letzten Beitrag dieser Sammlung gesucht und beschrieben.

Die dort geäußerte Einsicht bildet den Abschluss meines langen Weges, der bei der gängigen Vorstellung begann, dass die Rettung vor den Übeln der Zeit im wissenschaftlich-technischen Fortschritt läge. Heute zeigt sich, dass dies ein „Holzweg" ist. Vielmehr liegt die Chance in einem stets neu zu erkämpfenden, faustisch werkendem, gereimten Ein-Wirken auf die auf technisches „Bestellen" beschränkte Vernunft. Allein darin kann die Rettung vor der großen Leere und dem wahrenden Schein-des-Scheins bestehen: in einer schöpferischen Befreiung der verängstigten „Daseine" aus den beengenden Bindungen des Man. „Das ewig Weibliche zieht uns hinan"[5] sagt Goethe zurecht, denn das ist das Prinzip und die „arche", die ent-bindet. Dabei liegt das alles bestimmende Augenmerk auf dem „uns" und bleibt nicht länger nur auf ein vereinzeltes Dasein ausgerichtet.

---

4 | Die „Vereinzelung", wie M. Heidegger diesen Prozess bezeichnet, wird seiner Meinung nach durch Angst bewirkt. Er geht dabei so weit, dass er sogar von einem „existentialen Solipsismus" spricht. (S&Z, S.188)

5 | Unter Bezug u.a. auf J. Baudrillard findet sich dieses Weibliche in unterschiedlichem Ausmaß auch in Männern. Das ist es, was ich als das androgyne Dionysische verstanden wissen will.

Technik und Gesellschaft

Was ist Technik?

Vor mehr als 1500 Jahren antwortete der heilige Augustinus auf die Frage, was Zeit sei, „wenn ihr mich nicht fragt, weiß ich es, wenn ihr mich fragt, weiß ich es nicht." Nicht unähnlich dürfte es auf eine analoge Frage, nämlich: Was ist Technik?, den meisten Zeitgenossen ergehen. Wenn sie nicht gefragt werden, wissen sie es, wobei sie an Datenhighways, Tomographen, Motorräder, Hämmer oder Kopfwehpulver denken. Werden sie gefragt, so wird ihnen schnell bewusst, dass es das allein wohl nicht sein kann. Es ist noch etwas mehr. Doch worin besteht dieses Mehr?

Offensichtlich scheint, dass es sich bei „Technik" nicht nur um die genannten oder ähnliche Produkte handeln kann, sondern auch wesentlich um ihre Herstellung, d.h. demnach um bestimmte Verfahren. Technik als „Verfahren" zu verstehen, entspricht auch den Ergebnissen etymologischer Forschung, wobei allerdings nicht alle Verfahren Techniken sind. Technische Verfahren sind einer gewissen Routine unterworfen und erprobt. Technik bezeichnet somit die Fähigkeit, etwas unter Anwendung bestimmter Regeln zu bewerkstelligen, zu können, zu vermögen.

Mit dieser Bestimmung des Begriffs haben wir uns aber von den Motorrädern und Tomographen wegbewegt, denn die meisten Ziele lassen sich auf vielen, sehr verschiedenen Wegen erreichen, wobei nicht wenige davon durchaus auch ohne jene Mittel erreicht werden können, die den meisten zunächst in den Sinn geraten, wenn sie von „Technik" hören oder sprechen. Man kann einen Achttausender ohne Sauerstoff erklimmen oder mit Sauerstoffflaschen, man kann Kranke mit oder ohne EDV pflegen, Kathedralen und Pyramiden mit oder ohne Kräne bauen etc.

Die zusätzliche Fokussierung des Begriffs „Technik" auf Sachen, d.h. die Spezialisierung von einem allgemeinen „Können" auf ein Können oder Vermögen unter Einsatz von Gerät, ist eine Einengung des Begriffs, die erst im 18. Jahrhundert einsetzte. Von da an wurde „Technik" zunehmend sachbezogen und Vermögen zunehmend mit dem Einsatz von Geräten in Zusammenhang gebracht. Des weiteren wurden diese Geräte ökonomischen und rationalen Ansprüchen unterworfen.

Es entwickelte sich also jenes sachbezogene Technikverständnis, das heute den Begriff prägt.

Wird Technik zunehmend als „Verfahren unter Einsatz von Geräten“ verstanden, ändert sich damit auch das Verständnis von „Vermögen“. Es wird synonym mit „Sachbeherrschung“, und Macht verschiebt sich von der Verfügung über soziale Ressourcen in diese Richtung. Dabei handelt es sich nicht nur um „Energie“, d.h. immanente Arbeitsfähigkeit, sondern in noch viel höherem Maß um die Auslagerung von Können in Geräte.

Soziale Apparate

Eine Tendenz Fertigkeiten von Personen durch „künstliche Maschinen“ zu ersetzen, lässt sich im militärischen Bereich bis ins 16., im zivilen auf jeden Fall bis ins 15. Jahrhundert verfolgen. Es handelt sich demnach um eine Substitution von Ausbildung und somit von Sozialisation.

In diesem Zusammenhang ist es unvermeidlich, auf einige dazu parallele Entwicklungen hinzuweisen. Gleichzeitig mit dieser Tendenz zur Auslagerung von Können in Maschinen werden „soziale Apparate“ entworfen, deren Elemente zwar Menschen sind, deren Kooperation und Funktionstüchtigkeit aber das Ergebnis neu entwickelter Disziplinarstrategien ist, wie wir sie seitdem vor allem im Kontext militärischen Drills kennen. Komplexe Kooperationen lassen sich dadurch ohne größere Komplikationen sogar zwischen Fremden realisieren. Diese historischen Entwicklungen wurden beispielhaft von M. Foucault dargestellt.

Bedeutungsvoll ist dabei, dass die so entwickelten Apparate Innovationen, und zwar soziale Innovationen waren, die über eigens zu diesem Zweck entwickelte Befehlssprachen gesteuert werden konnten. Die Korrespondenz zwischen Handlung und Befehl wird dabei durch Zurichtung der Körper, das ist Drill, erzeugt. Im Lateinischen heißt aber „zurichten“ apparare.

Zeitgleich damit wird insbesondere durch Leibniz die Idee der mathematischen Formel entwickelt, die den operativen Gebrauch von Symbolen einführt, d.h. Sätze von Regeln festlegt, wie Symbole miteinander zu verknüpfen sind. Es entstehen so allmählich regelgeleitete Kunstsprachen. Damit ändert sich aber auch die Vorstellung von „falsch“ und „richtig“, bzw. vom dem was „wahr“ ist. Das Operieren in Gedanken wird durch ein überprüfbares Operieren mit Zeichen ersetzt. Damit wird

> „[...] im Leibniz Programm die maschinenmäßige Erzeugbarkeit eines wissenschaftlichen Satzes zum Kriterium seiner Wahrheit.“ (S. Krämer, 1988, S. 180)

Die damit auftretende Vorstellung, dass sich ganz allgemein jedes Handeln *deskriptiv und präskriptiv* abbilden ließe, wird zur „Leitidee“ der Zeit. Man träumt von „exakten Sprachen" (St. Toulmin, 1988) und von symbolverarbeitenden Erfindungsmaschinen. Diderot und d'Alembert entwickeln aus diesem Geist heraus ihre Enzyklopädie.

Technische Hochschulen

Es ist nicht reiner Zufall, dass zur nämlichen Zeit auch die ersten Technischen Hochschulen entstehen. Auch dort wird nun praktisches Können sprachorientiert vermittelt. Vor allem Frankreich war in dieser Hinsicht federführend. Die 1794 gegründete École Polytechnique stellte die Krönung dieser Entwicklung dar, indem sie universitären Status erhielt und nicht nur auf ein spezifisches Gebiet wie etwa Straßenbau beschränkt war, sondern viele Ingenieurtätigkeiten umfasste, also poly-technisch war.

Die Mehrheit der Absolventen dieser Schule wanderte direkt in die vom Geist der Aufklärung geprägte napoleonische Staatsverwaltung als leitende Beamte. Die Kenntnisse dieser Staatsdiener waren demnach von wesentlich anderer Art als die ihrer Vorgänger. Größtes Augenmerk wurde auf die Ausbildung in Mathematik gelegt, die als „exakte" Sprache die Philosophie ersetzte. Ausbildung in den Naturwissenschaften und der Technik, wenn auch theoriegeladen, bildeten ein weiteres Standbein.

Es fügt sich in das Bild der Zeit, dass phasengleich J. Beckmann in Deutschland nicht müde wurde, für „Kameralisten" eine „technologische" Ausbildung an Universitäten zu fordern. Nicht unerwähnt darf bleiben, dass Beckmann auch der Erfinder des Wortes „Technologie", Wissenschaft von der Technik, war. Zweierlei manifestiert sich in dieser Entwicklung:

Einerseits die oben besprochene Einstellung zur Sprache. Es lässt sich eine exakte Sprache konstruieren, mit deren Hilfe jeglicher Apparat beschreibbar, ja sogar beherrschbar gemacht werden kann. Nicht zufällig entwickelte A. Quetelet, ein Absolvent der École, eine „soziale Physik", d.h. eine empirische Sozialwissenschaft, mit dem Anspruch, damit gesellschaftliche Prozesse vorhersehbar und somit steuerbar zu machen.

Andererseits wird damit deutlich, wie ernst seit damals die technische Konstitution der Gesellschaft genommen wird. Nicht nur werden die Ingenieure zu den Konstrukteuren und Verwaltern der modernen Gesellschaft, sondern die wechselseitige Interdependenz und Austauschbarkeit von Technik und Gesellschaft wird zum herrschenden Paradigma.

Wo immer soziopolitische Probleme geortet werden, wird der Ingenieur beauftragt, einen technischen Apparat zu entwerfen, der genau an dieser Stelle einzufügen ist.

Solche Apparate müssen, wie gesagt, nicht nur aus Nuten und Bolzen bestehen, sie können auch statistische Verfahren sein, sowie regelgeleitete Sprachspiele.

Solche werden heute mit dem geläufigeren Begriff „Software" bezeichnet, die, wie es ein bekannter amerikanischer Computerwissenschafter formulierte, als „logische Vorschrift für die harmonische Kooperation von Menschen und Maschinen" (B.W. Arden, 1980) verstanden werden muss.

Die hier skizzierte Entwicklung hat sich nicht nur auf Frankreich beschränkt. In kurzer Folge wiederholten sich ähnliche Gründungen in anderen Ländern, von denen eine der ersten das Wiener Polytechnikum war. In Anlehnung an die École war auch die Ausbildung in Wien theoriegeleitet, und ähnlich wie in Frankreich trat ein Großteil der Absolventen als Kameralisten in den Staatsdienst ein.

Das steht in einem gewissen Widerspruch zur gängigen Vorstellung, dass vor allem die Wirtschaft an einer derartigen Ausbildung interessiert sein müsse. Dieses Interesse ist keineswegs genuin, da die Gewerbe ihre eigenen Ausbildungsweisen hatten. Es entstand vielmehr als Folge späterer Entwicklungen. Die mit Mathematik und Theorie überfrachtete Ausbildung hatte für die Produktion wenig praktische Bedeutung. Über Maschinen oder chemische Verfahren wurde an Technischen Hochschulen vorwiegend anhand von vereinfachten Modellen gesprochen. Dieser Umstand änderte sich erst an der Wende zum 20. Jahrhundert, als an den technischen Hochschulen Forschungslabors eingerichtet wurden, die u.a. mit echten Lokomotiven ausgerüstet waren. Das Interesse der Wirtschaft richtete sich in diesem Zusammenhang aber vor allem auf Forschungsergebnisse, die die Gewerbe und Industrien selbst nicht zu produzieren in der Lage waren.

Grundlegend begann sich allerdings die Nachfrage nach Absolventen in dem Augenblick zu ändern, als die Unternehmen selbst Größenordnungen annahmen, die zu ihrer Bürokratisierung führten. Unter diesen neuen Bedingungen entstand ein analoger Bedarf wie im Staatsdienst nach „Theoretikern". Als dann die Industrie, vor allem die chemische, auch noch ihre eigenen Forschungslabors einzurichten begann, wurde der Punkt erreicht, wo auch die Wirtschaft an der Ausbildung von Technikern interessiert war. Um Kosten zu sparen, entschied sie sich in dieser Situation, die bereits existierenden, auf staatliche Interessen ausgerichteten Studienpläne zu übernehmen.

Das Ergebnis dieser Entscheidungen liegt allerdings gleichfalls auf der Hand. Die Ausbildung an den technischen Universitäten ist auch heute noch geleitet vom Ideal der École Polytechnique. Der erste Studienabschnitt ist überfrachtet mit Lehrveranstaltungen, die kaum einen Praxisbezug haben. Mathematik, physikalische Theorie etc. dominieren und damit auch die Vorstellung, dass Technik und Ingenieurtätigkeit nichts anderes wären als angewandte Naturwissenschaft.

Aber selbst der zweite Abschnitt ist hochgradig theorielastig und nach dem Muster der Naturwissenschaften aufgebaut. Eng gekoppelt mit diesen Vorstellungen ist die Annahme, dass auch Gesellschaft als „Apparat", d.h. ein konstruierbares, Regeln unterworfenes Gebilde zu verstehen sei, das nicht nur im Prinzip machbar ist, sondern dessen diverse Teile nach Bedarf ersetzbar sind, und zwar nicht nur durch Austausch von „Rollenträgern" (Lehrer, Arbeiter, Beamte etc.), sondern auch durch entsprechendes technisches Gerät. Die Doktrin des „sozio-technischen Systems“ ist zum herrschenden Paradigma an technischen Universitäten geworden.

Selbstzerstörung der Gesellschaft?

Es ist aufgrund dieser hypostasierten Äquivalenz von Technik und Gesellschaft, dass die überwiegende Mehrzahl von Technikern an den Universitäten meint, ihr ureigenes theoretisches Wissen genüge zum Verständnis der Gesellschaft und zur Legitimation ihres Schaffens. Dass dem nicht so ist, darauf verweist u.a. der Zusammenbruch der sozialistischen Länder, wo insgesamt die Doktrin der Machbarkeit der Gesellschaft praktiziert wurde und Techniker einen erstaunlich hohen Anteil sowohl an Akademikern als auch an Politikern stellten.

An dieser Stelle wird wohl über das herrschende Paradigma nachgedacht werden müssen. Die Angemessenheit der Ausbildung und der Rolle der Ingenieure wird neu zu überdenken sein und neue Ansätze werden entwickelt werden müssen.

Zu sehr werden die heute gängigen Vorstellungen noch immer von einem Bild geprägt, dem die Vorstellung eines auf exakter Sprache beruhenden und damit steuerbaren Apparates zugrunde liegt, dessen Basis seinerseits das Bild einer von Naturgesetzen bestimmten, somit nicht mehr hinterfragbaren Welt bildet.

U. Beck hat in seinem Buch „Gegengifte“ das Konzept der „Risikogesellschaft“ entwickelt. Diese Gesellschaft entwickelt auf der Basis von Rationalität und industrieller Groß- und Massenproduktion einen spezifischen, regelleiteten Umgang mit von ihr selbst erzeugten Gefahren, etwa nach den Prinzipien der Versicherungsmathematik. Dieser spezifische Umgang mit potentiellen Gefahren stößt allerdings in Anbetracht des Gefahrenausmaßes zunehmend an seine Grenzen. Keine Versicherungsgesellschaft ist bereit, Katastrophen vom Typ Tschernobyls abzudecken.

Doch damit nicht genug, verweist Beck auch auf die Art und Weise, wie Entscheidungen über Produktion und Akzeptanz solcher Risiken zustande kommen: charakteristischerweise in bürokratisch organisierten, technokratisch besetzten Gremien. Beck meint, dass es sich in diesem Konnex nicht nur um eine kontinuierliche „technokratische Entdemokratisierung“ handelt, sondern dass in Anbetracht der Vielzahl solcher expertokratischer Entscheidungen und der dazu im Gegensatz stehenden, konstitutiven Bedeutung demokratischer Verfahren in unserer Gesellschaft tendenziell die „Selbstzerstörung der Gesellschaft“ angelegt sei. Zu erwähnen bleibt vielleicht, dass Becks Buch 1988, also bereits vor dem Zusammenbruch der sozialistischen Länder erschienen ist.

Meinerseits habe ich Vorbehalte gegen Katastrophenszenarien. Trotzdem bleibt aber festzuhalten, dass die im Bild des Apparates angelegte Vorgehensweise ihre zwangsläufigen Grenzen hat. Jedes regelgeleitete Handeln hängt nicht nur von der Kenntnis der Regeln ab und von der Bereitschaft sie zu akzeptieren, sondern vor allem von der Fähigkeit, zukünftige Zustände exakt vorherzusagen, bzw. durch steuernde Eingriffe zu bestimmen. Dass wir über diese Fähigkeit bei unseren komplexen und gigantisch großen Systemen nicht verfügen, dürfte inzwischen jedem klar geworden sein. Die Ergebnisse der Chaostheorie illustrieren im übrigen den Umstand äußerst anschaulich.

Das bedeutet aber in anderen Worten, dass die Vorstellung vom leistungsfähigen Apparat, der beliebig einsetzbar und machbar ist und von dem Gesellschaft nur eine spezifische Ausprägung ist, revisionsbedürftig geworden ist.

Becks „Gegengift" zielt auf eine Veränderung der „Definitionsmacht", das heißt u.a. Veränderung der Mitbestimmungsverhältnisse, der Kontrollmöglichkeiten und – das ist für unsere Thematik zentral – Vorverlegung der Folgendebatten vor die technische Umsetzung.

Technikfolgenabschätzung

Mit diesem Vorschlag manövriert sich Beck bedauerlicher Weise selbst ins „out". Technikfolgenabschätzung ist zwar ein beliebtes Vokabel geworden, so sehr, dass selbst erklärt konservativ denkende Techniker in ihr eine mögliche Bereicherung des Lehrplans an technischen Universitäten orten. Bedauerlicherweise sind „die Folgen" einer bestimmtem Technologie aber nicht abschätzbar; das wird jedem klar, der sich die Mühe macht, an historischen Fällen „die Folgen" einer Technik nachzuvollziehen. Egal ob man etwa die Entwicklung des Buchdrucks und dessen weit verästelte Folgewirkungen studiert, wie etwa M. Gieseke (1991), oder die Folgewirkungen des Fernsehens analysiert, man wird immer wieder darauf zurückkommen, dass sie unabschätzbar sind.

Lynn White jr. (1962), einer der bekanntesten amerikanischen Technikhistoriker, stellt etwa fest, dass die Erfindung und Einführung des Steigbügels ausschlaggebend war für die Entstehung des mittelalterlichen Feudalwesens. Weil aber solche weitreichende Entwicklungen keine einmaligen, sondern wiederholt auftretende Ereignisse sind, ergibt sich für ihn daraus, dass Technikfolgenabschätzung nicht möglich ist. Diese Sicht mag etwas zu radikal erscheinen, lassen sich doch verschiedene Aspekte von Technologien durchaus antizipieren, etwa die Zunahme des CO^2-Anteils in der Atmosphäre bei weiter steigendem Kraftfahrzeugverkehr, egal ob in China oder sonst wo.

Whites Feststellung bleibt im Prinzip aber trotzdem richtig, und zwar aus zumindest drei Gründen:

Die Folgewirkungen von Technologien sind im allgemeinen so umfassend und weitreichend, dass sie, selbst wenn sie bereits existieren, oft gar nicht als Folgen erkannt werden und es detaillierter Forschungen bedarf, die es erst erlauben, Phänomene als Folgen einer Technologie zu verstehen. Öfter als man denkt lassen sich Phänomene als Ergebnisse einer Vielzahl von Verursachern begreifen. Dieser Umstand wird immer dann besonders offenkundig, wenn es um die Feststellung von Verantwortlichkeiten geht.

Zweitens werden öfter als man meint Technologien erfunden, deren Zwecke zunächst unbestimmt bleiben. Ihre Anwendung wird erst post hoc hinzuerfunden, d.h. dass es nie klar sein kann, wozu auch schon existierende Technologien noch verwendet werden können. Wenn aber nicht einmal das eindeutig zu bestimmen ist, wie sollen dann die Folgewirkungen eines noch unbekannten Einsatzes ausgemacht werden können.

Drittens aber wäre selbst unter der Bedingung, dass dieses Dilemma behebbar wäre, das Problem der sich selbsterfüllenden oder -zerstörenden Prophezeiungen nicht gelöst. Selbst wenn einer Mehrheit von Menschen mögliche Folgen einer Technologie vertraut wären, könnte eine Folge davon sein, dass sich diese Mehrheit gerade wegen dieser Kenntnisse so verhält, dass die Vorhersage zutrifft oder im Gegenteil nicht zutrifft.

Diese Feststellungen sollen nun nicht so gelesen werden, dass die Abschätzung von Technikfolgen etwa in der Ausbildung von Ingenieuren nichts zu suchen hätte. Das Gegenteil ist der Fall. Es sollte aber nicht gemeint werden, dass die oben genannten Probleme damit zu beheben wären.

Statt den Versuch zu machen Folgen abzuschätzen, erscheint es zielführender, sich mit den Intentionen, die in ein technisches Projekt oder eine Innovation eingehen, auseinanderzusetzen.

Die technische Bearbeitung des Sozialen

Technische Projekte sind Resultate von Problemdefinitionen, die ein Projekt erst zu einem technischen machen. Schon bei diesem Schritt stehen Interessen spezifischer Gruppen im Vordergrund, zu denen Ingenieure als Berufsgruppe, Unternehmen, politische Parteien etc. zu rechnen sind. Die dann vorgeschlagenen Lösungen sind charakteristische Antworten dieser Gruppen. Solche Angebote sind keineswegs die einzig möglichen, noch ist es in jedem Fall evident, dass sie auch realisierbar sind.

Es zählt dann zu den Aufgaben der Ingenieure, solche Ansätze als machbar und als wünschenswert darzustellen. Denn, Bedarf an und Nutzen von neuen Technologien sind meistens nicht offensichtlich, zumal es in vielen Fällen alternative Problemlösungen gibt. Das wird an jener Technologie, die zum Inbegriff der industriellen Revolution hochstilisiert wurde, besonders deutlich.

Der deutsche Technikhistoriker J. Radkau (1989) verweist etwa darauf, dass die Vorteile der Dampfmaschine in Deutschland über längere Zeit nicht erkannt wurden, weil Mangel an hochwertiger Kohle und leistungsfähige Alternativen, wie Wasserkolbenmaschinen, die positive Bewertung der neuen Technologie erschwerten. Ausschlaggebend für den Siegeszug der Dampfmaschine war letztlich nicht ihre überlegene Kraftleistung, sondern ihre Kompaktheit, damit verbunden ihre leichtere Organisierbarkeit und ihre höhere Mobilität. Weil es schwieriger ist, sechzig Pferde zu organisieren als eine Dampfmaschine, oder zehn angelernte Arbeiter an Werkzeugmaschinen als hundert Facharbeiter in einer Drechslerei, finden neue Technologien ihre Akzeptanz. Es wird daran mehr als deutlich, dass Technik sehr viel weniger ein Instrument der Naturbeherrschung ist als eines zur Bearbeitung des Sozialen, d.h. der Organisation von Kooperation.

Es sind somit systemerhaltende Motive und soziale Innovationen, die zur Triebfeder technischer Innovationen werden. Um aber solche Innovationen umsetzen zu können, werden verschiedene Verbündete benötigt, die es in „politischer Arbeit" zu überzeugen gilt. Hier erweist sich der tiefere Sinn der theoretischen Ausbildung von Ingenieuren. Unter Bezug auf bekannte Theorien lässt sich Neues als vertraut darstellen, lässt sich darüber reden.[6] Erst dann lassen sich Allianzen bilden, die für die Verwirklichung einer Idee immer benötigt werden. Es handelt sich somit wiederum um soziale und politische Tätigkeiten, die gefordert werden. Bedauerlich ist, dass in der Ausbildung von Ingenieuren darüber kaum gesprochen wird. Hand in Hand damit geht eine ähnliche Tendenz, negative Auswirkungen oder Kosten gleichfalls nicht zu benennen. Das ist zwar verständlich, aber nicht akzeptabel und schon gar nicht im Rahmen der Ausbildung künftiger Ingenieure. Wer Apparate baut und entwickelt und sie für notwendig und unentbehrlich erachtet, sollte auch wissen, dass demokratischer „Eigenwille" im Rahmen dieser Intentionen zu eliminieren sein wird.

Die Tatsache aber, dass Technologien im allgemeinen nur dann Chancen auf Verwirklichung und umfassende Nutzung haben, wenn sich sogenannte „Träger" dieser Technologien finden, die ihren Eigennutz mit der Entwicklung und dem Einsatz der Technologien verknüpfen, sollte ebenso deutlich werden. Weil sich solche soziotechnische Kombinationen von Betreibern und Technologien nicht überall finden, gibt es Millionen von technischen Patenten, die nicht umgesetzt oder genutzt werden. Erfolgreiche Innovatoren sind zwangsläufig auch Politiker. Auch das müssten angehende Ingenieure lernen.

Grosse Projekte – „Economies of scale"

Nun ist nicht weniger evident, dass die Mehrzahl solcher „Träger" mitnichten Einzelpersonen sind, sondern in der weit überwiegenden Zahl der Fälle große Organisationen, wie Verteidigungsministerien, internationale Konzerne etc. Die Betonung liegt dabei im Augenblick auf „groß".

6 | Siehe dazu auch: Schukuky – Meine Zweifel, dieser Band.

Es scheint auf der Hand zu liegen, dass große Projekte, wie die Entwicklung von Überschallpassagierflugzeugen oder Kernkraftwerken, aber auch die synthetische Herstellung von Penicillin, die Produktion von Autos, Eisenbahnen u.ä. zu ihrer Realisation auch große Betreiber brauchen. Nicht nur ist im allgemeinen der Kapitalbedarf gigantisch, sondern auch die Komplexität der Entwicklungsarbeit verlangt nach einer vielfältig gegliederten Arbeitsteilung. Und Arbeitsteilung ist, wie schon Adam Smith verkündete, die Quelle des Reichtums der Nationen.

Die Notwendigkeit großer Apparate wird allerdings meist anders begründet. Autos etwa lassen sich zwar, wie die Geschichte belegt, auch anders herstellen, nämlich z.B. in Mechanikerwerkstätten. Dass davon Abstand genommen wird, erklärt sich aus dem Prinzip der sogenannten „economies of scale", d.h. dass die Gestehungskosten pro Einheit mit der Anzahl der produzierten Stücke rapide abnehmen. In dieser Lesart erklärt sich der Reichtum der Nationen aus diesen Einsparungen.

Doch auch in diesem Fall gilt, dass es immer eine Mannigfaltigkeit von Folgen gibt, und dass auch hier angenommen werden kann, dass über einige Folgen, die wir „diseconomies of scale" nennen wollen, schamhaft geschwiegen wird.

Offensichtlich für jeden ist, dass die Produkte dieser Art von Massenproduktion hochgradig standardisiert und Resultat einer umfassenden Normierung sind. Man kann somit in Analogie zu ähnlichen Ergebnissen in der Landwirtschaft von Monokulturen sprechen. Die Folgen von Monokulturen führen zur Erschöpfung von Böden, zur rapiden Vermehrung von Schädlingen usw. Die Folgen anderer Monokulturen haben vergleichbare Effekte, wie Arbeitslosigkeit, Umweltverschmutzung, Überalterung usw.

Ein weiterer, nicht zu unterschätzender Effekt zeigt sich im Verlust von Anpassungsfähigkeit, Flexibilität und Innovationsfreudigkeit bei großen Unternehmen. Dieser Verlust hängt einerseits mit der notwendigen Amortisation des großen Kapitaleinsatzes zusammen, aber auch mit der Tatsache, dass große Apparate schwer zu verändern sind. Jeder Teil muss zu vielen anderen abgestimmt sein. Vielfältige Arbeitsteilung führt zwangsläufig zur Aufsplitterung in viele, viele Teile. Die Veränderung eines einzigen zieht oft unübersehbare Folgewirkungen in anderen nach sich. So hat etwa die Einführung von härteren Stählen in der spanabhebenden Bearbeitung von Metallwerkstücken eine entsprechend umfassende Veränderung der Werkzeugmaschinen bis zu ihrem Fundament und schließlich einer neuen, dazugehörigen Arbeitsorganisation geführt. Sie wird als „Taylorismus" oder „scientific management" bezeichnet.

Die Frage, ob die „economies of scale" die „diseconomies" ausbalancieren, wurde bislang noch nicht überzeugend beantwortet. Tatsache bleibt, dass große Projekte zwangsläufig als bürokratische Apparate betrieben werden müssen. Bürokratien sind aber hierarchische Organisationen, sie bestehen aus Über- und Unterordnung und sind somit das Gegenteil von egalitär. Große Apparate tragen somit vielfältig zur zuvor erwähnten Beckschen „Selbstzerstörung" der Gesellschaft bei.

Sieht man das, so fragt man sich, ob diese Art von Problemdefinition und -lösung in dem Umfang, in dem sie betrieben wird, aus gesellschaftspolitischer Sicht akzeptabel ist. Man darf annehmen, dass die Bevorzugung solcher Apparate weniger an den „economies of scale", sondern am hierarchischen Prinzip liegt, das Eliten favorisiert, die es wiederum favorisieren.

Nun sollte man nicht gleich das Kind mit dem Bad ausschütten. Jede Organisation hat ihre spezifischen Qualitäten und Schwächen. Hierarchische Apparate sind besonders gut für die Bewältigung großer und langwieriger Projekte geeignet. Sie vermögen dies durch Disziplinierung und militärartigen Drill, Kontrollstrukturen, vorausschauende Planung und größtmögliche Kontrolle ihrer Umwelt.

Ihre Schwächen zeigen sich genau dann, wenn die Kontrolle, die Vorhersagefähigkeit, bzw. die Zustimmung zu dieser Form eingeschränkter Sozialisation nicht gegeben ist. Dann werden solche Apparate funktionsuntüchtig, paralysiert und können in der Tat zerbrechen, wie das Geschick der Ostblockländer zeigte.

Es liegt folglich im Interesse der Gesellschaft, große Apparate nur mit Bedacht zu entwickeln und einzusetzen. Dazu muss man aber wissen, dass es Alternativen gibt, bzw. auch welche es gibt. Das erfordert aber Kenntnisse über das Zusammenwirken von technischen und sozialen Apparaten, über mögliche Inkompatibilitäten und über gesellschaftliche Vorgänge schlechthin. Es wären daher zukünftigen Ingenieuren, zumindest an Universitäten, entsprechende Kenntnisse zu vermitteln.

Bislang lebt aber die Ausbildung von Ingenieuren überwiegend von jenen Konzepten, die in der École Polytechnique entwickelt wurden. Das heißt, die Mehrheit der Ingenieure an technischen Universitäten ist von der Machbarkeit und generellen Nützlichkeit der Apparate und der stillschweigenden Äquivalenz technischer und sozialer Apparate überzeugt. Die Studienpläne werden noch immer von der Grundidee getragen, dass technischer Fortschritt oder, bescheidener formuliert, technische Entwicklung quasi naturgesetzlich, jedenfalls aber von gesellschaftlichen Vorgaben unabhängig abläuft. Man fühlt sich in diesem Kontext dann der Vorstellung von vereinzelten Genies verpflichtet und übersieht gerne die kollektive Leistung bei technischen Innovationen. Nicht weniger herrscht die Meinung vor, dass sozialer Fortschritt nahezu zwangsläufig aus technischem Fortschritt kommen muss.

Die Januskopfigkeit technischer Fortschritte

Diese Sichtweise kann als überholt bezeichnet werden. Nicht nur zeigt sich zunehmend die Januskopfigkeit vieler technischer Fortschritte. Es wird auch immer deutlicher, dass Gesellschaft nicht in der Weise machbar, ja nicht einmal steuerbar ist, wie man sich das im 18. und 19. Jahrhundert erträumt hat. Wir wissen heute um die Komplexität der Folgen von Technologien und ihre prinzipielle

Unabschätzbarkeit. Wir wissen aber auch, dass es unterschiedliche Formen sozialer Organisation gibt und geben muss, weil sie unterschiedlich leistungsfähig sind. Monokulturen sind in keiner Hinsicht erstrebenswert.

Das Wissen um die vielfältigen Arten menschlichen Zusammenlebens, um deren unterschiedliche Schwächen und Stärken, sowie um die mit diesen unterschiedlichen Lebensformen jeweils kompatiblen Technologien wird zukünftigen Ingenieuren nur sporadisch vermittelt. Wenig Wunder, dass unter diesen Voraussetzungen die Mehrzahl noch immer meint, die beste und allein seligmachende Lösung wäre jene des großen Apparats, wie oben beschrieben. Entsprechend neue Erkenntnisse über das Zusammenspiel von Technik und Gesellschaft wurde engagierten Studierenden in den Lehrveranstaltungen des Instituts für Technik und Gesellschaft[7] an der TU Wien vermittelt. Die Mehrheit wird auch heute aber noch immer nach den überholten Vorstellungen der napoleonischen Eliteschule ausgebildet. Ein prinzipielles Überdenken der Lehrpläne wäre hoch an der Zeit, um sich zeigenden negativen Effekten eines monokulturellen Ansatzes zuvorzukommen.

7 | Das Institut für Technik und Gesellschaft wurde Anfang der achtziger Jahre an der TU Wien gegründet, und zwar durch Zusammenwirken des BMWF unter Frau Hertha Firnberg, der Österreichischen Industriellenvereinigung und der Arbeiterkammer Wien. Es wurde allerdings nach meinem Eintritt (M.S.) in den Ruhestand dem Trend der Zeit folgend 2005 wieder aufgelöst. Zur gleichen Zeit wurden auch wesentlich größere Institute in Deutschland und den USA geschlossen, weil offenbar das damalige politische Klima Fragestellungen der Art, wie sie hier behandelt wurden, nicht länger als untersuchens- und förderungswert erachtete.

Technik Macht Gesellschaft[8]

Bereits C.P. Snow beschrieb vor mehr als fünfzig Jahren eine Situation, die sich ohne Umschweife als Konflikt bezeichnen lässt, oder, wie er es zu sagen vorzieht, als ein „gegenseitiges Nicht-zur-Kenntnis-nehmen-wollen" zwischen Naturwissenschaftern und Technikern bzw. Human- und Geisteswissenschaftern. Bleiben wir der Kürze und Einfachheit halber bei dem Begriff „Konflikt".

Dieser Konflikt beruht zu einem guten Teil auf dem Umstand, dass gerne die Zweiseitigkeit jenes Prozesses, den man unter Verweis auf Joseph Schumpeter auch als einen „Prozess der schöpferischen Zerstörung" bezeichnen kann, von beiden übersehen wird. Technik und Naturwissenschaften werden seit Francis Bacon als das vorrangige Instrument einer weltweiten Beseitigung des Mangels durch fortschreitende Naturbeherrschung und Güterproduktion verstanden. Andererseits bringen sie aber unvermeidbar den *„Prozess der schöpferischen Zerstörung"* (J. Schumpeter, 1947, S. 135 ff.) alter sozialer Strukturen und Beziehungssysteme mit sich. Ihre Ambivalenz wird jedoch gerne ausgeblendet – und wenn dieser Zusammenhang wahrgenommen wird, dann wird mittels einer simplifizierenden Gleichsetzung diese Zerstörung zugleich auch als erstrebenswert dargestellt. Die gängige Gleichsetzung von technischem und sozialem Fortschritt ist allerdings fragwürdig, und so ergeben sich Legitimationsprobleme der Techniker und Ingenieure. Es lässt sich folglich die Frage nicht länger vermeiden: Was bringt technischer Fortschritt, wann, wem, wo?

Leicht zu erraten ist, welche der oben genannten Gruppen diese Frage stellen wird. Schwieriger wird es, wenn es darum geht festzulegen, wer diese zentrale Infragestellung beantworten soll und kann.

---

8 | Diesen Aufsatz habe ich vor mehr als zwanzig Jahren an der TU Wien vor einem großen öffentlichen Auditorium vorgetragen. Seitdem ruhte er in den Tiefen meiner Ablage und wurde vergessen. Zufällig stieß ich wieder darauf und las ihn nach der langen Zeit quasi mit „fremden Augen". Ich kam zu der Meinung, dass er nicht einfach nur der Vergessenheit überantwortet werden sollte. Ich aktualisierte daher den Schluss ein wenig und übergebe ihn so der Öffentlichkeit. Ein zusätzlicher Grund dafür ist, dass inhaltlich ein Kontext zu jenen Themen besteht, das ich aktuell bearbeite.

Nun stehe ich nicht an zu behaupten, dass es selbstredend Sozialwissenschafter sein müssen, die für die Beantwortung der Frage nach der Erhaltungswürdigkeit sozialer Strukturen zuständig sind. Doch leider wollen viele Techniker von Soziologen nichts hören, noch hatten bis vor kurzem Soziologen viel zur Rolle der Technik in den Gesellschaften zu sagen. Die Mehrheit dieser Spezies hatte nämlich, wahrscheinlich aus überwiegend dogmatischen, disziplininhärenten Gründen, Technik großräumig und -zügig aus ihren Überlegungen ausgegliedert.

Das hat sich allerdings in der Zwischenzeit etwas geändert, so gibt es z.B. seit den achtziger Jahren eine offizielle Subdisziplin „Techniksoziologie".[9]

Die Rolle von Technik in modernen Gesellschaften

Die erste Frage, die zu beantworten wäre, lautet also: Ist technischer Fortschritt sozialer Fortschritt?

Auf den ersten Blick erscheint die Frage eher absurd. Fast meine ich, dass es sich erübrigt, auf Fakten wie erhöhte Lebenserwartung (zumindest in den technisch fortgeschrittenen Ländern) hinzuweisen, oder globale Kommunikation, verbesserte Lebensbedingungen auch der einkommensschwächeren Schichten, wenn etwa medizinische Versorgung betrachtet wird, usw.

Auf den zweiten Blick erkennen wir aber auch die Kehrseiten, wie Überalterung, unkontrollierbare Finanztransaktionen, zunehmende Arbeitslosigkeit und somit die Gefahr einer neuerlichen Verarmung, ungeahnte ethische Probleme etwa im medizinischen oder biotechnologischen Bereichen u.ä.

Um einer Beantwortung obiger Frage in einem ersten Schritt näher zu kommen, werden wir sie in „gut technischer Manier" behandeln und etwas umformen.

Wir behaupten:

TECHNISCHER FORTSCHRITT = SOZIALER FORTSCHRITT / Kürzen

TECHNISCHER = SOZIALER / + DAS

DAS TECHNISCHE = DAS SOZIALE

Diese Gleichung gilt es zu beweisen oder zu widerlegen. Ich beginne damit, festzulegen, was „das Technische" eigentlich ist.

---

9 | Das gilt, wenn man als Kriterium dafür etwa die erstmalige Nennung in einem Handbuch der Soziologie heranzieht.

Was ist Technik?

Eine übliche Definition des Begriffs „Technik" findet sich etwa in Grimms Wörterbuch (1935), wobei es unbenommen bleiben soll, noch auf diverse andere Definitionen hinzuweisen:

„Technik, f., aufgenommen aus franz. technique, vom griech. lat. technica (nämlich ars), die Kunst und Gewerbstätigkeit und der Inbegriff der Erfahrungen, Regeln, Grundsätze und Handgriffe, nach denen bei der Ausübung einer Kunst oder eines Gewerbes verfahren wird." (Grimm, 1935)

Als Quintessenz dessen wäre zunächst Technik als *geregelte Verfahren* zu bestimmen.

Diese Bestimmung von Technik liefert gleichzeitig eine Beschreibung der Tätigkeit von Ingenieuren, die meines Erachtens realitätsnäher und der historischen Entwicklung gemäßer ist als jene, die in vielen Köpfen irgendwie herum geistert und anschaulich in der Figur eines „Daniel Düsentrieb" karikiert wird.

Ich behaupte nämlich, dass die genuine Tätigkeit von Ingenieuren in der Entwicklung komplexer Verfahren liegt – was gleichbedeutend ist mit der Kunst des „Organisierens" – und belege das zunächst mit einer historischen Illustration, die gleichzeitig erlaubt zu zeigen, dass es sich bei dieser Tätigkeit um eine Jahrhunderte alte Aufgabenstellung handelt, der sich Ingenieure bis heute nicht entziehen können noch wollen.

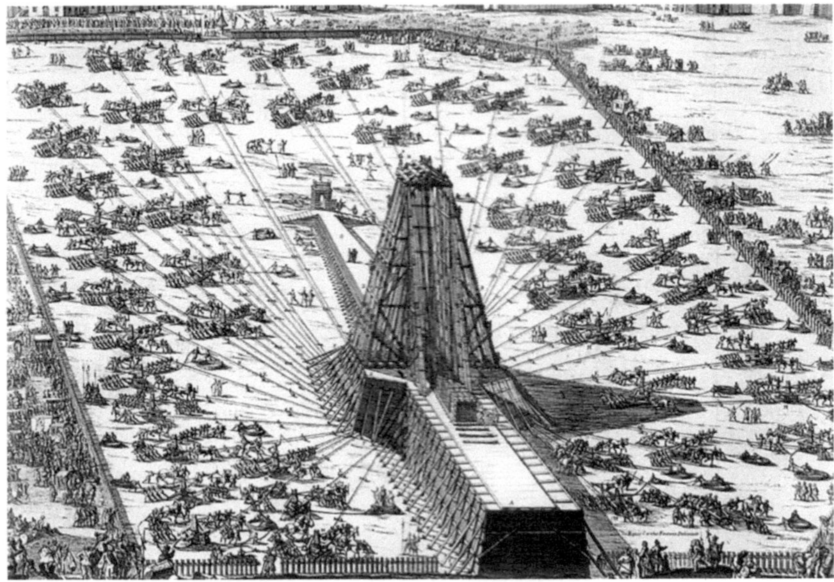

Errichtung des Obelisks am Petersplatz in Rom

Diese Grafik macht ein komplexes Organisationsschema in zeitlicher und räumlicher Hinsicht deutlich, dessen Funktionstüchtigkeit Grundbedingung für die erfolgreiche Durchführung des Projektes war, in diesem Fall die Aufrichtung des Obelisken am Petersplatz in Rom mittels einer Vielzahl von Seilwinden, die von Rössern und Menschen bewegt wurden.

Soll die Durchführung von derartigen Projekten zur täglichen Routine geraten, erscheint es naheliegend, kompaktere Formen der Organisation zu entwickeln. Eine Antwort des 18. und 19. Jahrhunderts auf diese Problematik war die Dampfmaschine.

Dass diese Problemlage die treibende Kraft zur allmählichen Einführung der Dampfmaschine war und nicht etwa ihre Kraftumwandlungskapazität[10], belegen technikhistorische Arbeiten, wie etwa die folgende von H. Radkau.

„*Kein technischer Zwang führte zur Dampfmaschine, sondern das mangelnde Wachstumspotential der ‚Roßkünste‘.* Eine Dampfmaschine von 60 PS sei kein ‚Riesenwerk‘; dagegen: wie ungeheuer, *plump und unbehilflich würde aber eine Roßkunst* in allen ihren Dimensionen ausfallen, an welcher *60 Pferde zugleich arbeiten*? Das war der springende Punkt: die Dampfmaschine bekam einen *prinzipiellen Vorteil,* sobald man in Perspektiven des *Wachstums und der reibungslosen Organisation* dachte.“ (m.H., J. Radkau, 1989)

Es waren also vorrangig Organisationsprobleme, die die Einführung der Dampfmaschine förderten. Mit ihr entstand eine neuartige Organisationsform, wo das Zusammenwirken von Menschen (und Tieren) zunehmend durch ein Dazwischenschalten von Geräten geprägt wurde, die leichter beherrschbar waren.[11] Auch heute noch bestimmen analoge Problemlagen den „technischen Fortschritt“, wie etwa folgendes Zitat aus der großen MIT – Studie „What can be automated“ belegt. In dieser Studie wird Software in folgender Weise definiert: Sie ist

„[...]a logical doctrine for the harmonious cooperation of people and machines. Such doctrine takes the form of programs for hardware and users' guides/operating instructions for people.“ (Arden, 1980, S. 806)

Wie man sieht, geht es dabei noch immer um ein „Organisieren“, das Maschinen und Menschen in eine funktionstüchtige Kooperation einbinden soll. Dieses

10 | Wassersäulenmaschinen hatten damals eine wesentlich höhere Leistungskapazität als Dampfmaschinen. Nicht übersehen werden sollte aber, dass auch bereits damals durchaus funktionstüchtige Turbinen zum Einsatz kamen.

11 | Anzumerken wäre, dass dieser Wandel sich auch in einem analogen Wandel der Bedeutung des Begriffs „Technik“ widerspiegelt, der ab dem 19. Jhdt. „gegenständlich“, also gerätebezogen, verstanden wird.

Dazwischenschalten von „hardware" ermöglicht, Menschen in Kooperation zu bringen, die sich weder kennen noch möglicherweise missverständlich verständigen müssen. Es lässt sich aus dieser Sicht „hardware" und „software" und somit Technik schlechthin als spezifische Form der Verständigung - als Sprache - interpretieren. Darauf werden wir gleich noch zurückkommen.

Es entstehen solcher Art technische Systeme beliebiger Größe und Komplexität, die noch dazu den Vorteil bieten, dass die Elemente dieser Systeme beliebig austauschbar und ersetzbar werden. Nicht nur Menschen können damit durch andere Menschen vertreten werden, auch durch Geräte können sie substituiert werden. Die hier angesprochene Substitution ist allerdings nur unter der Bedingung möglich, dass sich auch die eingebundenen Menschen regelkonform betätigen und verhalten. Solches Verhalten wird vorrangig durch spezifische Sozialisationsmaßnahmen erreicht, die allgemein als „Disziplinierung" bezeichnet werden. Im Jargon der Techniker ließe sich dieser Prozess auch als Einverleibung einer Syntax, als Algorithmisierung oder als Standardisierung von Verhalten beschreiben.[12] Denn

„Die wichtigsten Probleme, über die beim Organisieren Konsens erzielt werden muss, betreffen die Regeln für den Aufbau von sozialen Prozessen aus Verhaltensweisen und Interpretationen, welche den verwirrenden Eingaben in diese Prozesse auferlegt werden können."(K.E. Weick, 1985, S. 12)

Mit Hilfe solcher Disziplinierung werden soziotechnische Systeme geschaffen, wo Menschen und Geräte quasi nahtlos ineinander greifen und die Funktionsweise der Geräte für das Verhalten von Menschen bestimmend wird [13]. Solche „Sachen" werden - um mit H. Linde (1972), einem der allerersten Soziologen, die sich mit Technik auseinandersetzten, zu sprechen - zu einer „eigenständigen Klasse von Regelungskomplexen", die sich von sozialen Institutionen nicht weiter unterscheiden. Sie sind wie „Gussformen, in die wir unser Handeln gießen müssen." (E. Durkheim, 1895)

Aus dieser Analyse ergibt sich zweierlei: Einerseits eine Konkretisierung unseres Technikbegriffs. Um gleichzeitig auch die Prozesshaftigkeit technischen Han-

12 | Historisch wird dieser Prozess mit seinen vielen nicht leicht antizipierbaren Nebenwirkungen in einer äußerst lesenswerten Studie von M. Roe Smith beschrieben. Deutlich wird dabei auch, wie sehr dieser Wandel aus dem Bestreben nach Massenproduktion identer Produkte gespeist wurde.

13 | Dies macht H.-P. Ekardt (1994) deutlich. Er verweist nicht nur darauf, dass technische Systeme, ich würde sie „Apparate" nennen, zum Ort der Verknüpfung verschiedener Teilrationalitäten werden, sondern meint, dass gegenwärtige Gesellschaften „durch die Überlagerung von Technologien und der ihnen korrespondierenden sozialen Organisationsformen geprägt" sind. (S. 170/71).

delns zum Ausdruck zu bringen, werde ich allerdings nicht mehr von Technik, sondern lieber von „Technisierung" sprechen, was ich u.a. auch als eine angemessenere Übersetzung des englischen „technology" erachte, kommt doch dabei die „Logik des Technischen" deutlicher heraus.

Unter „Technisierung" möchte ich in Hinkunft Prozesse der Herstellung von soziotechnischen Systemen verstehen, wo Menschen und Geräte auf der Basis algorithmischer Verfahren in Kooperation gebracht werden. Solche Systeme werden in Hinkunft als „Apparate" bezeichnet.

Apparate sind demnach regelgeleitete Verfahren, bei denen es zunächst irrelevant ist, wie A. Turing (1936/1937) gezeigt hat, ob die einzelnen Schritte von Menschen oder einer Maschine ausgeführt werden. Allerdings ergibt sich daraus auch, dass Apparate nicht zwangsläufig nur über Geräte realisiert werden müssen. Auch Bürokratien sind Ausprägungen solcher Apparate, selbst wenn sie nicht einmal über eine Schreibmaschine verfügen würden. Turing spricht daher auch von einer „paper machine".

Die Tätigkeit von Ingenieuren besteht demnach im Entwerfen und Betreiben solcher Apparate. Technisierung wird, wie sich aus Obigem ergibt, nicht allein von Ingenieuren betrieben. Damit werden aber nun solche Apparate, die immer auch Menschen enthalten, auch als gesellschaftliche Institutionen fassbar, was das Herz jedes Soziologen höher schlagen lassen sollte.

Denn solche Institutionen sind festgelegte Handlungsarten, die die Fähigkeit besitzen, auf Menschen einen äußeren Zwang auszuüben. Zwang wird auf Dauer allerdings nur akzeptiert, wenn er begründbar ist oder, um dasselbe mit anderen Worten zu sagen, legitimierbar ist. Institutionen bilden eine vorgefundene Realität und lenken das Verhalten der Individuen in bestimmte Bahnen. Zu ihnen wären etwa Erziehungspraktiken, Rechtsnormen, religiöse Dogmen, aber auch Geräte zu zählen.

Legitimation wird ihrerseits durch Bezug auf gemeinsame Werte und Regeln hergestellt, deren Umsetzung als immanenter Zweck der Institution dargestellt wird. Damit wird die Existenz großer Apparate wie Spitäler, Versicherungen oder Schulen im allgemeinen durch Verweis auf die Verwirklichung von Werten – wie Erhaltung der Volksgesundheit, Erhöhung der Lebenserwartung, der Bildung, der Sicherheit – begründet.

Institutionen, so wissen wir aber aus der Soziologie und Anthropologie, können ihre Zwecke nur dann erfüllen, wenn ihre wahren Zwecke latent (unerkannt) bleiben. Das ist deshalb so, weil Menschen – anders als Gestirne – ihr Verhalten auf der Basis von Informationen selbst bestimmen und verändern können. Der wahre Zweck einer Institution muss, um solche Abweichungen zu verhindern, unerkannt bleiben, listig hinter vordergründigeren Zwecken versteckt bleiben, soll der tatsächliche Zweck erreicht werden.

Was ist etwa der wahre Zweck der Institution „Weihnachten"? Besonders Kluge werden auf die Ankurbelung des Konsums kommen. Doch Weihnachten ist älter als der „Massenkonsum", und Geschenke mussten damals nicht notwendig käuflich erworben sein. Der wahre Zweck von „Weihnachten" ist derselbe wie der anderer heiliger Feste. Sie dienen der Erneuerung und Festigung der Gruppenkohäsion und Solidarität.

M. Heidegger, der von Technik als dem „Gestell" spricht, bringt ähnliches zum Ausdruck, wenn er meint, dass dieses Gestell den Blick verstellt, also etwas verbirgt, was folgerichtig dann eben zu „entbergen" sei.

Diese Position scheint nun geeignet, den eingangs konstatierten Konflikt zwischen Ingenieuren bzw. Juristen und Sozialwissenschaftern verständlich zu machen. Wenn Ingenieure, ähnlich wie Juristen, Konstrukteure umfangreicher Apparate sind, deren Zwecke gleichfalls Konstruktionen sind, und Soziologen so wie alle Wissenschafter „Mythenjäger"[14] vom Dienst sind, die diese Konstruktionen „de-konstruieren" wollen, dann liegt hier die Quelle eines Konflikts, der Fragen der Art wie „Brauchen wir das?" verständlich werden lässt.

Diese schicksalsschwere Frage beantworte ich mit einem überzeugten: „Ja". Die Begründung dafür liegt auf zwei Ebenen. Wenn jemand hauptberuflich damit beschäftigt ist, soziale Institutionen zu bauen, dann gehört es meiner Meinung zu den Mindestanforderungen, auch darüber Bescheid zu wissen, was hier entworfen und bewirkt wird. So wie sich ein Elektroingenieur die Grundkenntnisse der Physik angeeignet haben muss, um seine Tätigkeiten in befriedigender Weise ausführen zu können, so muss er auch über die Grundzüge der sozialen und politischen Umwelt, nicht zu schweigen über die ökologischen Grundzüge, Bescheid wissen.

Doch abgesehen von dieser pragmatischen Perspektive lässt sich mit Immanuel Kant auf den Umstand verweisen, dass der Motor jedes Erkenntnisfortschritts und jedes anderen Fortschritts gleichermaßen Kritik ist.

„Die Kritik der Vernunft führt also zuletzt notwendig zur Wissenschaft, der dogmatische Gebrauch derselben ohne Kritik dagegen auf grundlose Behauptungen."(I. Kant, Kritik der reinen Vernunft, B 23)

Insofern behaupte ich, dass dieses soziologische Entbergen von zentraler Bedeutung für alle jene sein muss, die sich mit Überzeugung der Idee des Fortschritts verpflichtet fühlen.

Im Sinne dieses Ansatzes ist somit die Frage nach den latenten Zwecken der Technisierung zu beantworten.

B. Jörges (1989), einer der bekanntesten Techniksoziologen, stellt dazu folgende These auf:

14 | So hat sie N. Elias einmal beschrieben.

„Im historischen Verlauf verlegen moderne Gesellschaften große Teile ihrer Sozialstruktur in maschinentechnische Strukturen, die mehr oder weniger erfolgreich versiegelt dem Alltagsbewußtsein der Bürger entzogen werden. *Sozialstruktur wird externalisiert.* Mit der immer umfangreicheren Abwicklung sozialer Transaktionen *über komplexe Maschinerien werden soziale Strukturanteile immer tiefer in die naturale Ebene der Gesellschaft eingelassen.* Damit werden bestimmte Sozialstrukturen entbehrlich, ja es kann der Eindruck vom ‚Verschwinden des Sozialen' entstehen [...] *soziale Strukturen [...] werden tendenziell unsichtbar gemacht.*" (B. Jörges, 1989, S. 242/43, m.H.)

B. Jörges sieht den Ursprung dieser Entwicklung u.a. in einer Multiplizierung der Organisationsformen, der individuellen und kulturellen Deutungsmuster und Lebensstile, kurzum in einer „Pluralisierung der Lebenswelten". Soziale Normen werden unter der Hand durch technische Normen ersetzt. Diese Verschiebung im Detail darzulegen erspare ich mir im Augenblick, verweise aber auf Passagen in meinem Buch *„Ingenium und Individuum"* und jüngere Publikationen. Anlass für derartige Verschiebungen, so meint Jörges, wäre der Umstand, dass es einfacher wäre, gegenständliche Prozesse technisch zu normieren als nichtgegenständliche bzw. sprachliche.

So betrachtet *macht Technik Gesellschaft* und nicht mehr, wie die Urväter der Soziologie meinten, Warentausch, Moral, Religion oder Arbeitsteilung. Diese neue Situation der Moderne hatte allerdings bereits Adam Smith im Fokus. Dass es dann bis zur Begründung einer *Soziologie der Technik* zweihundert Jahre brauchte, mag Beweis für seine Weit- oder die Kurzsichtigkeit unserer Universitäten sein. Für mich ergibt sich daraus der zwingende Schluss, dass es nicht zielführend sein kann, so zu tun, als wäre die Thematik deckungsgleich mit Technikfolgenabschätzung, Design und Konstruieren von Geräten oder der Gestaltung von Computernetzwerken. Das Gesagte macht hoffentlich deutlich, dass es sich vielmehr um eine Soziologie handelt, die sich mit dem Prozess des Entwerfens moderner Gesellschaften durch Techniker auseinanderzusetzen hat. Obwohl B. Jörges durchaus dieses „Verstellen" des Sozialen durch Technisierung anspricht, bleibt er in Bezug auf das vage, was verstellt wird, er spricht ja nur sehr allgemein von „sozialen Strukturen". Damit bleibt er uns auch die Antwort auf die Frage schuldig, warum diese sozialen Strukturen unsichtbar gemacht werden; ebenso nennt er die latenten Zwecke technisierter Institutionen nicht. Unsere Fragestellung wird folglich vorerst nur unvollständig beantwortet.

Technik als Sprache

Versteht man Technik als soziale Institution, so bedeutet das, dass sie unser Handeln in spezifischer Weise prägt und reglementiert. Jede Handlung und jedes Artefakt besitzt gleichzeitig aber auch die Eigenschaft, etwas mitteilen und andeuten zu können. Der spezifische Gebrauch von Technik besitzt zusätzlich eine ihm eigene Ausdrucksform. Fahrrad oder Porsche, Porsche oder Ente sagt etwas. Analoges gilt für Tomografen, Teilchenbeschleuniger, Traktoren und Handies. Damit lässt sich Technik weiters als ein grundlegendes Phänomen sozialer Interaktion, nämlich als Sprache, verstehen.

Nun finden sich verschiedene Auffassungen von Sprache, die für unsere Thematik keineswegs uninteressant sind.

- Erste Variante (L. Wittgenstein, B. Russell, G. Frege oder R. Carnap):
  Sprache ist Abbild der Wirklichkeit.
  Logik wird in der Realität bereits vorgefundenen.
- Zweite Variante (M. Heidegger, der spätere Wittgenstein der Philosophischen Untersuchungen, bzw. U. Eco):
  Sprache ist Artefakt, Ausdruck und Produkt gesellschaftlich erzeugter Ideen und Begriffe und abhängig von Interpretationsleistungen und Historizität.

Die erste Variante, die von Personen wie dem jungen Wittgenstein, Russell, Frege oder Carnap vertreten wurde, versteht Sprache als Abbild der Wirklichkeit. Sprache wird aus dieser Sicht zu einem Instrumentenkasten, dessen Teile der in der Realität „vorgefundenen" Logik folgen müssen, wenn sie zum Einsatz gelangen. Sprache und Technik sind in dieser Darstellung vorgefundene, „ent-deckte" Fakten und demnach notwendig neutral. Im Hintergrund agiert hier eine platonische Ideenlehre. Dabei ist es nicht bedeutungslos festzustellen, dass diese Sicht von Sprache bereits in jenem historischen Augenblick Platz griff, als Rationalismus und Aufklärung dominant wurden, die ersten Enzyklopädien von Personen wie d'Alembert und D. Diderot verfasst wurden und sich die ersten Ingenieurschulen als Écoles des Mines etc. etablierten. Diesen Spuren zu folgen wäre von eminentem Interesse, doch im Augenblick zu weitführend[15].

Erinnern möchte ich aber an unsere Bestimmung der Tätigkeit von Ingenieuren als Organisatoren. Als solche entwerfen sie nicht nur Pläne, sondern auch eine exakte, eineindeutige Sprache, die auch aus Gründen der Ausführung und Organisation als Befehlssprache eingesetzt werden kann.[16]

Die zweite Variante lässt sich durch Personen wie Martin Heidegger, den späteren Wittgenstein der Philosophischen Untersuchungen, bzw. Umberto Eco repräsentieren. Diese verstehen Sprache als Artefakt, als „Ausdruck" und Produkt gesellschaftlich erzeugter Ideen und Begriffe, in denen sich Wissen verfestigt hat.

15 | Siehe dazu meine spätere Publikation: „Gesellschaft per Entwurf", 2006.

16 | Nicht weniger von Interesse scheint in diesem Zusammenhang der Umstand zu sein, dass z.B. auch Wittgenstein seiner Ausbildung nach zuerst Ingenieur und Offizier war. Die anderen Genannten sind ihrer Herkunft nach gleichfalls Naturwissenschafter oder Mathematiker.

Worte und Sprachfiguren werden in diesem Kontext stets als von Interpretationsleistungen abhängig verstanden, sie besitzen keinen absoluten Sinn, sondern Historizität, wie dies W. Dilthey (F. Rodi, 2003) als erster betonte. Es konzentriert sich in ihnen eine Bedeutungsgeschichte oder Deutungsgeschichten, ohne die sie bedeutungslos und sinnlos werden. Anders als im ersten Ansatz, wo unser Wissen und unsere Erkenntnis durch präverbale Erfahrung geprägt erscheint, wird in dieser Sicht unser Wissen durch Sprache geprägt, wir denken und kommunizieren mit Hilfe von Worten und Begriffen, die eine Geschichte haben, und somit auch jenes Wissen in einen kulturspezifischen Kontext stellen.

Da aber solche Wissens- oder Ideengebäude eine ihnen jeweils eigene Struktur bzw. Logik aufweisen, sind sie in ihrer Gesamtheit auch Ausdruck einer „Idee-ologie". Diese Aussage gilt für beide Varianten allerdings in gleicher Weise.

Diesen Sachverhalt möchte ich gerne illustrieren:

Jedem sind die sogenannten Hilfszeitwörter der Aussageweise oder Modalverben geläufig. Wie schon ihre Bezeichnung deutlich macht, handelt es sich dabei um Worte, die Formen – einen „Modus" – von Tätigkeiten unterscheiden lassen.

In der deutschen Sprache kennen wir dabei sieben solche Formen, die sich genauer betrachtet in drei Untermengen unterteilen lassen.

Ich unterscheide folgende Gruppen:

OHNMACHT	FREIHEIT	MACHT
müssen		können
sollen	lassen	wollen
dürfen		mögen

Gruppiert man die Verben in dieser Weise und nicht, wie im Deutschunterricht üblich, alphabetisch, dann müsste eigentlich jedem auffallen, dass es sich dabei um Formen gesellschaftlicher Abhängigkeit oder Macht handelt. Die linke Gruppe bringt die vergesellschaftete Form einer abhängigen Tätigkeit auch heute noch klar zum Ausdruck.

Die rechte Gruppe ist nicht mehr in derselben Stärke aussageträchtig, aber es braucht wenig, um den Sachverhalt deutlich zu machen. „Mögen" leitet sich aus dem gotischen Wort „magan", indogermanisch „magh" her. Seine Bedeutung ist etwa gleich „können", „ver-mögen". Die beiden Verben „können", „ver-mögen" sind ziemlich deckungsgleich. Aus der Wurzel „magh" leitet sich auch „Macht", „mago", der Diener oder Sklave, „mogu", die Sippe, „machos", Maschine oder Mechanik, her. „Wollen" als Ausdruck eines Willens ist seinerseits ebenfalls Ausdruck eines Vermögens, wie wir gleich noch sehen werden.

Bleibt „lassen". Diese Modalität ist ambivalent. Sie kann beides, Ausdruck von Abhängigkeit wie auch von „Lässigkeit" sein. „Zulassen, sein lassen, machen lassen, belassen" charakterisieren diesen weiten Raum von Liberalität, wo sich Macht und Ohnmacht etwa die Waage halten.

Die Gruppe von Modalverben bringt damit gesellschaftliche Zustände zum Ausdruck.

Auch Geräte oder Technik sind Ausdruck gesellschaftlich vorhandener Ideen und demnach Repräsentationen von Lebensformen.

Analog der Weise, wie Sprache im Sprachspiel – was kein Synonym für Wortspiel ist – spezifischen Regeln folgt und Handlungs-, vor allem aber auch Denkweisen formt, so folgt der Satz der Technologien ähnlichen Regeln, verkörpert eine „Idee-ologie" und determiniert Handlungs- und Denkweisen.

Freunde, denen ich das Manuskript dieses Referats zum kritischen Lesen gab, baten mich an dieser Stelle Beispiele zu nennen. Ich gestehe, ich war zunächst verblüfft, weil sie doch an anderer Stelle meinten, ich wäre zu ausführlich. Doch dadurch wurde mir klar, dass es sich um derartig tief eingegrabene Verhaltensmuster handelt, dass sie aufgrund ihrer Selbstverständlichkeit nur mehr unter Mühen überhaupt wahrgenommen werden. Sie sind bereits zum „Hintergrundrauschen" geworden.

Ich gebe somit folgende Beispiele:

Dieses Referat habe ich geschrieben, nicht mit einer Füllfeder, sondern mit einem PC – selbstverständlich. Sie wollen ein Bild von Ihrem Kind, Ihrer Freundin etc. Mit großer Wahrscheinlichkeit nehmen Sie einen Fotoapparat und keinen Pinsel. Sie besitzen selbstverständlich einen Fotoapparat und Sie kennen die Regeln, ihn zu gebrauchen. Damit meine ich nicht nur Belichtung und Weitwinkel, sondern vor allem, dass Sie wissen, bei welchen Gelegenheiten dieses Gerät unverzichtbar ist: Hochzeiten, Ehrungen, Urlaube, Weihnachten, aber nicht Begräbnisse oder Arbeitsalltag. Sie wissen auch, was zu fotografieren ist: Kleinkinder und fremde Märkte, nicht der Markt um die Ecke. Sie wissen auch, dass man die Erzählungen vom Urlaub mit Fotos, Dias oder Videos garnieren soll, auch deshalb, weil uns die Kunst des anschaulichen Erzählens abhanden gekommen ist. Und eigentlich müsste ich mir ersparen können, noch besonders darauf hinzuweisen, dass die alte Zeiss meines Vaters in einer Lade verstaubt, einfach weil die Packfilme nicht mehr angeboten werden, obwohl der Apparat ein Wunderwerk der Feinmechanik und Präzisionsoptik ist.

Technologien sind keine heterogene Anhäufung von „hardware" oder Geräten, sondern sind in einer Weise strukturiert, die eine dominierende Handlungsform und Interaktionsweise gleichermaßen ausdrückt und schafft. Sie erzeugen eine Lebensform oder Kultur, sind demnach gleichermaßen Ausdruck wie intentionale Anweisung zu einer Lebenspraxis.

Solcher Art ist in jeder Form von Technik, traditioneller wie moderner, Macht materialisiert, allerdings eine anonyme oder „strukturelle Macht". Im Gegensatz zum weit verbreiteten Verständnis von Macht besitzt diese insofern einen durch und durch positiven Aspekt, als sie Kooperation und Vergesellschaftung erst möglich werden lässt. Sie bildet, analog einer mit anderen geteilten Sprache, die Voraussetzung für gemeinsame Interaktion und Kommunikation, und zwar deshalb, weil sie durch bestimmende Begriffe unser Denken in Strukturen zwingt.

Wir merken uns heute nichts mehr – wir speichern es ab. Indem wir aber auch unsere Alltagssprache mit Begriffen füllen, die jener der Techniker entnommen sind, greifen wir bereits gedankenlos und unbewusst zum PC, Handy oder Tablet. Es wurde über ein „Gestell" Identität her- bzw. hin-gestellt, die Differenz wurde „verstellt" und damit unsichtbar. Wir bezeichnen diese Form anonymer Macht, die auch für Technik gilt, als „Definitionsmacht".

Mit gutem Grund lässt sich somit Technik als Sprache – als Ausdruck von und Anweisung zu akzeptiertem sozialen Handeln – verstehen und auf dieser konzeptionellen Basis analysieren.

Inzwischen haben wir uns in unserer Analyse von dem oben vorgeschlagenen Begriff der Technisierung bzw. des Apparats, der kulturellen Variante der Technik in der Moderne, etwas entfernt. Im Folgenden möchte ich wieder darauf zurückkommen.

Technik als Verkörperung von Macht

Beginnen wir mit einem Klassiker der Gesellschaftswissenschaften, Max Weber. Weber meint zunächst, dass „Macht" ein amorpher Begriff sei, unter dem sich vieles verstehen lässt. Er selbst bezeichnet damit und schränkt sich solcherart ein, „die Chance den *eigenen* Willen auch gegen Widerstand durchzusetzen" (M. Weber, 1922, S. 28)

Auch hier sammeln sich Begriffe wie „Macht" und „Wille". Mächtig ist somit jemand, der mit hoher Wahrscheinlichkeit in der Lage ist, seinen Willen, seine Vorstellungen zu realisieren.

Ein wichtiger Sonderfall von Macht ist für Weber jene Form der Machtausübung, die auf der Basis von Befehl und Gehorsam beruht, und die Weber als Herrschaft bezeichnet. Herrschaft ist auf Dauer gestellte Macht, sie beruht auf Legitimität. Das bedeutet nicht weniger, als dass diese Form der Machtausübung als rechtmäßig verstanden wird. Weber unterscheidet dabei drei Arten von Legitimierung:

- Rationale Regeln
- Tradition oder persönliche Autorität
- Charisma

Für unsere Thematik erscheint vor allem die erste Variante von Interesse. Zuvor wurde Technisierung als Prozess der Herstellung von soziotechnischen Systemen dargestellt. Dabei werden Menschen und Geräte auf der Basis algorithmischer Verfahren in Kooperation gebracht (siehe: Zitat Arden).

Solche Systeme bezeichne ich als „Apparate", die als rationale, regelgeleitete Verfahren zu verstehen sind. Apparate sind demnach auch Legitimierungsweisen für die Ausübung von Macht. In diesem Kontext spricht man daher gerne von „Sachzwang".

Das ist allerdings nur der erste Teil der Geschichte. Wenn nämlich Macht in der Fähigkeit besteht, den eigenen Willen durchzusetzen, dann wird dieses Durchsetzen nur durch hinlängliche Unterstützung erreicht. Dies kann durch Menschen oder Maschinen erfolgen bzw. durch Kombinationen aus beiden.

Der Umstand, dass Macht in der Fähigkeit beruht, Menschen zu organisieren bzw. Apparate einzusetzen, hat umgekehrt auch „Rücksichtnahme" oder Selbstdisziplinierung zur Konsequenz:

Historisch wird dieser Zusammenhang in den detailreichen Studien von N. Elias (1969) dokumentiert, der zeigte, wie mit der zunehmenden Konzentration von Macht an den französischen Höfen gleichzeitig Affektkontrolle, Selbstdisziplinierung und Etikette zunahmen, also Einbuße an persönlicher Freiheit.

Ähnliches lässt sich mit folgendem kleinen Textauszug aus dem „Kleinen Prinz" von St. Exupery vermitteln.

„Herr [...] worüber herrscht Ihr?" „Über alles", antwortete der König mit großer Einfachheit. „Über alles?" Der König wies mit einer bedeutsamen Gebärde auf seinen Planeten und auf die Sterne, „Über all das?" sagte der kleine Prinz. „Über all das..." antwortete der König. Denn er war nicht nur ein absoluter Monarch, sondern ein universeller. „Und die Sterne gehorchen Euch?" „Gewiss", sagte der König. „Sie gehorchen aufs Wort. Ich dulde keinen Ungehorsam."...
„Ich möchte einen Sonnenuntergang sehen [...] Machen Sie mir die Freude [...] Befehlen Sie der Sonne unterzugehen [...]" [...]
„Was ist mit meinem Sonnenuntergang?" erinnerte der kleine Prinz, der niemals eine Frage vergaß, wenn er sie einmal gestellt hatte. „Deinen Sonnenuntergang wirst Du haben. Ich werde ihn befehlen. Aber in meiner Herrscherweisheit werde ich warten, bis die Bedingungen dafür günstig sind." „Wann wird das sein?" erkundigte sich der kleine Prinz. „Hm, hm!" antwortete der König, der zunächst einen großen Kalender studierte, „hm, hm! das wird heute gegen sieben Uhr vierzig sein! Und Du wirst sehen wie man mir gehorcht." (St. Exupery, S. 28/29)

Ich meine, dass dieser Text anschaulich macht, dass große Macht auch die Freizügigkeit des Machthabers beträchtlich einschränkt. Das ergibt sich daraus, dass Macht auf der Fähigkeit beruht zu mobilisieren, Kooperation zu organisieren bzw. Apparate in Betrieb zu nehmen.

Damit sind wir wiederum bei der Tätigkeit der Ingenieure:

Apparate fordern aber nicht nur die exakte Befolgung ihrer Regeln (d.h. Disziplin) im Ablauf des Prozesses, sondern darüber hinaus auch präzis kodierte An- oder Eingaben, also präskriptive, eindeutige Sprachen. Dies erfordert Autoritäten und Hierarchien. Daraus ergibt sich als Gesamtsituation Folgendes:

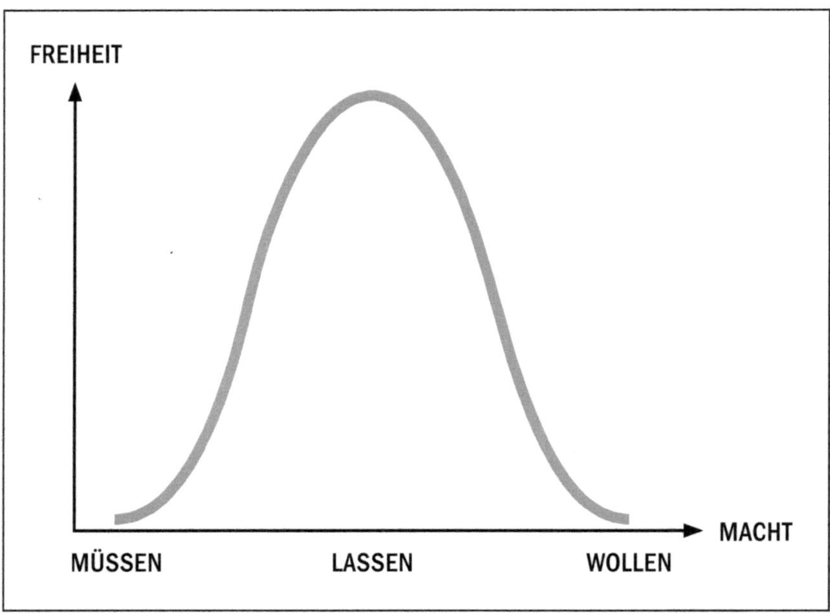

Persönliche Freiheit nimmt ab einem gewissen Punkt mit zunehmender Machtfülle ab. Der Bereich maximaler Freiheit findet sich nicht dort, wo die größte Machtfülle herrscht[17], sondern davor, im „lässigen", zulässigen, durchlässigen, gelassenen Tun. Damit könnte man auch das von Soziologen öfters konstatierte „Prinzip der kleinen Zahl" erklären, das besagt, dass Organisationen dazu tendieren, eine kleinstmögliche Einheit zu bilden. Umso kleiner die Zahl, umso kleiner auch die inneren Verpflichtungen und umso größer die Freiheit, umso schneller lässt sich auch eine Organisation mobil machen. Freiheit nimmt durch Verklei-

17 | Im Jahr 2017 ist es äußerst verlockend auf den gegenwärtig angeblich mächtigsten Mann auf der anderen Seite des Atlantik hinzuweisen.

nerung zu, Macht allerdings ab, aber das lässt sich mit Technisierung ausgleichen. Diese grundlegende positive Korrelation war seit der Antike Machthabern und Feldherrn geläufig und findet ihren pointierten Ausdruck in Francis Bacons Diktum: „Scientia et potentia in idem coincidunt“[18]. Dass Bacon Wissenschaft und Technik mehr oder weniger gleichsetzte, braucht kaum im Detail erläutert zu werden.

Nimmt man an, dass der Zusammenhang zwischen Technisierung und Macht eher einer Wachstumskurve folgt als einer linearen Funktion, so können wir uns dies in folgender Weise anschaulich machen:

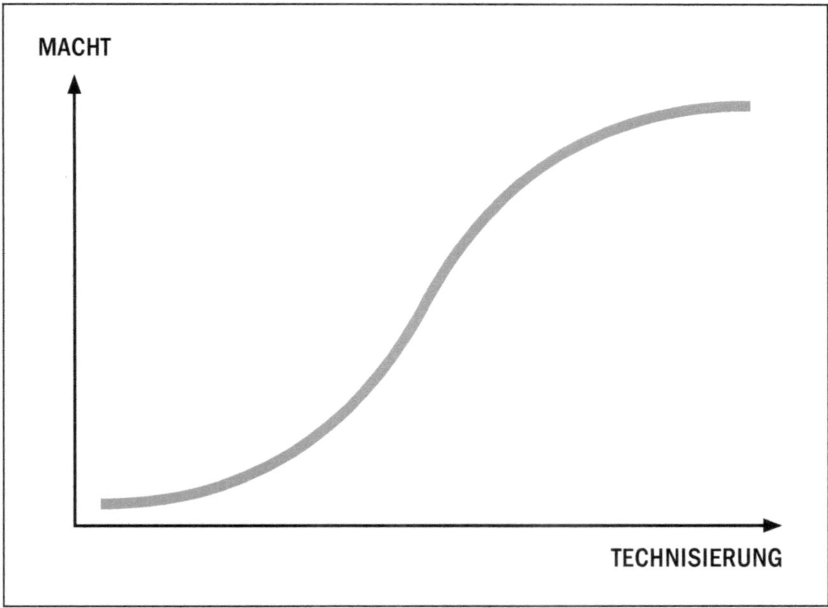

Die beiden Schaubilder zusammen gesehen machen deutlich, dass mit zunehmender Technisierung zwar die Macht zunimmt, aber ab einem gewissen Punkt die Freiheit abzunehmen beginnt. Aus Gründen einer entsprechenden Skalierung, die nur durch empirische Erhebungen bestimmt werden könnte, verzichte ich auf eine weitere grafische Darstellung, aber es wird trotz allem einsichtig sein, dass es einen Bereich geben muss, wo weitere Technisierung deshalb nicht erstrebenswert ist, weil sie mit zunehmenden Freiheitseinbußen zu bezahlen wäre.

Die Moderne zeichnet sich zwar dadurch aus, dass sie persönliche Freiheit und Gleichheit zu zentralen Werten der Gesellschaften gemacht hat. Der Weg zur Ver-

18 | Dieser Satz wird gerne folgend wiedergegeben: „Wissen ist Macht“.

wirklichung dieser Wunschvorstellungen führte nicht nur über die Etablierung demokratischer Staatswesen und Menschenrechte. Ein essentieller Bestandteil der Umsetzung dieser Ideale liegt auch heute in der weitläufigen Verfügbarkeit von Apparaten für die Mehrheit der Bevölkerung. Durch Apparate wie Waschmaschinen oder Versicherungen, Banken oder Verkehrsmittel, Telefone oder Spitäler wurde der Einzelne in die Lage versetzt, sich von einengenden und oft als bedrückend empfundenen Banden, ob in der Familie, dem Dorf, dem eigenen Körper oder einem jeweiligen Herren, zu befreien. Es wurden damit etablierte Sozialstrukturen zerstört und gerade dadurch für bestimmte Gruppen sozialer Fortschritt erreicht.

Doch dieser Zuwachs an Freiheit und individueller Macht, bei dem gleichzeitig auch ein Maximum an Kreativität ihre Verwirklichungschancen findet, trägt die Verlockung in sich, dass jener erwähnte optimale Punkt unbemerkt überschritten wird und neue Abhängigkeiten und Unterdrückungen daraus resultieren.

Nach dem Prinzip der kleinen Zahl, das sich ohne Machteinbuße nur auf der Basis einer zunehmenden Technisierung umsetzen lässt, wird eine zunehmende Zahl von Menschen ausgelagert, damit der Voraussetzungen ihrer individuellen Macht beraubt und so in eine hilflose Position der Ohnmacht gedrängt und zur Anpassung an die Vorgaben diverser Apparate (Fürsorge etc.) genötigt, sodass von sozialem Fortschritt nicht länger gesprochen werden kann.

Weniger aus Gründen unabschätzbarer Katastrophen, wie das C. Perrow (1984) tut, sondern aus demokratiepolitischen Überlegungen heraus meine ich, dass Technisierung ihre Grenzen haben sollte.

„Formale Rationalität ist in den Augen von Max Weber das grundlegende Strukturprinzip der modernen abendländischen Gesellschaft."
„[...] ein Schlüsselphänomen der rationalisierten modernen Gesellschaft, steht, anders formuliert, nicht einfach für Zweckrationalität, sondern für ein Handeln, das durch explizite Regeln bestimmt ist und dem Einzelnen im Prinzip keinen individuellen Verhaltensspielraum mehr offen lässt – für formale Rationalität mit anderen Worten."
(B. Heintz, 1993, S. 159)

Damit scheint mir die Frage nach den latenten Zwecken der Technisierung beantwortet. Das Gestell verstellt sozusagen den Blick auf reale Machtverhältnisse, die nicht mehr beim eigenen Willen von Einzelpersonen zu suchen sind, sondern in regelgeleiteten Apparaten ruhen.

Folgerungen

Funktionstüchtige Apparate müssen klare Grenzen zu ihrer „Umwelt" ziehen. Räumliche Trennung ist eine Grundbedingung für das Funktionieren großer Apparate, wie bereits M. Weber als Grundvoraussetzung für das Wohlfunktionieren bürokratischer Apparate feststellte. Werden aber solche Abschottungen zur alltäglichen Praxis, brauchen auch „Freiräume“ plötzlich analoge Abgrenzungen.

Es entstehen „Schnittstellen“, die die Kooperationen zwischen solchen Apparaten schwierig machen, weil sie eben unterschiedlichen Regelwerken folgen. Dieser Tendenz begegnet man heute durch internationale Regelwerke, wie es etwa im Rahmen der EU systematisch praktiziert wird. Das bedeutet keinen Zuwachs an Freizügigkeit oder Demokratie.

Als Folge territorialer „Kompartments“ entwickelt sich hingegen intensivierter Verkehr. Menschen, die im Verlauf der Zeit in verschiedenen Regelwerken Mitwirkende sind, müssen von einem Kompartment zum nächsten transportiert werden, um verhaltenskonform agieren zu können.

Rein empirisch wird diese Situation in der Raum-Zeitgeografie nach T. Hägerstrand (1970) dokumentiert. Die soziologischen Hintergründe blieben allerdings bislang im Dunkeln. Es müsste die Alternative untersucht werden, ob der anwachsenden Flut von Personen und Gütern nicht mit einer Neugestaltung der Apparate besser gedient wäre als über die Ermöglichung von „Neuverkehr“ durch weiteren Bau von Strassen und Autobahnen bei gleichzeitiger Verschärfung von Asylgesetzen und verschiedensten Formen von „Überwachung“.

Ein ähnlich gesellschaftlich relevantes Forschungsthema bietet die Gesundheit. Auch hier sind die Apparate der Gesundheitsverwaltungen häufig nicht in der Lage, die individuellen und personenspezifischen Bedürfnisse kranker Menschen wahrzunehmen.

Ein Beispiel:

Nicht nur in den USA stirbt etwa ein Drittel der hospitalisierten Menschen an Infektionen, die sie sich erst im Spital zugezogen haben. Dabei kann es sich um so triviale Dinge handeln wie Unterkühlungen des Körpers in der postoperativen Phase.

Wieder müssen „Schnittstellen“ sozialer Art erkannt werden und sollten schon beim Entwurf der Apparate berücksichtigt werden. Es handelt sich um mangelnde Kompatibilitäten im sozialen Bereich, und zwar zunächst

- dort wo Techniker auf Ärzte treffen, die ihre Unabhängigkeit und Freizügigkeit gewahrt sehen wollen
- dann jene zwischen Ärzten und Patienten, die sich den Vorgaben der jeweiligen Apparate anpassen sollten, dazu aber oft nicht in der Lage sind
- eine dritte Schnittstelle wäre jene zwischen dem Pflege- und anderem Personal und Ärzten, bzw. Patienten.

Nun kann ich mir vorstellen, dass bei manchen, vor allem bei so zu bezeichnenden „Vollbluttechnikern“, jener bittere Geschmack entstanden sein mag, auf den ich eingangs schon verwiesen habe. Er mag sich in der genannten Frage „Wozu brauchen wir das?“ zusammenfassen lassen. Ich habe in zweifacher Weise zu antworten versucht. Nämlich:

- Wer Gesellschaft mittels Technisierung entwirft, muss über sie Bescheid wissen.
- Kritik ist der Motor des Fortschritts.

Moderne Forschungsansätze müssen folglich kritisch sein und sollen Apparate de-konstruieren. Solche Vorschläge werden bei nicht wenigen den Eindruck erwecken, dass hier nur eine Beschränkung der Technisierung gefordert würde. Bis zu einem gewissen Punkt stimme ich einer derartigen Beurteilung zu, aber eben nur bis zu jenem oben entwickelten magischen Punkt. Bedeutet eine solche Forderung aber schon Einschränkung der Tätigkeiten der Ingenieure? Keineswegs, allerdings sollten diese ihre gängigen Leitbilder neu überdenken.

„[...] it must be admitted that industrial societies have failed in the social management of technology. The failure implies not only the creation of adequate institutional vehicles but also the invention of new forms of purposeful guide-lines.“ (F. Hetman, 1973, OECD, S. 377)

Die Richtung, die technischer Fortschritt in den letzten zweihundert Jahren nahm, folgte dem Leitbild, dem Wittgenstein im Traktat, A. Turing, G. Frege und R. Carnap gefolgt sind: Sie verweisen auf „Tat-sachen“ – welch wunderbarer Ausdruck, Sachen, die tun. Und sie „tun“, was sie tun, auf der Basis von Regeln und Algorithmen. Technik wird als Anweisung und als präskriptive Sprache verwendet.

Was ich bis jetzt versucht habe, war aufzuzeigen, welche gesellschaftlichen Ungereimtheiten und Widersprüche sich daraus ergeben. Solche Widersprüche sind, wie seit Thomas Kuhns (1967) Analyse wissenschaftlicher Revolutionen bekannt ist, Voraussetzung für wissenschaftliche – und ich ergänze auch technische – Revolutionen, für Paradigmenwechsel und Fortschritt. Ich sehe demnach die Aufgabe einer Soziologie der Technik darin, durch „Entbergen“ solcher Widersprüche zu diesem notwendigen Paradigmenwechsel beizutragen. Dabei handelt es sich um einen kognitiven Wandel und nicht um einen Wertewandel.

Wie könnte dieses geforderte neue Paradigma aussehen? Ich meine, es müsste sich an der zweiten Auffassung von Sprache orientieren. Das heißt: keine fixen Tatsachen und Regeln. Bedeutungen ergeben sich bei diesem Ansatz aus ihrem Kontext, entwickeln sich und werden ausgehandelt. Sie haben Geschichte. Auch Geräte haben Bedeutungen. Die Bedeutungen von Technologien ergeben sich aus ihrem Gebrauch, ihrer „utility“.

Was kann das für zukünftige Technologien bedeuten?

Nun, es ergeht mir wie Moses, ich sehe nur jene Früchte, die Späher aus dem verheißenen Land anschleppen.Was ich dabei sehe, ist allerdings äußerst ambivalent: Technologien wie Neurale Netze, die nicht zufällig Jahrzehnte ignoriert, ja unterdrückt wurden, weil sie eben dem herrschenden Paradigma nicht entsprachen. Finite Elemente, Selbstorganisierende Systeme, Flexible Automation, die Vierte Industrielle Revolution. Selbstverständlich ahne ich noch mehr: andere Schulen, Spitäler, Universitäten, Parlamente, Wirtschaftsunternehmen, Staaten und NGOs etc. Diese „Früchte" könnten als Verheißung und Aufforderung verstanden werden.

Diese positive Einschätzung habe ich noch vor mehr als zwanzig Jahren vertreten. Damals war ich noch Optimist. Mit Beginn der „Krise", die mit 9/11 begonnen hat, 2008 weitere Kreise zog und sich inzwischen zu einem „permanenten Ausnahmezustand" (C. Schmitt, 1921) gemausert hat, begann mein Optimismus zu schwanken und zu zerbröckeln. Heute erleben wir bereits jenen „Ausnahmezustand in Permanenz" (A. Bullock, 1991), wobei ein Ende nicht absehbar ist. Und jene Systeme, die damals noch als Hoffnungsträger erschienen, erwiesen sich in der Zwischenzeit als Vehikel zur Verfestigung von „faschistoiden" Gegebenheiten. Diese Bezeichnung entlehne ich von B.M. Gross (1980), der bereits in den achtziger Jahren des vergangenen Jahrhunderts auf eine Tendenz hinwies, die er als Entwicklung zu einer „corporate society" (Gesellschaft der Großunternehmen) bezeichnete, wobei er deren Auswirkungen eben als „faschistoid" qualifizierte. Ungefähr zwanzig Jahre später bezeichnete der NSA-Mitarbeiter W. Binney seinen Arbeitgeber bereits als „Neue Stasi-Agentur", und einige Jahre darauf sagte E. Snowden Ähnliches. M. Schrems, der österreichische Datenschutzaktivist, meinte unlängst in einem Interview[19], dass „die gesamte Wirtschaft" (d.h. „Corporations") über die österreichische Regierung herfallen würde, wenn sie Einwände gegen „Privacy Shield", die zweifelhaften neuen Datenschutzregelungen zwischen USA und EU vorbringen würde. Die Versprechungen der vierten industriellen Revolution scheinen nicht weniger zweifelhaft zu sein. Dabei ist keineswegs gesagt, dass diese Tendenz zum „Überwachungsstaat" nicht vielmehr die Aushöhlung und Auflösung jenes Staates zugunsten von eigenmächtigen Korporationen bewirkt und den Verlust von Gleichheit der Staatsbürger und von Demokratie mit sich bringt. Diese Gefahr besteht weltweit, nicht nur in sogenannten „failed states", sondern gerade dort, wo am lautesten für die Erhaltung der Demokratie demonstriert wird. L. Mumfords (1964) alte Unterscheidung von demokratischen und autoritären Technologien macht Sinn. Technik kann so oder anders gestaltet und eingesetzt werden.

19 | Falter 11/2016, S. 27.

Soll folglich die Gleichung

TECHNISCHER FORTSCHRITT = SOZIALER FORTSCHRITT

Sinn machen, dann muss ein Paradigmenwechsel dort stattfinden, wo Techniker ausgebildet werden. Nicht

TECHNIK MACHT GESELLSCHAFT

sollte das neue Paradigma lauten, sondern

GESELLSCHAFT MACHT TECHNIK

Ob ein derartiger Wechsel stattfindet, hängt wesentlich von der Art der Ausbildung ab, die wir unseren Studierenden bieten. Ich stehe nicht an festzustellen, dass zu einem solchen Kreativität und Innovationen förderndem Studium Themen wie jenes, das ich gerade zu vermitteln versucht habe, als integraler Bestandteil gehören. Im Rahmen einer derartigen Ausbildung müssen im oben angesprochenen Prozess einer „kreativen Zerstörung" auch die gängigen Idole zerstört werden, die seit den Tagen Francis Bacons und Auguste Comtes das Denken an den meisten Universitäten und in der Politik dominieren.

Damit ist die Forderung nach einer innovativen Institutionalisierung verknüpft. Ohne eine entsprechende Bündelung der Kräfte sind derartig notwendige soziale Innovationen nicht zu verwirklichen.

Es bleibt zu hoffen, dass die Studierenden daraus notwendige Folgerungen ziehen, denn es handelt sich um ihre Welt, die neu gestaltet werden muss. Ein notwendiger erster Schritt in eine neue Richtung ist die Forderung nach entsprechenden Lehrveranstaltungen in sämtlichen Studienrichtungen. Das bedeutet, dass es Bereiche geben muss, wo jener technischen, ordnenden Disziplin ein umordnendes Chaos entgegen gestellt wird, wo das gewaltige „Gestell" verstellt wird.

Daher müssen Wissenschaft und Technik ihre Zwillingsschwester in die Curricula einbeziehen. Denn Wissenschaft und Technik sind auch nur „artes", Künste, die allerdings die „erbauende Kunst" mit deren künstlerischer Freiheit ausgegrenzt haben. Dem an heutigen Universitäten vorherrschenden, apollinischen Prinzip des „Messens" und „Erklärens" und des utopischen Denkens muss im Sinn von Friedrich Nietzsche erneut das dionysische zur Seite gestellt werden. Denn beide sind Kinder ein und derselben Alma Mater, die die unterschiedlichen, doch sich gegenseitig ergänzenden „Künste des Erkennens" nährt, mehrt und lehrt.

Ich bin überzeugt, dass nun meine Botschaft angekommen ist: Nicht Technik, sondern eine charakteristische Form der Technisierung wird benötigt, daher ist an neuen Modellen zu arbeiten.

Ich möchte daher die Aufgabe einer Technischen Universität im Gedenken an einen weitblickenden früheren Rektor der TU Wien, Univ. Prof. Dr. Karl Kraus, als eine „Versuchsstation der fruchtbaren Zusammenarbeit von Politik, Gesellschaft und Wissenschaft"- und ich ergänze dies mit: Kunst und Philosophie - definieren.

Insgesamt geht es bei dieser Kooperation vordringlich darum, überzeugende, neue Denkmodelle anzubieten und nicht darum, standardisierte Abgänger nach einer Normstudienzeit im Geiste von Bologna zu produzieren. Es handelt sich also bei dieser „Versuchsstation" vorrangig darum, die Fähigkeit zu entwickeln, eigene liebgewonnene Standpunkte verlassen und eine andere „Vista" als zumindest gleichberechtigt einnehmen zu können. Aus diesem Grund möchte ich Ihnen als Resümee meines Referats folgendes Bild zur Ver-innerung mitgeben.

S. Dali (1976), in R. Descharnes, G. Neret (eds.), Salvador Dali, Taschen-Verlag, Köln, 1982, S. 202.

Um die „hidden message" dieses Kunstwerks zu fassen, muss man allerdings einen anderen, neuen Standpunkt beziehen, nämlich das Werk aus einer anderen Distanz betrachten. Damit wird *anschaulich*, dass wahrgenommene Fakten ausschließlich vom jeweiligen Standpunkt abhängen, weshalb diese Standpunkte werktätig[20] zu verändern sind.

20 | Siehe dazu: „Die Vernunft vernimmt" dieser Band.

Die langen Schatten des Lichts[21]

In einem unlängst in der „ZEIT" erschienen Beitrag von Susan Neiman merkt sie an, dass heute die „Moderne" von vielen als „Quelle allen Unglücks" betrachtet wird. Dieser Sichtweise versucht die amerikanische Philosophin entgegenzutreten, denn die zwei Alternativen, die sie nennt, der Vormoderne nachtrauern oder sich mit der „Postmoderne" abfinden, würden die „Hoffnung auf irgendeine Form von Fortschritt" zunichtemachen.

Es überrascht nicht, dass diese Hoffnung zum Ansporn hochstilisiert wird, weiter dem Fortschritt zu Diensten zu sein. Eine ähnliche Motivation leitete wohl auch die Organisatoren des „Alpbacher Forums" von 2016. Diese optimistische Lebensauffassung ist ein Charakteristikum für das, was meistens als der „amerikanische Traum" bezeichnet wird. Seltsamerweise unterlässt es aber Susan Neiman zu konkretisieren, worin jener Fortschritt bestehen soll und folglich auch, wie jenes undeklarierte Ziel erreicht werden könnte. Man kann allerdings vermuten, dass ihre Vorstellungen wieder von dem geprägt sind, was der amerikanische Traum versprochen hat: technischer Fortschritt soll die Basis dafür liefern, dass die Probleme der Welt nach Möglichkeit global gelöst werden.

Bei ihrer Kritik an den Kritikern der Aufklärung betont sie u.a. auch, dass nicht der „regelbesessene Technokrat", sondern die Aufsässigkeit eines Figaro gegen die Aristokratie in Mozarts Oper das wahre Ideal dieser Bewegung verkörpern würde. Das ist schön gedacht, doch falsch beobachtet. Hehre Ideale haben viele der Aufklärer zum Ausdruck gebracht, doch wenn es um deren Verwirklichung ging, blieben sie oft den Nachweis schuldig. Das gilt für Jean-Jacques Rousseau, der ein großflächiges Erziehungsprogramm entwarf, doch seine eigenen Kinder ins Waisenhaus schickte, für Robespierre, der als Anwalt gegen die Todesstrafe auftrat und bekanntlich das Gegenteil praktizierte, genauso wie für die Väter der amerikanischen Verfassung, Washington, Madison u.a., deren Gleichheitsideal darin gipfelte, eine Verfassung zu schaffen, die vorrangig verhindern sollte, dass die vielen Armen die wenigen Reichen durch demokratische Wahlen überstimmen

21 | Eine Replik auf Susan Neiman, „Die Quelle allen Unglücks", Die Zeit, 27. Okt. 2016.

könnten. Die Folgen dieser aufgeklärten Politik erlebten wir gerade unlängst. Wo viel Licht ist, ist zwangsläufig auch viel Schatten.

Der Kampf gegen die Obrigkeit und für Freiheit und Gleichheit war bei den Aufklärern immer nur so lange politisches Programm bis sie selbst Obrigkeit waren. Sobald sich die politische Sachlage verändert hatte, arbeiteten sie mit Nachdruck daran, ihre Herrschaft zu sichern. Dabei waren sie durchaus einfallsreich und systematisch. Die Betonung liegt auf dem letzten Wort: „systematisch".

Susan Neiman beeilt sich, die bekannte Kritik an den Prinzipien der Aufklärung, wie sie von T.W. Adorno und M. Horkheimer herausgearbeitet wurden, mit Verweisen auf Voltaire u.a. zu widerlegen. Das kann man einer Philosophin nicht verdenken. Zur Beurteilung des möglichen Vorbildcharakters der Aufklärung scheint es aber nicht zu reichen, Voltaire, Kant u.a. zu zitieren. Um die tatsächliche Wirkung der Aufklärung zu evaluieren, empfiehlt es sich, die soziale Wirklichkeit mit zu bedenken.

Die soziale Wirklichkeit der Aufklärer

Die soziale Wirklichkeit war, dass eine Gruppe von reich gewordenen Bürgern die Herrschaft von Aristokratie und Kirche brechen wollte. Aus heutiger Sicht ist das ein löbliches Unterfangen. Doch was setzten sie an deren Stelle? An deren Stelle setzten sie die Herrschaft des Geldes (besonders in den USA), des Marktes, der Industrie und der Armee. Freie Wahlen gab es kaum, und wenn, dann wurden sie, wie in den USA, auf „verlässliche" Bevölkerungskreise eingeschränkt. In Frankreich brachte die Aufklärung sowieso nur wieder eine Monarchie. Allerdings wurde der Einfluss der Religion unterbunden. An deren Stelle setzte man den Glauben an die Vernunft. Es zeigte sich schnell, dass diese Doktrin nicht weniger autoritär wirkte als der fromme Glaube an ein Jenseits.

Um Susan Neimans idealistisches Bild von den unzweifelhaften Vorteilen der sogenannten „Moderne" zurechtzurücken, muss man allerdings etwas ausholen. Mit diesem Begriff werden die keineswegs parallelen, sondern ineinander verschränkten Prozesse von Industrialisierung, Marktwirtschaft, zunehmender Verwissenschaftlichung, Ökonomisierung, schleichender Demokratisierung vieler Bereiche und großstädtischer Urbanisierung auf einen Nenner gebracht. Dieser verschränkte Prozess nahm seinen Beginn bereits in Großbritannien. Schlagwortartig sei dabei an drei Marksteine erinnert: im politischen Bereich die Etablierung einer konstitutionellen Monarchie nach der „glorreichen Revolution", zweitens, nicht unabhängig davon, der Erfolg der „Merkantilisten", den freien Handel durchzusetzten, woraus sich u.a. bereits auch die ersten Handelskriege mit Holland ergaben, und drittens, intellektuell die politische Philosophie von John Locke, der u.a. die Idee der Gewaltenteilung propagierte.

Die Aufklärung nahm demnach, anders als gerne behauptet wird, ihren Beginn auf der Insel und nicht in Frankreich. Es geschah auch, dass die französische Intelligenzia nach England und Holland pilgerte, und nicht wie es davor der Fall war, die englische nach Frankreich. Einer, der wesentlich an diesem Austausch beteiligt war, war Montesquieu. Dieser frühe französische Aufklärer bezog unter anderem auch seine Inspiration zur Gewaltenteilung von dort. Auch Diderot und d'Alembert folgten bei der Konzeption ihrer Enzyklopädie Vorbildern von der anderen Seite des Kanals.

Letztlich darf auch nicht vergessen werden, dass Adam Smiths „The Wealth of Nations" in Frankreich breite Rezeption fand. Seine Ideen der Arbeitsorganisation in Manufakturen auf der Basis von Maschinen, die von ungelernten Arbeitern bedient wurden, erforderten ein systematisches Denken der Betriebsorganisation. Die Anforderung war Smith bewusst und er beantwortete sie mit der Vorstellung von einer Maschine, die die verschiedenen Bewegungen und Wirkungen koordiniert. Diese nannte er „System". Seine spezifische Art von Organisation projizierte er schließlich auf die ganze Gesellschaft.

Smith war somit der Erste, der sich die Gesellschaft als einen mechanischen Apparat vorstellte. Besagtes Leitbild wurde von den französischen Militäringenieuren, die selbst auch nicht müßig waren, gerne übernommen. Denn schon lange vor Smith waren die im Unterschied zu den Engländern ständig in Kriege verwickelten Franzosen laufend damit beschäftigt, Militäranlagen, Verbindungsstraßen, Brücken u.ä. zu bauen und die eigene Armee aus inneren, sicherheitspolitischen Erwägungen in Bewegung zu halten.

Sébastien Le Prestre de Vauban war Festungsbaumeister unter Ludwig XIV., doch umfassender war er auch Stadtplaner und Militärstratege. Das zumindest seit Descartes dominante mechanistische Weltbild leitete auch sein Denken. Dank dieser Sichtweise entwickelte er die Vorstellung absoluter Planbarkeit und Vorhersagbarkeit.

Bereits Ludwig XIV. ließ stehende Kompanien ausheben, wobei das sogenannte „Geniekorps" eine bedeutende Rolle spielte. Die Mitglieder dieser Genietruppen wurden Ingenieure genannt, woher auch noch unsere heutige Bezeichnung für leitende Techniker stammt. Vauban organisierte auf dieser Basis ein Pionierkorps, das aufgrund logistischer Planung und mit Hilfe der Methoden der „darstellenden Geometrie" bemüht war, große Räume dauerhaft zu kontrollieren. Um derartige großräumige Projekte durchführen zu können, genügte es nicht länger Baumeister zu sein, sondern es bedurfte zusätzlich neuer Organisationstechniken. Vauban war einer der ersten, die solche entwickelten. Der Militäringenieur Ch. Fourcroy hat im Zuge dessen 1782 das erfunden, was wir als „Organigramme" bezeichnen.

Man sieht, dass Organisation und Logistik von Anbeginn ein wesentlicher Bestandteil technischen Wissens und Könnens und militärischen Denkens war. Der Zusammenhang von Markt, Industrie und Armee wird hoffentlich aufgrund dieser kurzen Skizze anschaulich. Alle drei, Markt, Militär und Industrie, benötigen Instrumente großräumiger und langfristiger Planung.

Man wird sich daher nicht wundern, dass die Revolutionäre, die bemüht waren, den französischen Staat auf eine neue Grundlage zu stellen, die staatliche Verwaltung in die Hände von Ingenieuren und Militärs legen wollten. Deshalb gründeten sie 1794 eine neue Universität, die École Polytechnique. Diese Institution wurde Modell für zahlreiche andere Schulen in Europa und Amerika. Zentrales Anliegen dieser Schulen war die Ausbildung von Staatsbeamten, die allerdings in krasser Abhebung zu früheren weder Jus, Philosophie, Rhetorik oder gar Dialektik studieren sollten, sondern Mathematik, darstellende Geometrie, Physik, Mechanik und ähnliche Fächer beherrschen mussten, um in der Lage zu sein, die ganze Gesellschaft großräumig zu planen und zu organisieren.

Es ist ein bekanntes, keineswegs zufälliges Charakteristikum militärischen Denkens und militärischer Ausbildung, Disziplinarstrukturen zu schaffen. Diese durchgängige Einstellung ergab sich nicht allein daraus, dass im Kampfgeschehen die zuverlässige Befolgung von Befehlen notwendig erscheint[22], sondern vorwiegend daraus, dass Planung jeder Art nur dann sinnvoll ist, wenn die Ausführung dieser Pläne im Detail gewährleistet ist.

Deshalb hat H. Freyer (1987) vor geraumer Zeit mit Nachdruck auf den unvermeidbaren Zusammenhang von Planung und Herrschaft hingewiesen. Zugleich aber hat er auch den Sachverhalt betont, dass „Technik" nicht ohne die Kategorie des Plans zu denken ist. In anderen Worten: Eine Technische Universität ist selbst dann, wenn – anders als im revolutionären Paris – die Ausbildungsziele nicht von Militärs definiert werden, ohne Disziplinierungskonzepte nicht sinnvoll. Die Ingenieure müssen den Anforderungen der Planung gerecht werden und das erfordert Disziplinierung d.h. Herrschaft.

Disziplinierung bedeutet Einschränkung des freien Willens der Einzelnen und ist ohne Zwang nicht durchführbar. Man mag nun meinen, dass die Mehrzahl der Bevölkerung ja nicht aus Technikern und Militärs besteht. Wie jedoch schon erwähnt wurde, hat im Zuge der Aufklärung die Vorstellung Platz gegriffen, dass die gesamte Gesellschaft eine wohl koordinierte Maschine sei bzw. sein solle. An der Umsetzung dieser Vorstellung wurde an der École Polytechnique gleichfalls intensiv gearbeitet. So kommt es, dass an dieser technischen Eliteinstitution auch eine neue Wissenschaft erfunden wurde – die Soziologie.

Es war Auguste Comte, der an der ersten Technischen Hochschule der Welt die Wissenschaft von der Gesellschaft begründet hat. In Anlehnung an die in der École dominierenden Naturwissenschaften wollte er Gesetzmäßigkeiten entde-

---

22 | Dass auch dort individuelle Initiative und spontanes Handeln sinnvoll sein kann und honoriert wurde, lässt sich noch anschaulich sehen, wenn man „Die Drei Musketiere" (A. Dumas, 1844) oder Hans Jakob Christoffel von Grimmelshausen „Der abenteuerliche Simplicissimus" liest.

cken, die in Anbetracht der rasanten gesellschaftlichen Entwicklungen eine neue Form der Verwaltung und Ordnung der Gesellschaft erlauben sollten. Er und seine Schüler übernahmen die Ideen einer „Politischen Arithmetik", wie sie in England von W. Petty 1662 bereits entwickelt worden waren. Sie dachten, dass mithilfe der Statistik die Gesellschaft wie ein Apparat gesteuert werden könnte.

Das alles geschah Anfang des 19. Jahrhunderts, doch hundert Jahre später schreibt der herausragende Soziologe E. Durkheim, dass Gesellschaft zwangsläufig auf Zwang aufgebaut sein müsse. Selbst M. Weber spricht von der Notwendigkeit „rationaler Disziplin". Disziplinierung steht jedoch in eklatantem Widerspruch zu den hehren Idealen der Aufklärung, die sich ja schlagwortartig in der Phrase „Freiheit, Gleichheit, Brüderlichkeit" abbildeten.

Trotz dieser Gegensätzlichkeit breitete sich diese Ideologie krebsgeschwürhaft in immer weiteren Teilen der Gesellschaft aus. Der militärischen und intellektuellen Entwicklung folgten die Schulen, die Fabriken, das Sozialsystem, das bis zu diesem Zeitpunkt noch irgendwie von christlichen Idealen der Nächstenliebe geprägt war. Es entstanden in der Folge Arbeitshäuser, in denen „Vagabunden" kaserniert und zur Zwangsarbeit angehalten wurden, ein Zeitkontrollsystem, Massenproduktion, „scientific management" und vieles andere mehr. Es kann hier nicht auf die Details eingegangen werden, doch die Arbeiten von K. Marx, F. Engels, R. Owen, M. Foucault, K. Polanyi, M. Horkheimer und Th. Adorno, oder die Romane von E. Zola oder Ch. Dickens liefern reichlich Anschauungsmaterial.

Wie tief diese undemokratisch disziplinierende Grundhaltung aber wirkte, kommt erst voll zum Vorschein, wenn man bedenkt, dass selbst Bereiche wie Musik davon nicht verschont blieben. Nikolaus Harnoncourt (1982) beschreibt diese Entwicklung detailreich. Im Zug der französischen Revolution wurde auch eine weitere Institution geschaffen, das Conservatoire. Harnoncourt schreibt: „Das System des Conservatoire könnte man als politische Musikerziehung bezeichnen. [...] Die politische Nutzung der Kunst zur offensichtlichen oder unmerklichen Indoktrinierung der Staatsbürger oder Untertanen...[wurde] planmäßig eingesetzt."

Das französischen System propagierte die

„[...] Methode, eine bis in die letzten Einzelheiten durchkonstruierte Vereinheitlichung des musikalischen Stils zu erzielen, [...] Diese Revolution in der Musikausbildung hat man derart radikal durchgeführt, dass innerhalb weniger Jahre überall in Europa die Musiker nach dem Conservatoire-System ausgebildet wurden. [...] Geradezu grotesk aber erscheint es mir, dass dieses System heute noch die Basis unserer Musikerziehung ist! Alles was vorher wichtig war, wurde dadurch ausgelöscht!" (Ibid., S. 26-31)

Damit hat die französische Revolution „eine völlige Veränderung des musikalischen Lebens" (Ibid., S. 31) zustande gebracht, ein Ergebnis, das Harnoncourt als dringend reformbedürftig bezeichnet.

Diese Beurteilung lässt sich verallgemeinern, denn am Zwangscharakter moderner Gesellschaften hat sich bis heute wenig geändert. Wir erleben dies täglich. Allerdings manifestiert sich der Zwang heute in anderer Form als in früheren Gesellschaften. Technik, vor allem in ihrer materiellen Manifestation, ist für Durkheim nur eine Variante des vorherrschenden gesellschaftlichen Zwanges.

Entzauberung der Welt

M. Weber benutzte ein zentrales Vokabel für diese Entwicklung, nämlich „Entzauberung der Welt", oder, um dasselbe mit anderen Worten zu wiederholen, die zunehmende Rationalisierung der Welt. Sie besteht in umfassender Planbarkeit und Kalkulierbarkeit. „Ohne die rationale Kalkulation als Unterlage der Wirtschaft [...] würde auch die rationale Technik nicht entstanden sein", schreibt er. (Weber, 1921, S. 33). Diese erfordert aber die bereits erwähnte „rationale Disziplin".

Das leitende Prinzip der Aufklärung wurde mit dem Wort „Rationalisierung" angesprochen, es manifestierte sich u.a. in der Phrase von der „Herrschaft der Vernunft". In den Ohren jener, die meinen, dass der Aufklärung angeblich im 21. Jahrhundert zu wenig Aufmerksamkeit geschenkt würde, klingt diese Maxime vernünftig[23]. Wenn allerdings „vernünftig" meinen soll, dass es sich dabei um klare, eindeutige und widerspruchsfreie Entscheidungsregeln handeln soll, dann müssen die Köpfe, auf denen diese Ohren sitzen, erst einmal selbst aufgeklärt werden.

Rational kann vieles sein. Weber unterscheidet z.B. mehrere Arten von Rationalität. Psychoanalytiker würden sicher zustimmen. Für vorliegenden Aufsatz genügt es allerdings, von jener Form von Rationalität zu sprechen, die Weber als Zweckrationalität bezeichnet hat. Dabei differenziert er zwischen „formaler" und „materialer" Rationalität. Charakterisiert er diese als Kalkulation der Mittel in Relation zu angestrebten Zwecken, so ist jene in der Kalkulierbarkeit und Vorhersehbarkeit der Handlungsabläufe begründet. Bürokratien etwa formalisieren und optimieren ihre Handlungsabläufe so, dass sie gegebenen Normen gerecht werden. Ihre Strategie ist allerdings meistens nicht gleichzeitig kostengünstig, also aus Sicht materialer Rationalität nicht rational.

Rationale Technik besteht nun sowohl aus materiellen Artefakten, als zuvorderst auch aus Plänen, Entwürfen und Planung, deren Umsetzung Organisation und Organisationen einfordert. Ingenieure haben daher sowohl darauf zu achten,

23 | Es ist verlockend an dieser Stelle F. Engels zu zitieren: „Wir wissen jetzt, dass dies Reich der Vernunft weiter nichts war als das idealisierte Reich der Bourgeoisie; dass die ewige Gerechtigkeit ihre Verwirklichung fand in der Bourgeoisjustiz; dass die Gleichheit hinauslief auf die bürgerliche Gleichheit vor dem Gesetz; dass als eins der wesentlichsten Menschenrechte proklamiert wurde – das bürgerliche Eigentum." (Engels F., 1877, S. 17)

dass die materiale Seite beachtet wird, als auch die performative in der Produktion und – auch das sollte nicht übersehen werden – im Gebrauch. Aus materialen Überlegungen wird etwa ein bestimmtes, kostengünstiges Material als Werkstoff gewählt, doch dieses Material hat häufig auch eine geringere Festigkeit und daher höhere Fehlerhäufigkeit. Es verhält sich nicht optimal und kann in der Folge den geplanten Ablauf der Organisation tiefgreifend stören. In unseren Tagen dürfte es genügen, zur Exemplifizierung auf den sogenannten „VW-Skandal" hinzuweisen. Aus materiellem Kalkül wurde die Performabilität im Gebrauch geschönt. Ob dieses Verhalten vernünftig war, darf angezweifelt werden, obwohl es zunächst betriebswirtschaftlich als schlaue Lösung für einen rationalen Konflikt erscheinen mochte.

Immer treffen unterschiedliche Kriterien der Bewertung aufeinander, zwischen denen nicht rational entschieden werden kann. Rational sind die einen und die anderen, somit hat man sich entweder zwischen zwei Rationalitäten (H.A. Simon, 1979) zu entscheiden oder nicht widerspruchsfreie Vermischungen beider vorzunehmen, was eben wieder nicht rational ist.

Herrschaft der Vernunft

Die Herrschaft der Vernunft ist sehr beschränkt, aber sie ist Herrschaft und beschränkt, folglich, zugleich Freiheit und auch Gleichheit. Wer sich für die eine Art von Rationalität entscheiden würde, diskriminiert die andere und vor allem alle jene Entscheidungsträger, die die gegenteilige Entscheidung trafen.

Fassen wir zusammen, so ist festzustellen, dass die Aufklärung weder bei der Verwirklichung der Herrschaft der Vernunft noch bei jener ihrer Ideale konsistent und widerspruchsfrei vorgehen kann. Weshalb sollte sie dann bevorzugt werden?

H. Freyer (1987) hat schon vor längerer Zeit festgestellt, dass *Technik* zwangsläufig *eine politische Kategorie* ist. Moderne Technik ist in ihrer Vorgehensweise und Implementierung jenes Instrument, mit dessen Einsatz heute Gesellschaft dominant konstituiert wird. Doch diese Technik ist zugleich – egal ob beabsichtigt oder nicht – ein Disziplinierungsinstrument.

Genau an diesem Instrument haben die Aufklärer seit Beginn des 18. Jahrhunderts systematisch gearbeitet. Der Einsatz von technischen Geräten erfordert Planbarkeit in umfassendem Ausmaß. Wenn heute etwa die Kritiker des BREXIT vorrangig damit argumentieren, dass der demokratische Volksentscheid in Großbritannien deshalb abzulehnen sei, weil dadurch die Planbarkeit der Unternehmensstrategien gefährdet wird, oder wenn das offensichtlich wenig demokratische, doch immerhin verfassungskonforme Ergebnis der US-amerikanischen Wahlen bekrittelt wird, dann bedeutet das, dass die Rationalität der Planung Vorrang vor dem Prinzip der freien Wahl, der freien Meinungsäußerung und der Gleichheit aller vor dem Gesetz beanspruchen soll.

Die hehren Werte der Aufklärung werden stets dann missachtet, wenn sie plötzlich der Realisierung eigener Interessen im Weg stehen; das war schon am Beginn der Bewegung so, wie am Anfang angedeutet wurde, und ist nicht besser, sondern schlimmer geworden, doch es ist durchaus „vernünftig".

Alternativen suchen

Es sollte daher nicht überraschen, wenn viele, wie etwa ein von der frühen griechischen Polis träumender Martin Heidegger, den Frau Neiman gleichfalls unfair beurteilt, nach Alternativen suchen, die die ideologisch determinierten Prinzipien genauso wenig beachten wie deren vordergründige Befürworter. Wenn etwa das Prinzip der Gleichheit, ähnlich wie am historischen Anfang der Demokratie in Athen, auf bestimmte Bevölkerungsteile eingeschränkt würde, dann sollte man sich zumindest nicht darüber wundern, denn tatsächlich wurde dieses Prinzip niemals und nirgends in dem umfassenden Anspruch, mit dem es erhoben wurde, realisiert. Analoges gilt für Forderungen nach rationalen Entscheidungen oder umfassender Freiheit.

Es gibt bestimmte Bevölkerungsgruppen, die von den hehren Prinzipien der Aufklärung profitieren und andere, die das nicht tun. Es entspräche u.a. dem Geist der Aufklärung, diesen minder privilegierten Gruppen zuzubilligen, dass sie eigene Territorien abgrenzen, in denen ihre eigenen Interessen bestimmen, wie Widersprüche politisch entschieden werden sollen. Das bedeutet aber notwendig, dass die nicht befriedigenden Praktiken, die unter Schlagwörtern wie „Globalisierung", „Demokratisierung" oder der gänzlich unbestimmten „Fortschritts"-Floskel vermarktet werden, als widersprüchlich bzw. den öffentlichen Anliegen nicht gerecht-werdend demaskiert und auf dem Müllhaufen falscher Utopien entsorgt werden. Und außerdem bedeutet das auch, dass solchen Gruppen auch das Recht zugestanden werden muss, ihr politisches System selbst zu bestimmen.

Fälschlich wird Griechenland oft als das Mutterland der Demokratie bezeichnet. Nur Athen hatte ein solches politisches System und zwar nur kurze Zeit. Parallel bestanden daneben Oligarchien und Monokratien, die dann im Zeitalter der Diadochen dominant wurden. Dieses Nebeneinander war möglich, weil es sich um kleine Einheiten handelte. Als das Imperium unter Alexander dem Großen globalisiert wurde, brachte dies auch eine monokratische Herrschaftsausübung mit sich. Grosso modo blieb es dabei bis zum Ende der Antike. In dieser Welt stand die freie Wahl des politischen Systems nicht länger zur Debatte. Freie Wahl des eigenen politischen Systems scheint aber das zu sein, was die aufklärerische Forderung nach Freiheit meinte. Es sollte folglich möglich sein, dass viele Menschen, die eine benevolente Oligarchie einer undurchschaubaren, manipulativen Demokratie vorziehen, ihre Vorstellungen auch umsetzen können.

Schon die alten Griechen wussten seit Aristoteles und Polybios, dass jede Regierungsform irgendwann Verfallserscheinungen zeigt und sich im Lauf der Geschichte verschlechtert. Wir scheinen heute an dem Punkt zu sein, wo die Verfallserscheinungen der westlichen Demokratien offensichtlich werden. Es wäre daher an der Zeit, z.B. den europäischen Regionen[24] endlich die Chance einzuräumen, ihre eigene Regierungsform zu wählen (S. Wagenknecht, 2011) und - wenn der Zeitpunkt reif ist - diese auch wieder abzuwählen. Eine solche Vorgehensweise wäre praktisch implementierte Freiheit und nicht eine zwanghaft, mithilfe einer fadenscheinigen Ideologie von Freiheit, Gleichheit und Rationalität aufoktroyierte. Auch das könnte ein Fortschritt sein. Ich stimme daher St. Hessel (2010) bei, wenn er dazu aufruft: „Empört euch!“

24 | Etwa Katalonien, Schottland, Wallonien etc., von Kalifornien oder dem Donbass ganz zu schweigen. Warum diese Freiheit nur den Regionen des ehemaligen Jugoslawien zugestanden wurde, ist seinerseits reichlich decouvrierend.

Schukuky – Meine Zweifel

Postscriptum zu „Die Wiedergeburt der Wissenschaften im Islam"

Im antiken Rom wurde neben Rechtsstudien bereits früh eine protowissenschaftliche Gepflogenheit entwickelt, deren Sinn darin bestand, aus der Geschichte der Stadt Prinzipien der Lehre für die nachfolgende Generation zu generieren. Diese Übungen können zwar nicht als wissenschaftliche Geschichtsschreibung verstanden werden, doch sie lieferten zumindest hinlänglich Material dafür.

Die Prinzipien der Lehre wurden dabei durch Vergleich von vergangenen Ereignissen mit zeitgenössischen Gegebenheiten gewonnen. Wenn schon in den anderen Feldern des Wissens aus der spärlichen, intellektuellen Geschichte Roms wenig zu gewinnen ist, so könnte man sich zumindest an dieser Gepflogenheit ein Vorbild nehmen. Eben dieses Experiment wird im Folgenden angestellt, wobei ich vorweg festgehalten haben möchte, dass die Ergebnisse dieses Versuchs hypothetischer Natur sind und es zu deren Festigung zusätzlicher Untersuchungen bedürfte.

Vergessene Vergangenheiten – Ideengeschichtlicher Aufriss unserer Epoche[25]

Stellen wir dezidiert einen derartigen Vergleich von vergangenen Vorkommnissen mit unserer eigenen Lebenswelt am Beginn des 21. Jahrhunderts her, so scheint eine kurze Skizze jener jüngeren historischen und kulturellen Entwicklungen von Nutzen zu sein, die sonst meistens übergangen werden.

Zunächst wäre darauf hinzuweisen, dass in England bereits im 17. und in Frankreich im 18. Jahrhundert eine intellektuelle Wende stattfand, die Parallelen zu jener aufweist, die in den letzten Kapiteln des zweiten Bandes[26] beschriebenen wurde. Es handelt sich um eine Hinwendung der Interessen zu einer Form des

25 | Dazu: Schmutzer M. (2006).

26 | Schmutzer M. (2015), in Hinkunft auch als „Band II" zitiert.

Wissens, das vorrangig in den Dienst der Produktion von Wirtschaftsgütern gestellt wurde, also in einen in unserer Zeit als „Praxis" verstandenen Bezug. Exemplarisch manifestierte sich dies an den Konzepten der französischen Enzyklopädisten, die quasi aus Protest gegen herkömmliche Wissenschaftsauffassungen in ihren Nachschlagewerken ausführlich Wissensinhalte und Methoden der handwerklichen Gewerbe inkludierten. Markantesten Ausdruck dieses Wandels, der mit umgekehrten Vorzeichen jenem in Athen im fünften Jahrhundert v. Chr. vergleichbar ist[27], stellt eben die Enzyklopädie von Diderot, d'Alembert u.a. dar. Dort wird der Wechsel der Perspektiven im Unterschied zu früheren Nachschlagewerken besonders anschaulich.

In anderer Form lässt sich derselbe Vorgang auf der anderen Seite des Ärmelkanals nachvollziehen, wo nicht nur der Streit zwischen Th. Hobbes und R. Boyle über die Akzeptanz von empirischen Versuchen als wissenschaftliche Beweismittel, sondern auch die später folgende Ausrichtung der meisten Projekte der „Royal Society" gleichfalls eine an einer wirtschaftsnahen Praxis orientierte neue Haltung demonstriert. Theorie gilt nun weniger, „herstellen können" nahezu alles[28].

Dass dieser Wandel von grundlegenden Veränderungen im gesellschaftspolitischen Gefüge begleitet wurde, wird kaum überraschen, doch dass sich darin auch ein anderer Gegensatz, nämlich einer zwischen „Wahrheit und Nützlichkeit"[29] offenbart, überrascht vielleicht doch.

Diesen Gegensatz hat unlängst D. Kaldewey in einer lesenswerten Arbeit als konstitutives, wiederkehrendes Element eines Dispositivs[30] der „Selbstbeschreibungen der Wissenschaft zwischen Autonomie und gesellschaftlicher Relevanz" als bipolares Muster wissenschaftlichen Selbst- und Fremdverständnisses herausgearbeitet. Bei seiner Darstellung hat er einen historisch großen Bogen von der Antike bis zur Neuzeit geschlagen, wobei er allerdings die Bedeutung des Islam innerhalb dieser Vorgänge nicht in seine Betrachtungen einbezogen hat. Diese Unterlassung hat allerdings für Kaldeweys Argumentation keine nachhaltigen Folgen. Wesentlicher scheint seine Schilderung, wie die von ihm konstatierte binäre Differenz zwischen Wahrheit und Nützlichkeit als disputative Gegensätze

27 | Siehe dazu: Schmutzer M. (2011), in Hinkunft auch als „Band I" zitiert.

28 | Eine große Ausnahme bildet Isaac Newton, der seine „Principia" noch zum Zweck des höheren Lobes Gottes verfasste. Dazu: Murakami Y.P. (1993).

29 | Ich paraphrasiere hier absichtlich den Titel der jüngst erschienen Monografie von D. Kaldewey (2013).

30 | Ich bediene mich hier der Terminologie von M. Foucault (1978), der damit die Gesamtheit aller unausgesprochenen Voraussetzungen bezeichnet, die erst einen Diskurs ermöglichen. Dieser komplexe Sachverhalt umfasst u.a. Gesetze, Lehrsätze, gängige Praktiken, Redewendungen und historische Prägungen. Das Konzept ist komplex und daher in wenigen Worten nur schwer zu vermitteln, kommt aber al-Farabis „Prinzipien der Lehre" (Schmutzer, 2015) nahe.

historisch aufgedröselt wird. Der binäre Code weicht ab den 1950er Jahren einem Kontinuum, das von ,Grundlagenforschung' zu praktischer Verwertbarkeit reicht.

„Grundlagenforschung wurde nicht mehr als Selbstzweck gerahmt, sondern diente als Fundament für weiterführende, angewandte Forschung. So entstand ein weltweit verfügbares Metanarrativ über den Zusammenhang von Wissenschaft und technischem Fortschritt. An die Stelle von konkurrierenden Erwartungen trat das neue Ziel der Innovativität von Volkswirtschaften und Wirtschaftsräumen, zu welcher sowohl Grundlagenforschung wie angewandte Forscher *arbeitsteilig ihren Beitrag zu leisten haben.*" (m.H., M.S.; Ibid., S. 420; darauf komme ich noch zurück.)

Der umfassende Zusammenhang von „Wahrheit" und „Nützlichkeit" in früheren Epochen des Wissenschaftsbereichs, wie ihn N. Luhmann (1969) – auf dessen systemtheoretischen Ansatz Kaldewey seine Analysen stützt – zumindest für die Akzeptanz von gerichtlichen Urteilen einfordert, wird leider nicht ausreichend thematisiert. Die berechtigte Frage, wem die Aufdeckung von wissenschaftlich fundierten „Wahrheiten" nützt und warum solche „Wahrheiten" nützlich sind, bleibt ungestellt bzw. wird nur mit dem jeweiligen Selbstverständnis der Forscher erklärt. Der Verweis auf die Genese eines inner- und außerwissenschaftlich vertretenen Selbstverständnisses befriedigt deshalb wenig, weil unerwähnt bleibt, dass die Überlebenschance der deklarierten „Wahrheitssucher" überwiegend von irgendwelchen Mäzenen abhängig war – und auch heute noch ist. Auch hier hat sich vor allem nur die Terminologie geändert. Heute bezeichnet man sie als „Auftraggeber von Drittmittelforschung". Und: solche „Mäzene" verfolgen ureigene Interessen, wie etwa bereits die islamische Übersetzungsbewegung des 8./9. Jahrhunderts sehr anschaulich macht[31]. Denn: auch „Wahrheit" hat eine hervorragende gesellschaftspolitische Relevanz[32], deren Nützlichkeit in keiner Weise der von praktischer „Nützlichkeit" – etwa durch technischen „Fortschritt" – nachgeordnet ist. Diesen Konnex hat N. Luhmann nicht außer Acht gelassen, und Platon und seine Schüler haben ihn weidlich genützt.

Der Verweis auf N. Luhmann bringt mich daher auf kurzem Weg zur Ausgangsbasis meiner gesamten Überlegungen zurück – der Bedeutung von Recht und Herrschaft für die jeweiligen Ausprägungen von Wissenschaften. Legislative und Jurisdiktion sind ohne Sprachbeherrschung unmöglich. Urteile und Gesetze werden kommuniziert, legitimiert und ausgelegt. Deshalb muss Sprachkompetenz eingefordert werden und demnach auch Sprachpädagogik. Doch sprachlich vermittelte „Wahrheiten" erfordern die Kunst des „Überzeugen-Könnens". Eine derartige Ausbildung wurde seit der Antike in den Fächern des sogenannten „Triviums" angeboten und bis ins 19. Jhdt. beibehalten, weil Recht und somit Sprache

31 | Schmutzer M. (2015).

32 | Janich P. (1996).

die maßgeblichen Herrschaftsmittel waren, die zugleich den Einsatz von Gewalt legitimierten.

Etwa um die Mitte des 19. Jahrhunderts wurde aber an deutschsprachigen Universitäten[33] eines der damals wichtigsten Fächer universitärer Ausbildung, Rhetorik, aus den Lehrplänen gestrichen. Kant[34] hätte sich darüber gewundert, wenn er dies noch erlebt hätte, sah er doch den Zusammenhang zwischen Herrschaftsausübung und höherer Bildung an den Universitäten mit ungetrübtem Blick.

Unvermeidbar drängt sich die Frage auf: Was ist damals passiert?

Diese „Kastration" kam nicht nur dem Geist des postrevolutionären, monarchischen Europa entgegen, sondern entsprach einer einseitigen Auffassung der Aufklärung von Rationalität, die in Dialektik und Rhetorik ausschließlich ein Instrument der Verdummung der Bevölkerung zu erkennen glaubte, vermutlich weil man sich mit der Dialektik von den Grundsätzen einer zweiwertigen Logik und den Zwängen binärer Kodierung löst[35].

Eine Befreiung von diesen Zwängen entspricht aber nicht länger der Argumentationsweise eines Euklid und jener der Mathematik, deren wichtigstes Beweismittel der indirekte Beweis war und nach wie vor ist. Dialektik wird daher von Rationalisten mit zweiwertigen Wahrheitstafeln im Kopf abgelehnt. Infrage gestellt wird bei einem dialektischen Verfahren auch die ausschließende Eindeutigkeit[36] von Begriffen, welche zugleich ein spezifisches Charakteristikum imperativer Befehlssprachen ist, wie dies sämtliche Computer-Programmiersprachen rasch anschaulich machen. Denn: Befehlssprachen dulden keine Verhandlungsspielräume, Befehle dürfen nicht verhandelbar werden[37], sie würden ansonsten ihren imperativen Charakter einbüßen.

In der im 19. Jahrhundert erneut propagierten Geringschätzung von aktivem politischen Handeln und Tun und der damit einhergehenden Unterdrückung der Rede – und vor allem einer möglichen Gegenrede – zeigte sich eben auch jene biedermeierliche Untertanengesinnung von „Wächtern", die nur Befehle und Gehorchen kannten. Naheliegender Weise entdeckte man Platons Erziehungsprogramm aus der „Politeia" wieder, in dem Dialektik als höchste Wissenschaft geheim gehalten wurde, hingegen die Fächer des Quadriviums als Inbegriff von Bildung – Untertanenbildung für „Wächter" – forciert wurden.

---

33 | Frankreich und England beschritten andere Wege.

34 | I. Kant (1798).

35 | Schmutzer M. (2015).

36 | L. Wittgenstein begann seinen Traktat (1921/1922) mit der Auffassung, dass Welt (Fakten) eindeutig in Sprache abgebildet werden könne. Er verwarf diese Annahme in seiner späteren Sprachphilosophie.

37 | Eine Möglichkeit, solche Dialoge gänzlich zu unterbinden, offeriert der weitreichende Einsatz von Digitalrechnern (s.u.).

Rhetorik und Dialektik, hieß es demnach im postrevolutionären Europa des 19. Jahrhunderts, fördere „Aufwieglertum", das sich mit der Forderung nach Parlamenten, allgemeinem Wahlrecht und der Zulassung von politischen Parteien eben auch als solches deklarierte.

Friedrich Nietzsche konstatierte daher folgerichtig, dass die Kunst der Rede erst in der politischen Konstellation einer Demokratie Bedeutung erhalte[38]. Und Nietzsche kannte die überwiegend demokratisch orientierten, athenischen Sophisten, ihre Ausbildungsprogramme und politischen Grundeinstellungen gut. Diese widersprachen bekanntermaßen den platonischen Vorstellungen diametral. Sophisten lehrten daher überwiegend die Fächer des „Triviums", wogegen Platon diejenigen des späteren „Quadriviums" propagierte.

Rationalistische Aufklärung und das konservative monarchische System des 19. Jahrhunderts unterstützten sich erstaunlicherweise gegenseitig. Das war nicht purer Zufall. Aufgeklärte Herrscher wie etwa Joseph II. in Österreich bedienten sich dieser neuen Möglichkeiten mit Geschick, und die Franzosen standen dem in nichts nach. Denn jener propagierte, rationalistische Fortschrittsglaube, der Auslöser für die neuerliche Erfindung der arabischen experimentellen, empirischen Wissenschaft gewesen sein soll, versprach – schon wie anno dazumal Francis Bacon – Wirtschaftswachstum als Königsweg zur Glückseligkeit; nun unter Verweis auf Adam Smith.

Dieser Weg war aber nicht länger im Handwerk, sondern im Fabriksystem verortet, das bis heute demokratische Teilhabe am System nach Möglichkeit ablehnt, ja sogar ablehnen muss, weil sonst der gleichfalls von Adam Smith propagierten maschinengemäßen Ordnung der Produktion mit ihrer hierarchischen Befehlsstruktur nicht Genüge geleistet werden kann[39].

Es blieb deshalb bis zum heutigen Tag dabei, dass anstelle der Rhetorik eine intensivierte Betonung der Bedeutung der Naturwissenschaften, der Wirtschaftswissenschaften, der technischen Wissenschaften und Mathematik gepflegt und propagiert wird, ohne auch nur begleitend die gleichermaßen nötigen philosophischen Voraussetzungen zu vermitteln, die erst den maßvollen Umgang mit den so geschaffenen Wissensinhalten ermöglichen würden.

Etwa zeitgleich mit der Verbannung der Rhetorik aus den Bildungsinstitutionen nahmen europaweit neue hohe Schulen ihre Arbeit auf, die sich zunehmend auf eine Ausbildung in den angewandten, praxisnahen Wissenschaften spezialisierten. Das könnte die naheliegende Annahme stützen, dass damit eine neue bürgerlich-„banausische" Kultur dominant geworden wäre, mit ihrer einseitig nützlichkeitsorientierten Wissenschaftsauffassung und einer „tarentinischen", die Demokratie präferierenden politischen Orientierung[40].

38 | Siehe dazu: Schmutzer (2015), Kapitel X.

39 | Es sei denn, Arbeitnehmer bzw. ihre gewerkschaftlichen Vertreter fungieren selbst als Disziplinierungsinstanz.

40 | Siehe dazu: Schmutzer M. (2015), Kapitel I.

Doch diese Erwartung erfüllt sich nicht. Grund dafür waren eben die neuen industriellen Produktionsmethoden. Fahnenträger bei dieser Entwicklung in den Bildungsinstitutionen war Frankreich. Dort fand auch jener bekannte politische Wechsel statt, der einäugig jene andere, der „Praxis" und dem materiellen Nutzen verschriebene Kultur an die Stelle der alten klerikal-aristokratischen und musischen setzte[41], deren hierarchisch-militärisches Organisationskonzept jedoch nicht nur beibehielt sondern sogar perfektionierte. Dieses Modell industrieller Produktion verordnete man aber nicht nur Arbeitern in den Fabriken und Soldaten in der napoleonischen Volksarmee, sondern auch Schülern[42], und im Zug der um sich greifenden Industrialisierung schließlich sogar metallischen Werkstoffen[43].

Eine Konsequenz war, dass sich Form und Inhalte der Ausbildung an den hohen Schulen augenfällig veränderten. Avantgarde bei dieser Entwicklung war die 1794 gegründete École Polytechnique in Paris, deren Hauptanliegen nicht die Bildung von Ingenieuren, sondern die von Staatsbeamten neuer Prägung war[44]. Zweck dieses neuen Typus von Beamten war anfänglich, dass diese nicht länger philosophierend unterschwellig die Politik eines autokratischen Herrschers betreiben, sondern konkrete, öffentliche Projekte im neuen Geist rational administrieren und organisieren können sollten. Damit wurde das in die Welt gesetzt, was bald als „Technokratie", Herrschaft der Techniker, bezeichnet wurde.

Im Zug dieser Bewegung, die nach Waterloo und dem Wiener Kongress massiv einsetzte, änderte sich die ursprüngliche Orientierung universitärer Ausbildung schnell. Mathematik sollte nun die frühere Rolle der Philosophie übernehmen.

---

41 | Damit soll nicht gesagt sein, dass diesem „ancien regime" eine Träne nachgeweint werden muss.

42 | Hier ist an M. Foucaults (1975) bedeutende Arbeit mit dem deutschen Titel „Überwachen und Strafen" zu erinnern (Originaltitel: Surveiller et punir. La naissance de la prison.).

43 | Dazu: Roe Smith M. (1985). In seiner historischen Studie zur Entstehung der Massenproduktion, die sich bald weltweit durchsetzte, zeigt Roe Smith, wie die Grundlagen solcher Massenproduktion vom amerikanischen Militär geschaffen wurden. Dabei mussten nicht nur die Arbeiter, sondern auch die Werkstoffe (Stahllegierungen) diszipliniert werden, um überhaupt allgemein verbindliche Produktionsnormen realisieren zu können. Anzufügen ist, dass damals ein reger Gedankenaustausch herrschte zwischen dem rationalistisch orientierten, postrevolutionären Frankreich und den gerade unabhängig gewordenen, in anhaltender Feindschaft zu Großbritannien stehenden „Vereinigten Staaten von Amerika".

44 | Es ist illustrativ, dass genau an dieser technischen Kaderschule auch die Soziologie als eigene positivistische Wissenschaft begründet wurde. Auguste Comte, der als deren Begründer verstanden wird, war bezeichnender Weise selbst Mathematiker und ein deklarierter Vertreter des Fortschrittglaubens und eines umfassenden Ordnungsdenkens.

W. König (1985) weist allerdings auch daraufhin, dass sehr bald aus den Industrien Klagen kamen, dass die Absolventen dieser Schulen kaum zu gebrauchen wären[45], weil sie – vollgefüllt mit abstraktem mathematischem Wissen, das Widersprüche nicht duldet – auch keinen Bezug zur Praxis hätten. Trotzdem wurde Mathematik im Zuge dessen wesentlicher Bestandteil einer neuen, theoretisierenden Technik, z.B. in der theoretischen Maschinenlehre von F. Reuleaux[46] oder auch einer diesem Geist gemäßen Architekturtheorie[47] u.ä., die beide vorwiegend damit beschäftigt waren, sich zu formalisieren. Ihr Motiv war es, das Promotionsrecht zu erlangen, um den etablierten Universitäten gleichgestellt zu werden. Diese doppelte reaktionäre Entwicklung in Politik und Gesellschaft konnte nicht ohne Wirkung im Bereich der Lehre und bei der Formulierung ihrer Prinzipien bleiben.

Der damals einsetzende abstrahierend-theoretisierende Zugang zu praktischen Problemstellungen liefert auch noch heute ein Leitbild[48] wissenschaftlicher Forschung, wie noch gezeigt wird.

Von al-Farabi lernen?!

In Schmutzer M. (2015) wurde u.a. gezeigt, wie unterschiedliche Erziehungssysteme Kulturen schaffen und festigen. Die spartanische Agoge vermittelte die Werte der spartanischen Aristokratie und deren „spartanischer" Kultur, die athenische Paideia jene der Demokraten. Römische Erziehung tradierte Roms nutzensorientierte, bäuerlich-militärische Lebenshaltung, und Platon schuf die theorielastige Abgehobenheit seiner Akademiker.

Der arabische Philosoph al-Farabi propagierte, so könnte man meinen, Ähnliches[49] wie Platon, wenn er darauf bestand, dass der ideale Staat seine Bürger zu Philosophen auszubilden hätte. Doch unser arabischer Denker war trotz aller sei-

45 | Gegen diese Entwicklung trat die sogenannte „Antimathematikerbewegung" an der ETH Zürich bzw. an der TH Berlin auf. Ihre Proponenten (z.B.: A. Riedler, A. Stodola) vertraten die Meinung, dass analytische Mathematik aufgrund der notwendigen Modellbildung von geringem Nutzen sei und reine Theorie unfruchtbar. Daher plädierten sie für experimentelle Forschung in großzügig ausgestatteten Laboratorien.

46 | Siehe dazu: Reuleaux F. (1875).

47 | Siehe dazu: Pfammatter U. (1997).

48 | Dabei übersehe ich nicht, dass etwa bei den Eidgenossen (siehe unten) und in Wien und Berlin sehr wohl auch Großlabors entstanden, in denen etwa gewaltige Lokomotiven oder Schiffsmodelle in künstlichen Kanälen empirisch-experimentell studiert wurden. Doch die weiter unten geschilderte Entwicklung in der Physik untermauert obigen Befund.

49 | Siehe dazu eine zusammenfassende Darstellung von al-Farabis verstreuten pädagogischen Konzepten: Al-Talbi A. (1993).

ner Bewunderung für Platon und Aristoteles kein Adept der beiden. Er war Pragmatiker[50]. Folglich meinte er, wenn er Philosophie als Ausbildungsziel propagierte, eine praxisbezogene Philosophie. Er war sich der Ungleichartigkeit der Menschen bei der gleichzeitigen Notwendigkeit staatsbürgerlicher Gleichheit innerhalb des favorisierten politischen Rahmens voll bewusst. Ungleichartigkeit wurzelt, damals wie heute, in den verschiedenen Lebenssituationen der Menschen und ihrer Milieus sowie den dadurch bestimmten Interessenslagen. Interessenslagen bestimmen eine dazugehörende „Lebens-Philosophie". Lebens-Philosophien werden aber auch mithilfe von adäquaten Bildungsinhalten in der Ausbildung fixiert.

Bei aller Unterschiedlichkeit der Interessen müssen Bürger in al-Farabis „idealem Staat" trotz allem auf politische Gleichheit und Gleichberechtigung aller Bedacht nehmen[51]. Gleichheit muss ihr oberstes gemeinsames Interesse sein, weil jede andere Form des Zusammenlebens Disharmonie und damit Unglück schafft bzw. „Glückseligkeit" verhindert. Deshalb, um diese angestrebte Egalität erreichen zu können, müssen Menschen zu „Philosophen" erzogen werden. Denn Gleichheit und Demokratie sind nur über freiwilligen Verzicht auf Gewalt bei adversen politischen Entscheidungen zu erreichen, sowie gleichzeitig durch Verzicht[52] auf das, was die von al-Farabi als „ignorant" bezeichneten Politiker zur Maxime ihrer Herrschaft erhoben haben. Erst freiwilliger Verzicht auf „unnotwendige Güter" schafft Gleichmut und löst zahllose Verteilungsfragen, deren unbefriedigende Lösungen ansonsten wiederkehrend interne Konflikte generieren. Gleichmut[53] ist wesentliche Voraussetzung jeder Demokratie und zugleich der Inbegriff jeder praxisbezogenen Philosophie und somit auch deren Zielvorgabe.

Jene im zweiten Band (M. Schmutzer, 2015) erläuterte Kategorisierung al-Farabis von „politisch irregeleiteten" Systemen lässt sich auf unsere eigenen gesellschaftlichen Systeme anwenden. Die maßgebende Politik solcher Systeme beurteilte er

---

50 | Plato „did not pay any special importance to observation and experiment, for his was a world of ideas, not objects, while al-Farabi is quite concerned with practical aspects of each one of the mathematical sciences." (Ibid., S. 363).

51 | Die Gleichheit der Ungleichartigen ist die Voraussetzung für die Konstituierung eines Ganzen. (Brunner O., 1968).

52 | A „character is admirable when its actions are marked by moderation" (Al-Talbi A., op.cit., S. 359).

53 | Solcher „Gleichmut" wird unter verschiedensten Bezeichnungen von Stoikern und Epikureern, Taoisten und Buddhisten und vielen anderen philosophischen Richtungen zu ihrer eigenen Maxime erhoben.

als „eigensüchtig“ und „fehlgeleitet“[54]. Alpharabius[55] schlägt in Abhebung dazu vor, dass es das eigentliche und zentrale Anliegen solcher Politik sein müsste, den von ihr geleiteten Menschen Lebenssinn und Glückseligkeit zu verschaffen. Lebensglück lässt sich allerdings nicht durch mehr Konsum unnötiger Güter erreichen und folglich auch nicht durch „mehr Wachstum“, wie uns viele heutige „Weisenräte“ glauben machen wollen.

Auf die Schalheit und gesellschaftliche Sinnlosigkeit „aufwändigen Konsums“ (conspicuous consumption) hat auch T. Veblen in seiner Arbeit über die „Feinen Leute“[56] bereits Ende des neunzehnten Jahrhunderts hingewiesen, und er blieb nicht der Einzige. Zugleich zeigte er auch den unmittelbaren Zusammenhang dieser Attitüden mit dem vorherrschenden industriellen Produktionssystem auf und identifizierte dieses als Grundmuster westlicher Zivilisation. Er interpretierte dieses Muster als anhaltenden Konflikt zwischen egoistischen Einzelinteressen, die in den vorherrschenden Erziehungssystemen kultiviert und gepflegt würden, und gesellschaftlich sinnvoller Betätigung und Solidarität, die eben nicht ohne Verzicht auskommen kann.

Folglich müsste auch heute Politik vorrangig darum bemüht sein, dass sich in den Köpfen aller, insbesondere aber der Jugend, andere Präferenzordnungen entwickeln. Dass dies möglich wäre, lehren uns die oben besprochenen Beispiele aus der Antike. Solche Vorbilder würden allerdings eine gänzlich andere Ausrichtung unserer heutigen Bildungsstätten verlangen. Eine Möglichkeit wäre u.a., die Inhalte des früheren Triviums den Studierenden wieder mit ähnlicher Intensität anzubieten wie die sogenannten „MINT-Fächer“, die vor allem Wirtschaftswachstum und aufwändigen Konsum ankurbeln sollen.

Offensichtlich handelt aber gegenwärtige Politik so, wie es der arabische Philosoph vor mehr als einem Jahrtausend beschrieben hat: Sie ist einzig daran interessiert, sich und ihre Klientel in den Besitz jener von al-Farabi als „unwichtig“ eingeschätzten Güter zu bringen und allen anderen dieses unreflektierte Streben als „ultima ratio“ - der Weisheit letzter Schluss - vorzugaukeln. Augenscheinlich fehlt gerade dort jene philosophische, von al-Farabi eingeforderte Bildung, die erst den benötigten Gleichmut hervorbringen könnte.

Nun sollte über eine derartige Analyse des gegenwärtig Seienden nicht auf jenen anderen Teil der zeitgenössischen Wirklichkeit vergessen werden, der sich

54 | Er scheut sich auch nicht, sie schlicht als „betrügerisch“ zu qualifizieren. Dass diese Titulierung auch in unsere Zeit passt, belegt der Umstand, dass just an dem Tag, wo ich diese Zeilen schreibe, ein ehemaliger österreichischer Bundesminister und EU-Abgeordneter zu drei Jahren Haft wegen Bestechlichkeit verurteilt wurde - ähnliche Fälle sind noch anhängig.

55 | Das ist sein Name im latinisierten Abendland.

56 | T. Veblen (1899). Der ursprüngliche Titel ist „The Theory of the Leisure Class“. Übersetzt wurde dieser als „Theorie der feinen Leute“.

wesenhaft in den Köpfen abspielt und dafür verantwortlich ist, dass die materielle Welt so beschaffen ist, wie sie gerade grob skizziert wurde.

Um im Detail zu verstehen, warum gerade der Kenntnis von Mathematik und Naturwissenschaften[57] in der heutigen Bildungspolitik höchste Priorität auf Kosten anderer Inhalte eingeräumt wird, wird die Fortsetzung des oben begonnenen historischen Kommentars zur Beschaffenheit des gegenwärtig Seienden dienlich sein.

Produktion unwichtiger Güter

Die heute dominante, industrielle Produktionsweise erfordere, so meint man, jenen abstrakten Zugang. Lust und Freude und damit das Glück, das das eigene Herstellen von Gütern und das Erkennen aufgrund eigener Erfahrung[58] bereiten kann, wird zugleich als Ansporn genau durch diese Produktionsweise in die Vergessenheit gedrängt. Dominante Quelle von Lebenssinn und Glück besteht hingegen unter heutigen Vorgaben einzig im Konsum von nicht-notwendigen Gütern, die zugleich systematisch aller eigenwilligen Qualität beraubt[59] werden und deren gesteigerter Lustgewinn nur mehr mit quantitativen Kennzahlen erfasst wird: mehr ist zugleich besser.

Arbeit wird hingegen in christlich-platonischer und alttestamentarischer Tradition überwiegend als Strafe[60], nicht als schöpferische Tätigkeit betrachtet. Von dieser angeblichen Bürde könne nur der Verzehr der Produkte sinnentleerter Arbeit anderer kurzzeitig Freigang gewähren. Konsum wird nun so wie Arbeit zur staatsbürgerlichen Pflicht!

Dass dieser „Strafcharakter“ von Arbeit einen gesellschaftstheoretischen Ursprung hat, der in die Wirklichkeit übertragen wurde, wird meistens nicht thematisiert. Er ist aber Ergebnis eben jener oben angedeuteten Entwicklung, zu der die Favorisierung der Naturwissenschaften wesentlich beigetragen hat.

---

57 | Anzumerken wäre, dass al-Farabi diese zwei keineswegs geringschätzt, sondern ihnen gleichfalls einen hohen Bildungswert attestiert.

58 | Den Rückgewinn dieser Glück und Zufriedenheit bringenden Betätigungen fordert aktuell jene Bewegung ein, die als „Citizen Science“ bezeichnet wird. Dazu: P. Finke (2014).

59 | „[...] a sweeping standardization in the means by which the machine process works, as well as in the products which it turns out“ [...] „‚Local color‘ it is said, is falling into abeyance in modern life, and where it is still found it tends to assert itself in units of the standard gauge.“ (Veblen, 1904, S. 4/5)

60 | Keineswegs grundlos bezeichnete F. Nietzsche (1885) das Christentum als „Platonismus für das Volk.“

Die unleugbare Erleichterung von Arbeit durch Mechanisierung hatte einen hohen Preis. Die Strafe des „Schwitzens“ wurde nach innen in die Psychen und nach außen in die Umwelt verlagert.

Die heutige Variante verbreitete sich unter der Parole eines vorgeblichen Fortschritts, der seinerseits wieder Leitmotiv einer Gruppe eigennütziger und geldgieriger Politiker und Geschäftemacher war. Fortschritt bedeutete für diese sogenannten „Baconier“[61], die dieses Dogma als Erste verkündeten und das Adam Smith etwas später im Titel seines bekanntesten Werkes zur allgemeingültigen Parole erhob, Reichtum der Nationen[62].

Dieser Reichtum der Nationen kam allerdings keineswegs der Nation als Ganzes, sondern überwiegend nur jenen „betrügerischen Politikern“ und ihrer Anhängerschaft zugute. Der angepeilte Reichtum war und ist nämlich vorrangig Produkt sinnentleerter Fabrikarbeit, wie das Adam Smith im letzten Buch des oben zitierten Werkes unumwunden zugibt. Trotz dieser seiner eigenen Einsicht propagierte Smith jene Produktionsmethode, die eben beides schafft: Reichtum für einige „ignorante“ Entscheidungsträger, sinnentleerte Arbeit für die Mehrheit.

Im Prozess der damit initiierten Umgestaltung der Produktion spielen Maschinen eine hervorragende Rolle[63]. Schon Smith lässt daran keinen Zweifel. Deren wachsende Dominanz verlangte jedoch im Produktionsprozess eine ständig steigende Anpassung der Menschen an diese Maschinen. Solche Maschinen wurden übrigens in riesigen „black boxes“[64] angesiedelt, die man zuerst „Manufakturen“, bald darauf „Fabriken“ nannte.

Der Anpassungsprozess der Menschen an diese neuen Maschinen wurde im 19. Jahrhundert durch eine neue Arbeitsorganisation, von ihrem Erfinder F. Taylor als „scientific management“ bezeichnet, gestützt und daraufhin in der fordistischen Fabrik bis zu jenem Punkt gesteigert, an dem zwischen Menschen und Maschinen nicht weiter unterschieden zu werden brauchte. Bahnbrechend für die weitere Per-

61 | „Baconier“ sind die Anhänger der Philosophie des Francis Bacon, die seit dem 17. Jhdt. in Europa Verbreitung fand und auch heute noch wirksam ist. Zu betonen wäre, dass jener oft bewunderte „Renaissance-Mensch“ Bacon nicht nur ein diesem Geist der Renaissance auch entsprechender Machtpolitiker war, sondern zugleich einer der wichtigsten Förderer des damals im Entstehen begriffen Absolutismus. Er war u.a. auch derjenige, der den merkantilen Gedanken von „Profit“ an die Stelle von „Lebensunterhalt“ setzte.

62 | Dazu: Smith A. (1776/1789).

63 | „[...] scope and method of modern industry are given by the machine...“ (Veblen, op.cit., S. 2)

64 | „Black box“ bezeichnet ein geschlossenes System, also eines, das wesentliche Umwelteinflüsse ausschließt und davon abschottet. Es ist eine Variante der Seinsbedingungen von Laboratorien. Dazu: Rosenberg N. (1982), Staudenmaier S.J., (1992).

fektionierung dieser Trends waren die Forschungsarbeiten des britischen Mathematikers A.M. Turing[65]. Mit ihm trat die begonnene Entwicklung über den Einsatz von Rechenmaschinen – die heute als „Computer" bezeichnet überall zu finden sind, doch treffender mit ihrem französischen Namen tituliert würden – in eine neue Phase. Der französische Name lautet „ordinateur", was nicht nur „Organisator", sondern auch „Gestalter" bedeutet. Spätestens seit diesem Schritt ist nicht nur die Organisation der Arbeit den Regeln der Mathematik unterworfen worden[66], sondern sehr bald auch der Konsum der Güter, und „last but not least" Produktion und Verzehr auch jener immateriellen Güter, die unsere Köpfe einnehmen. Es scheint sich daher zu lohnen, auch die Konsequenzen dieser Entwicklung aus einer neuen Perspektive zu betrachten.

Mathematik und ihre Inkommensurabilitäten

Boole'sche Algebra

Vorauszuschicken ist folgende Anmerkung: Die Entwicklung solcher Rechenmaschinen verlief anfänglich selbst nach unterschiedlichen Konzepten. Ihre Realisierung in Form von Analogrechnern einerseits und Digitalrechnern andererseits vergegenständlicht den markanten Unterschied. Die einen funktionierten auf der Basis von „dialogischen Kontinua", die anderen auf der von „arithmomorphen"[67]. Diese anfängliche Differenz wurde aus mehreren Gründen von den „Kapitänen" der technischen Entwicklung eliminiert, die Analogrechner nicht favorisierten[68]. Auf die dahinterliegenden Argumente einzugehen, wäre in unserem Kontext zu weitschweifig, ihnen trotzdem nachzuforschen würde die Leser allerdings zu nicht unwesentlichen Einsichten führen[69].

Solche Digitalrechner beherrschen seit einigen Jahrzehnten den Markt und damit auch die Welt. Ein Grund dafür ist vor allem ihre a-dialektische, binäre Konzeption. Das bedeutet, dass es sich bei ihnen um die Materialisierung, d.h. die Erschaffung einer Realabstraktion handelt, die eine „entweder-oder" bzw. eine „Ja-Nein"-Logik substantiell verwirklicht. Das ergibt in ihrer Semantik[70] die reinste Realisation einer Befehlssprache. Befehlssprachen tolerieren nämlich keine Verhandlungs-zwischenräume, d.h. kein „sowohl – als auch".

65 | Turing A.M. (1936).

66 | Siehe dazu: Heintz B. (1993).

67 | Dazu: Georgescu-Roegen N. (1971).

68 | Dazu: Dreyfus, H.L., St. E. Dreyfus (1988), Randell B. (1973), Dijkstra E.W. (1968).

69 | Für Neugierige empfehle ich zum Einstieg in die Thematik: D.F. Noble (1977).

70 | „Semantik" ist die Lehre von der Bedeutung der Zeichen.

Die Konzeption dieser Maschinen beruht auf einer derartigen, zwei-elementigen Boole'schen Algebra, was bedeutet: Es gelten die üblichen Verknüpfungsregeln der Mathematik, wie das Kommutativgesetz, Distributivgesetz, Idempotenzgesetz etc. und es müssen neutrale Elemente wie die Null für die Addition oder die Eins bei der Multiplikation existieren. Es gibt drei Operatoren[71], mit denen die Elemente unter Anwendung der vorgegebenen Regeln verknüpft werden können, wobei jede Operation wieder ein Element der Grundmenge ergeben muss.

Einer dieser Operatoren ist die Negation. Das bedeutet, dass unter der Bedingung einer zwei-elementigen Grundmenge die Verneinung eines Elements die Bestätigung des zweiten anderen bewirken muss, da ja nur zwei Elemente zugelassen sind. Diese Regel der Negation bewirkt, dass die Verneinung einer Verneinung beide Verneinungen aufhebt, und so die ursprüngliche Aussage wieder hergestellt wird. So wird z.B. bei Anwendung dieser Regel auch ohne digitale Rechner aus der „Nicht-Existenz" einer rationalen Zahl die Existenz einer „irrationalen" Zahl erschlossen, weil ja bereits postuliert wurde, dass es z.B. entweder eine rationale oder eine nicht-rationale Zahl als Lösung für $\sqrt{2}$ geben muss.

Ohne auf alle Details eingehen zu können, sei kurz auf eine Folgewirkung dieser Algebra[72] eingegangen. Betont werden soll nochmals, dass wir es mit einer binären Menge zu tun haben. Es gibt nur zwei Elemente, die üblicherweise mit „1" und „0" angeschrieben werden. Folge davon ist, dass durch diese Festlegung die mögliche Existenz eines Kontinuums zwischen diesen beiden Werten negiert wird. Es gibt nichts dazwischen – oder dazwischen ist ein „Nichts", tertium non datur[73]. Zwangsläufig folgt aus obigen Annahmen, dass eben die Negation der Negation wieder die ursprüngliche Aussage sein muss. Das entspricht einem Befehlsmodus, der ja absichtlich keine Alternative zulassen darf, da sonst der imperative Charakter verloren gehen würde.

Damit ist jener charakteristische Unterschied nochmals genannt, der zugleich eine Inkommensurabilität zum Ausdruck bringt, von der bereits al-Farabi sprach[74]. Nicht übersehen werden sollte jedoch, dass nicht nur der alte arabische Gelehrte von solchen Unterschieden sprach, sondern dass auch in unserer jüngsten Vergangenheit und Gegenwart die vorherrschende einseitige Sicht selbst von Mathematikern nicht widerspruchslos hingenommen wurde. Dies zeigte sich der Öffentlichkeit unübersehbar im sogenannten „Grundlagenstreit".

71 | Addition, Multiplikation und Negation.

72 | Ein Klassiker zu dieser Thematik wäre: Hofstadter D.R. (1979).

73 | Die Hintergründe dieser Annahme werden in Schmutzer M. (2011, Kap. VIII) beschrieben. Das mit großem Anfangsbuchstaben geschrieben „Nichts" war und ist Gegenstand heftiger Debatten, weil ein „Nichts" ja doch etwas ist, was es aber nicht sein kann und nicht sein darf.

74 | Dazu: Schmutzer (2015), Kapitel VIII und IX.

Grundlagenstreit

Der „Grundlagenstreit" der Mathematik tobte in den zwanziger Jahren des zwanzigsten Jahrhunderts. Bedeutendste Kontrahenten in dieser Auseinandersetzung waren die prominenten Mathematiker D. Hilbert und L.E.J. Brouwer. Aus wissenschaftstheoretischer Sicht ist deren Auseinandersetzung äußerst interessant. Sie hier im Detail zu behandeln, würde aber einmal mehr zu weit ins Abseits führen. Für uns festgehalten werden sollte, dass L.E.J. Brouwer den Satz vom „ausgeschlossenen Dritten" (tertium non datur[75]) sowie den von der „Negation der Negation" zurückwies. Er betrachtete sie als beliebige Behauptungen, etwa vergleichbar jener des euklidischen Parallelenaxioms[76].

Al-Farabis Feststellung, dass die Mathematik zwei grundsätzliche Prinzipien, Zahl und Größe habe, ist daher auch für die nachfolgenden Überlegungen bedeutsam. Wird Natur mithilfe einer Mathematik, die Geometrie und Arithmetik verschmolzen hat, oder mit Computerprogrammen beschrieben, so wird in dieser Darstellungsweise bei dichotomen Gegensätzen die Möglichkeit eines stetigen Übergangs ausgeschlossen[77], denn es gibt nur „entweder" „oder", 0 oder 1. Das bedeutet, dass der prinzipielle, qualitative Unterschied zwischen den Inkommensurabilitäten Größe und Zahl durch Vereinheitlichung eliminiert und durch Fiktionen ersetzt wurde.

Der Streit zwischen D. Hilbert und L. Brouwer stellt allerdings kein vereinzeltes Ereignis dar, sondern begleitete die Mathematiker seit Descartes. Der deutsche Mathematiker L. Kronecker (1892) verlangte beispielsweise gleichfalls eine Präzisierung der Mathematik, wobei auch er zwischen Arithmetik und Geometrie streng unterschied. Geometrie und Mechanik schloss er, so wie die Alten, gleichfalls konsequent aus der Arithmetik aus[78].

---

75 | Zu betonen ist, dass es „datur" heißt und nicht, wie meistens insinuiert wird, „datum". Der Bedeutungsunterschied ist gewaltig. Denn die korrekte erste Variante besagt, dass etwas Drittes nicht „angeboten" wird, wogegen sich L.E.J. Brouwer offenbar verwahrte. Die zweite Variante bedeutet hingegen: etwas Drittes gibt es nicht. Diese naturalisierende Interpretation ist allerdings eine weit verbreitete inkorrekte Auslegung des Satzes.

76 | Zur Einführung dazu: van Atten M. (2011).

77 | Dazu sei nochmals auf Hofstadter D.R. (1979) verwiesen, in dessen Buch genau dieses Thema eine zentrale Rolle spielt.

78 | Man soll, schreibt er, „‚Arithmetik' nicht in dem üblichen beschränkten Sinne (zu) verstehen, sondern es sind alle mathematischen Disciplinen *mit Ausnahme der Geometrie und Mechanik*, also namentlich die Algebra und Analysis, mit darunter zu begreifen. Und ich glaube auch, dass es dereinst gelingen wird, den gesammten Inhalt aller dieser mathematischen Disciplinen zu ‚arithmetisieren', d.h. einzig und allein auf den im engsten Sinne genommenen Zahlbegriff zu gründen, also die Modificationen

Die naturgegebenen Prinzipien des Seienden werden heute hingegen so dargestellt, als wären sie überwiegend arithmomorph. „Nur was man mit Zahlen belegen kann, zählt", meint ein zeitgenössischer Mathematiker[79] im Geiste Galileis[80], ohne zu fragen, für wen es weshalb zählt. In diesem Geist wird auch die Möglichkeit unterdrückt, dass bei Negierung einer Annahme eine denkbar dritte, vielleicht sogar eine vierte oder fünfte Möglichkeit, die weder das eine noch das andere repräsentiert, erwägenswert sein könnte.[81] Diese Art von verordneter Deskriptionsweise wird als „binäre Kodierung" bezeichnet.

Binäre Kodierung

Wenden wir uns zur Illustration dieser Feststellungen zunächst einmal den bekannten antiken Gegensatzpaaren zu. Binäre Kodierung bedeutet z.B., dass nur die Möglichkeit besteht, etwas als „heiß" oder als „kalt" zu bezeichnen. Die Aufhebung dieser Einschränkung würde die Möglichkeit, dass etwas auch lauwarm sein könnte, auch als Aussage zulassen. So aber hat man sich für eine von nur zwei vorgegebenen Beschreibungen zu entscheiden. Noch offensichtlicher werden die Auswirkungen solcher Regeln, wenn wir die Vier-Elemente-Theorie heranziehen. Vor die Wahl gestellt, ob etwas Wasser oder Luft ist, müssten wir uns für eines von beiden entscheiden. Dampf oder Nebel würde nicht als eigenständige Kategorie zur Kenntnis genommen[82]. Das ist etwa ein Grund dafür, warum uns Naturbeschreibungen mancher alter Philosophen so absurd erscheinen. Sie machen, wenn notwendig, Wasser einfach zu Luft, Dampf ist Luft, oder Erde zu Wasser, Schlamm ist Wasser, und umgekehrt.

Analoges passiert jedoch auch in unserer heutigen Physik. Die schon einige Jahrhunderte alte Frage, ob Licht aus Korpuskeln besteht oder doch eine Welle sei, ist dem alten Gegensatz von Erde und Wasser bzw. zwischen anderen Elementen vergleichbar. Als man aus dieser binären Kodierung ausbrach, eröffnete sich die Chance anzunehmen, dass es sich entweder um ein Kontinuum handle und so zwischen beiden Extremen ein gradueller Übergang möglich sei, oder dass es vielleicht auch einen grundsätzlich anderen Zustand gebe, der weder als Welle noch

und *Erweiterungen dieses Begriffs* - ich meine hiermit namentlich die Herausnahme der irrationalen sowie der *continuirlichen Größen* - wieder abzustreifen, *welche zumeist durch die Anwendungen auf die Geometrie und Mechanik veranlasst worden sind.*" (m.H.), Kronecker (1892, in: H. Kremer, op. cit.).

79 | Taschner R. (2007).

80 | Galileo Galilei Linceo (1638) meinte, dass das „Buch der Natur in der Sprache der Mathematik geschrieben" sei.

81 | Dazu u.a.: Schrödinger E. (1932).

82 | In diesem Sinn führte Anaximenes die These ein, dass Elemente ineinander übergehen könnten. Folglich reichte ihm ein einziges, nämlich Luft. Siehe dazu: Schmutzer M. (2011), Kap. VI.

als Korpuskel zu verstehen sei[83]. Sich von jenen Vorstellungen zu lösen, war kein leichtes Vorgehen. Die gesamte Thematik wurde u.a. von W. Heisenberg (1959) oder E. Schrödinger (1962) ausführlich behandelt.

Ein Ergebnis aus diesen Debatten mag überraschen, bringt es doch die längst überwunden gedachte aristotelische Weltsicht zurück. Es mag aufgrund der Erstaunlichkeit dieser Entwicklung nützlich sein, Northrop F.S.C. (1959) zu Wort kommen zu lassen, der eine Einführung in Heisenbergs Arbeit (1959) verfasste.

Er schreibt:

„[Die Bedeutung der Quantenmechanik ...] liegt darin, dass sie den Begriff der objektiven, und in diesem *Sinne ontologischen Potentialität*[84] *der Aristotelischen Physik mit dem Begriff der mechanischen Ursächlichkeit in der modernen Physik in Übereinstimmung bringt.*" [...] „Was eintrat, ist, dass der Mensch der Gegenwart in der Quantenmechanik über die klassisch mittelalterliche und die moderne Welt zu einer neuen Physik und Philosophie hinausgelangte, die folgerichtig *einige der grundsätzlichen kausalen und ontologischen Voraussetzungen beider in sich vereinigt.*" (m.H., S. 188)

Das bezeugt eine interessante Entwicklung, wird doch die alte binäre Kodierung, hier Teleologie – falsch –, dort mechanische Kausalität – richtig –, in ein Kontinuum aufgelöst, das beide miteinander verschmilzt und die Frage nach „wahr oder falsch" hinfällig werden lässt.

Solange jedoch Mathematik nicht zur Kenntnis nimmt, dass nicht „alles Zahl" ist und sie sich deshalb von arithmomorphen Kodierungen verabschieden sollte, fehlt Physikern eine angemessene Sprache[85], diese neuen Sichtweisen adäquat zu artikulieren. Sie müssen sich daher mit unterschiedlichen „Idiomen" behelfen (Wellengleichung – Matrizenrechnung), die eben den Gegebenheiten nur bruchstückhaft gerecht werden.

Mathematik könnte allerdings auch den Zahlenbegriff adaptieren und – ähnlich wie das die Pythagoreer hielten – Zahlen als Repräsentanten von Ganzheiten und nicht nur als Summen von Einsen betrachten[86].

---

83 | Die heutige Quantenphysik fand sich seit A. Einstein, L. de Broglie u.a. mit der Notwendigkeit konfrontiert, diese Polarisierung aufzugeben, etwa wenn Masse $m=E/c^2$ gesetzt wird oder Raum und Zeit zu einer vierdimensionalen Raumzeit verschmelzen.

84 | Damit ist die bereits angesprochene „causa finalis" gemeint, die ja auch als Wirkursache von Naturvorgängen angenommen wurde. Diese Annahme wurde von R. Descartes und I. Newton durch die neue Annahme ersetzt, dass sich alle Naturvorgänge in einem Raum-Zeitkontinuum durch das Wirken von mechanischen Kräften beschreiben lassen.

85 | Ich erinnere daran, dass schon weiter oben über die Mathematisierung der Physik im 19. Jhdt. gesprochen wurde.

86 | Ich verweise auf: Schmutzer M. (2011), Kap. IV.

Die Mathematik unserer Zeit und unserer Kultur hat beschlossen, jene von al-Farabi angeführten zwei Prinzipien des Seins auf eines zu reduzieren. Die Argumente, mit denen die offensichtlichen Probleme, die sich daraus ergeben, zum Verschwinden gebracht werden sollen, klingen bemüht. Sie führen, wie etwa bei der exakten Bestimmung von irrationalen Zahlen mithilfe der Eingrenzung in beliebig kleinen Intervallen, zu einem infiniten Regress. Üblicherweise wird ein solcher allerdings als Nachweis einer falschen Behauptung bewertet, doch in diesem Fall sieht man darüber hinweg.

Mathematik, wie wir – und nicht Platon oder Euklid – sie verstehen, entstand aus der Zusammenführung von zwei ursprünglich separaten Wissenschaften, der Geometrie und der Arithmetik[87]. Bei Platon finden wir in der „Politeia" dort, wo die Ausbildungsprogramme der späteren „Wächter" diskutiert werden, noch beide getrennt. In den mittelalterlichen Lehrprogrammen wurde zwischen Trivium und Quadrivium unterschieden, wobei im Quadrivium Arithmetik gleichfalls noch streng von der Geometrie unterschieden wurde.

Diese Unterscheidung wurde nicht grundlos getroffen. Ein Grund dafür waren die schon mehrfach genannten Inkommensurabilitäten. Doch ein weiterer Grund besteht in den sehr unterschiedlichen Kombinationsmöglichkeiten, die beiden Gebieten zur Verfügung stehen.

Die Wissenschaft von den Zahlen, den „arithmoi", baut arithmomorphe Kontinua auf. Man kann einzelne Elemente aneinanderreihen und zu einem arithmomorphen Kontinuum zusammenfügen. Die Anzahl der Elemente lässt sich durch Abzählen bestimmen. Gängige Bezeichnung für diese Art der Kombination ist „addieren". Umgekehrt lassen sich auch Elemente entfernen, was wir „subtrahieren" nennen. Eine Multiplikation ist in solchen Kontinua eigentlich überflüssig. Es macht keinen wesentlichen Unterschied, ob ich multipliziere oder addiere[88]. Bestenfalls entsteht dadurch eine gewisse Arbeitsökonomie.

Betrachten wir hingegen die Geometrie, die Wissenschaft von den Größen. Auch hier kann man Größen addieren, ähnlich wie man Maßstäbe aneinanderlegen kann. Bleiben wir bei dem Bild des Maßstabs, der eine materialisierte Einheitsgröße oder Strecke verkörpert. Werden zwei solche Größen kombiniert, entsteht noch kein merklicher Unterschied zur Addition von Zahlen. Es sind zwei Strecken, und wenn ihre Ausdehnung bestimmt werden soll, so gilt die Addition der Längen, d.h. also Hinzufügen (lat.: „addere") einer Einheit zu einer anderen. Das entspricht der gängigen Vorstellung von Addition, egal ob es sich um zwei oder mehrere Ein-

87 | Dieser Zusammenführung widersetzte sich etwa auch der Mathematiker H. Poincaré (1902).

88 | Einen historisch interessanten Verschmelzungsprozess von Arithmetik und Geometrie stellen die pythagoreischen Rechenbretter dar. Er zeigt sich u.a. in der großen Bedeutung, die z. B. der Tetraktys beigemessen wurde. Siehe dazu: Schmutzer M. (2011), Kap. IV.

heiten handelt. Doch bereits wenn drei Größen miteinander verbunden werden, eröffnen sich zusätzliche interessante Möglichkeiten[89] des Hinzufügens. Drei gleich große Strecken können zu einem gleichseitigen Dreieck verbunden werden und ein Dreieck ist qualitativ etwas anderes als eine eindimensionale Strecke, die drei Einheiten lang ist. Kombiniere ich vier Strecken, so lässt sich daraus ein Quadrat, bei fünf ein Pentagon bilden, bei sechs aber nicht nur ein Sechseck, sondern wahlweise auch ein Tetraeder, bei zwölf ein Oktaeder oder wahlweise auch ein Würfel, was offensichtlich nicht dasselbe ist. Der Unterschied besteht nicht in der Zahl, sondern in der Qualität der Konnektivität.

Wie allein schon diese unvollständige Aufzählung veranschaulicht, werden zwar immer Strecken „addiert" d.h. „hinzugefügt", doch sie liefern sehr unterschiedliche Ergebnisse. Eine Strecke der Länge zwölf – Addition! – ist etwas anderes als vier Dreiecke, oder zwei Tetraeder oder ein Würfel, die alle aus zwölf Elementen bestehen. Würde man nur die reine Anzahl der kombinierten Teile in Betracht ziehen, so gingen diese wesentlichen Unterscheidungen verloren[90].

Platon wusste dies und beschäftigte sich vermutlich auch deshalb mit den fälschlich nach ihm benannten fünf „idealen Körpern". Im Fall eines platonischen Körpers entspräche eine Anweisung zur Subtraktion beispielsweise der, eine Seite aus einem Tetraeder „wegzuziehen" (lat.: subtrahere), also zu entfernen. Damit zerfiele dieser in ein zweidimensionales Gebilde, das aus zwei statt aus vier Dreiecken bestünde. Deren „Konnektivität" – der „Zusammenhang" – entspricht nicht einmal annähernd der des ursprünglichen Körpers. Die beiden hängen nur mehr entlang einer Seite zusammen. Zwar bilden sie noch immer ein Ganzes, doch der Zusammenhalt wurde schwächer. Würde die letzte gemeinsame Seite auch entfernt, dann zerfiele das Gebilde weiter in eines, das nur mehr punktweise zusammenhängt. Doch bliebe es zumindest noch ein eindimensionales, dialektisches Kontinuum. Um es in ein arithmomorphes zu verwandeln, müssten alle sechs Strecken atomisiert werden.

Mit derartigen Aktionen werden Unstetigkeiten geschaffen, und zwar in dem Sinn, dass die Dimensionalität der Gebilde verändert wird. Dabei gibt es tatsächlich keine graduellen Übergänge. Der Wandel scheint einem „Quantensprung" in der Physik vergleichbar.

Entfernte man hingegen ein „Atom" aus einem arithmomorphen Kontinuum, so veränderte sich dieses in seiner qualitativen Struktur so wenig wie wenn eines hinzugefügt würde. Das gilt selbst dann, wenn diese Atome in Dreiecksform angeordnet gewesen wären, denn diese Form wird nur imaginiert. Ein Dreieck, das nur aus drei Punkten besteht, ist kein Dreieck, denn jedes Dreieck hat erkennbare

89 | Es ist bestimmt kein Zufall, dass Euklid als ersten Beweis in seiner „Stoichea" („Elemente") die Konstruktion eines gleichseitigen Dreiecks bringt.

90 | Der wesentliche Unterschied besteht in der Art der „Konnektivität". Dazu: Atkin R.H. (1972) und J.H. Johnson (1990; 1991).

und nicht nur imaginierte Seiten. Würde ein Punkt entfernt, änderte sich die Figur bestenfalls in unserer Phantasie, ähnlich wie sich eine Kippfigur ändert, wenn diese lange genug angestarrt wird. In anderen Worten: Die „Prinzipien des Seienden" und jene der Lehre in unseren Köpfen klaffen auseinander, doch die Differenz wird hinter dem Spiegel der angelernten Gewohnheiten, in dem sich jeder immer nur selbst betrachtet, zum Verschwinden gebracht. Martin Heidegger würde nun von „Verstellen" sprechen.[91]

Konkret wird die Bedeutung dieser Unterschiedlichkeiten in einer Disziplin, die sich einer vergleichbaren Mathematisierung wie in der Physik nicht anschloss.[92] Gemeint ist die Chemie, in der sich ungefähr zur gleichen Zeit eine strukturelle Chemie entwickelte, als sich die Physik auf den Weg umfassender Mathematisierung (s.u.) begab. Es war die große Leistung von F.A. Kekulé, den Unterschied zwischen einer ringförmigen und einer linearen Anordnung von Kohlenstoff zu erkennen, obwohl bei beiden Anordnungen die Zahl der Kohlenstoffatome zahlenmäßig gleich sein kann. Benzol ist eben nicht gleich Hexan, und Alkane sind keine Cycloalkane.

Das Gedankenexperiment mit geometrischen Körpern verschiedenster Art schafft, ähnlich wie dies F.A. Kekulé vorexerzierte, neue Konfigurationen – oder „Ganzheiten" mit unterschiedlichen Qualitäten. Das bedeutet, dass sich solche Gebilde nicht beliebig in Teile zerlegen lassen, ohne dass ihr Wesen dabei grundlegend verändert würde. Ein Dreieck, von dem eine Seite entfernt wird, hört auf, ein Dreieck zu sein, und das Gleiche gilt für alle anderen genannten, wie auch für nicht extra erwähnte Konfigurationen. Ein arithmomorphes Kontinuum bleibt hingegen ein solches auch dann, wenn ein Element entfernt oder hinzugefügt wurde.

Theoretische Wesen

Wie bereits mehrfach festgestellt wurde: Die ursprünglich separierten Wissenschaften Geometrie und Arithmetik wurden in der Mathematik vereint. Vereint wurden somit zwei Disziplinen mit inkommensurablen Prinzipien. Was war das Ergebnis? Das Ergebnis war, dass das geometrische Prinzip der Größe auf ihr Maß reduziert wurde. Größe wurde dadurch auf eine einzige Zahl abgebildet oder

91 | Siehe dieser Band: „Die Vernunft vernimmt".

92 | Es wäre ignorant, würde ich mit diesen Feststellungen meinen, dass sich die heutige Mathematik und Physik nicht mit Fragen der Konnektivität und den unterschiedlichen Qualitäten von „Topologien" beschäftigen würden. Gerade in der Astrophysik und der Allgemeinen Relativitätstheorie stellen sich zahllose Fragen, die Konnektivität und Raumzeitstrukturen betreffen und mithilfe von Topologien beschrieben und studiert werden. Hier in Details zu gehen, würde einmal mehr den gegebenen Rahmen weit überschreiten. Wie jedoch derartige Entwürfe von Raum und Zeit auch soziomorph kodiert sind, habe ich in folgender Arbeit dargelegt: Schmutzer M. (2003).

durch sie ersetzt. Das bedeutete, dass die zahllosen Kombinationsmöglichkeiten, die in obigen Beispielen nur angedeutet wurden, auf eine reduziert wurden, nämlich auf das Aneinanderreihen von Einheitsstrecken. Von sämtlichen anderen Möglichkeiten wurde abstrahiert. Größen wurden durch Zahlen repräsentiert – und damit verdrängt. Um bei obigen Beispielen zu bleiben: Ein Dreieck würde nun quasi nur durch die Zahl drei repräsentiert, ein Viereck durch vier oder in der Chemie der Benzolring durch Summenformeln.

Ein Grund für derartige Simplifizierungen mag sein, dass das Denken in Ganzheiten, wie dies die Pythagoreer[93] oder sogar noch Archimedes[94] pflegten, durch atomistisches Denken ersetzt wurde.

Dialektische Kontinua wurden und werden dadurch in arithmomorphe verwandelt. Augenmerk verdient bei diesem Vorgang, dass es sich neuerlich um eine Abstraktion, eine Abstraktion innerhalb einer Abstraktion handelt. Größen werden ja bereits durch Abstraktion erzeugt, sie sind schon abstrakte Wesen. Doch nun wird von bereits abstrakten Wesen weiter abstrahiert. Wieviel bleibt bei diesem Vorgang vom ursprünglichen Wesen erhalten? Handelt es sich überhaupt noch um dasselbe Wesen? Oder handelt es sich nur mehr um reine Fiktionen?[95]

Eine Fiktion ist eine beliebige Vorstellung von abstrakten Objekten im Kopf. Ob allerdings eine Fiktion dann auch einem Prinzip des Seienden entspricht, ist nicht gesagt.

Al-Farabi definierte „theoretische Wesen" als Wesen, die nicht von Menschen hergestellt, d.h. erzeugt werden können. Zu untersuchen bleibt somit, ob es sich um solche „theoretische" Wesen handelt.

Beispiele für derartige Fiktionen wären wieder einmal irrationale oder imaginäre Zahlen. Wie schon öfters festgestellt, werden wir etwa die Zahl π nie bestimmen können[96]. Zu behaupten, es gäbe sie, entspricht nicht den Tatsachen, sie ist als Zahl reine Fiktion, obwohl – oder korrekter, weil – es sich um Größenverhältnisse handelt, die nur im Seienden eine Entsprechung haben, sich aber in der abstrakten Welt der Zahlen nicht abbilden lassen.

Es finden sich ohne Schwierigkeit auch andere Fiktionen, wenn wir etwa zu den Grundannahmen der Boole'schen Algebra zurückkehren. Dort wurden drei Operatoren genannt, von denen einer die Negation ist. Negation spielt vor allem dann eine Rolle, wenn wir es mit binären Kodierungen zu tun haben. Erst eine

93 | Siehe dazu: Schmutzer M. (2011), Kap. IV.

94 | Siehe: Schmutzer M. (2015), Kapitel I.

95 | M. Heidegger verweist darauf, dass aufgrund eines analogen Prozesses zumindest seit Aristoteles „Sein" fälschlich mit „Seiendem" gleichgesetzt wird. Siehe dieser Band: die letzten zwei Kapitel.

96 | Daran ändert auch der Umstand nichts, dass π mithilfe einer Formel des indischen Mathematikers S. Ramanujan und eines Computers auf 17 Millionen Stellen approximiert wurde. Im Gegenteil bestätigt das eher obige Feststellung.

Negation erzeugt Gegensatzpaare. Denn das Andere ist die Negation des Einen. Weil das aber so ist, gehören die Gegensätze untrennbar zusammen. Sie bilden ein Ganzes. Diese Einsicht formulierte bereits Heraklit[97] und sie findet sich etwa bei Heidegger wieder.

Nehmen wir zur Veranschaulichung ein gängiges Beispiel binärer Kodierung. Gängige Praxis ist z.B., höhere Lebewesen in zwei Geschlechter zu unterteilen, so auch Menschen. Schon vor der Geburt wird heute bereits mit verschiedenen Methoden bestimmt, ob es sich um Knabe oder Mädchen handeln wird. Die Überlegung, ob es sich um ein Kind handeln könnte, für das keine der zwei Möglichkeiten zutrifft, wird kaum jemals ernsthaft in Erwägung gezogen. In diesem Stadium der Entwicklung dürfte dies auch eher verfrüht sein. Doch nach der Geschlechtsreife stellt sich anscheinend nicht selten heraus, dass die Natur anders spielt. Die säuberliche Trennung findet nicht in der Weise statt, wie wir uns das mit unseren Abstraktionen vormachen.

Man könnte nun zwar auf statistische Verteilungen verweisen und damit belegen wollen, dass die Mehrzahl der Fälle den gängigen Vorstellungen, tatsächlich aber nur gängigen Erhebungsmethoden entspricht[98]. Biologen wie Psychologen können im Gegenzug darauf hinweisen, dass die primären und sekundären Geschlechtsmerkmale bei einzelnen Individuen nicht nur unterschiedlich markant ausgeprägt sind, sondern dass auch jeder Mensch in Hinblick auf die hormonelle Ausstattung bisexuell veranlagt ist. Die Natur folgt demnach nicht den binären Abstraktionen, die in unserer Kultur[99] zur Anwendung kommen, sondern eher den Regeln eines dialektischen Kontinuums[100].

Nicht-kommensurable Bereiche mischen

Al-Farabi meinte, dass Menschen in Anbetracht der Unvollkommenheit der Natur frei wären, nicht-kommensurable Bereiche miteinander zu vermischen. Dieser Vermutung will ich nicht entgegentreten, sondern sie ergänzen. Solange wir uns nur im Bereich der Prinzipien der Lehre bewegen, dürfte al-Farabi vollinhaltlich rechthaben und findet sich mit Kant in guter Übereinstimmung. Betreten wir aber

---

97 | Siehe dazu: Schmutzer M. (2011), Kap. VI.

98 | Allerdings wird – und das ist bei solchen Erhebungen nicht unwesentlich – gleichzeitig alles getan, um von unseren Abstraktionen „abweichende Fälle" zumindest optisch zum Verschwinden zu bringen. Bisexuelle Individuen haben sich zu entscheiden, beim Passamt genauso wie bei der Mode, welcher Gruppe sie zugerechnet werden wollen.

99 | Da wir wissen, dass manche Kulturen in Nordamerika oder schon bei den alten Skythen in der alltäglichen Praxis drei Geschlechter unterschieden, kann es sich nur um ein Kulturphänomen handeln.

100 | Siehe dazu auch in diesem Band das letzte Kapitel.

den Bereich, in dem Prinzipien des Seienden wirken, liegt dieselbe Einfachheit nicht länger vor.

Nicht nur ignoriert die Natur unsere binären Kategorisierungen und macht stattdessen, was sie will. Sie reagiert z.B. auch auf „Im-plantate", die ihren Regeln nicht entsprechen. „Plantat" bezeichnet verpflanzte Regeln oder verpflanzte materielle Objekte, die bislang anderen Ganzheiten angehörten und folglich auch spezifisch anderen Regeln unterworfen sind[101]. Ihre Übertragung von einem System in ein anderes ist eine Implantation. Damit werden aber zugleich auch Verhaltensregeln transplantiert, die im Ausgangssystem Gültigkeit haben. Sehr deutlich tritt dies bei medizinischen Implantaten zutage. Die Anstrengungen, die die Chirurgie zu unternehmen hat, um mögliche abstoßende Reaktionen zu unterbinden, sind bekannt. Nicht weniger offensichtlich wird dieser Umstand bei der Verpflanzung von Angehörigen einer Kultur in eine andere. Das, was die Medizin mithilfe der Pharmazie macht, glauben Politiker mithilfe von „Wertekursen" bewirken zu können. Über die Erfolgsquote dieser Vorgehensweise braucht hier nicht diskutiert zu werden.

Diese Abstoßungsbestrebungen der Physis und der Kampf dagegen illustrieren, was oben schon angesprochen wurde: die notwendige Ausdehnung steriler, durch Abstraktionen erzeugter Laborbedingungen bei Transplantationen in die Lebenswelt. Man könnte dasselbe auch anders bezeichnen, nämlich als einen Akt der „Beschneidung" der Natur, was einem Akt von „Akkulturation" der Natur gleichkommt.

Als „Implantationen" und „Transplantationen" müssen auch zahlreiche andere Eingriffe samt ihren Folgen verstanden werden. Konträr zur Abstoßung fremder Organe im menschlichen Körper reagieren viele sogenannte „Schädlinge" mit Anpassung an die neuen Gegebenheiten oder mit Abwehr, wie das das fortgesetzte Auftreten neuer viraler Seuchen nahelegt. Die expansive Entwicklung von Zellmutationen im menschlichen Körper, die man als „Krebs" bezeichnet, legt ähnliche Überlegungen nahe. All das muss als Reaktion der Natur auf das Einbringen von Substanzen und Regelsystemen begriffen werden, die nicht mit den ursprünglichen kommensurabel sind. Sie sind deshalb nicht kommensurabel, weil sie anderen Gestalten, anderen Ganzheiten angehören bzw. solche schaffen.

Synopsis

Wir schaffen Abstraktionen. Diese Wesen „wesen" in unseren Köpfen. Manche davon können als Entwürfe und als Pläne eingesetzt werden. Jene abstrakten Wesen in den Köpfen entstammen Prinzipien der Lehre, die in einem zweiten Schritt aus der Wesensform der Pläne in materialisierter Form in die Natur übertragen werden können. Dort herrschen allerdings möglicherweise andere Regeln und Prinzi-

101 | Die Griechen bezeichneten ihre „Tochterstädte" auch als „Pflanzstädte".

pien als in den Köpfen[102]. Die in der Natur geltenden Regeln des Seienden werden aber durch weitere Abstraktionen zum Verschwinden gebracht. Sie erscheinen nun wie Geister aus der Flasche als „Realabstraktionen". Erkenntnisse über die Regeln der Natur sind auf diese Weise nicht zu erwarten. Diese Erkenntnis hat schon H. Poincaré[103] formuliert.

Doch schon tausend Jahre früher lehrte al-Farabi in seinem „KitabTahsi'l al-Sa'ada" (Buch vom Erwerb des Glücks[104]), dass uns sämtliche Beweise und Aussagen in der Mathematik zwar darüber informieren können, was etwas ist, doch uns nichts darüber sagen, ob es auch tatsächlich existiert. Mathematische Objekte sind für ihn anders als für Platon keine ewig gültigen Ideen. Sie existieren nirgends außer in den Köpfen. Sie veranschaulichen, wie das al-Farabi bezeich nete, nur mögliche Existenzen. Ob sie tatsächlichen Gegebenheiten entsprechen, ist damit keineswegs gesagt.

Der auch in Philosophie fundiert bewanderte Nobelpreisträger der Physik, W. Heisenberg (1959), formuliert einen ähnlichen Gedanken, wenn er schreibt,

> „[...] im allgemeinen dürfte das aus der mathematischen Logik entwickelte positivistische Denkschema zu eng sein für eine Naturbeschreibung, die doch genötigt ist, Worte und Begriffe zu gebrauchen, die nur unscharf definiert werden können." (S. 64)

In solchen Situationen treten in unserer Zeit Laboratorien als potentielle Retter in der Not auf. Denn Labors schaffen Realabstraktionen, sie simulieren bestenfalls Natur, aber nur so weit wie die künstlich erzeugten Laborvorgaben mit den theoretischen kommensurabel sind. Das, was darüber hinaus damit nicht in Übereinstimmung ist, wird im Labor „real-abstrahiert". So wird durch *selektive* Nachahmung von Seinsbedingungen der Natur in den Laboratorien erreicht, dass die abstrakte Welt der Köpfe ihr materialisiertes Ebenbild findet.

Doch dieses existiert nur wie der „Geist in einer Flasche", wobei man diese „Flasche" häufig als „black box" bezeichnet. Sie realisiert eine Welt abgekapselt vom grellen Licht der Wirklichkeit und der Vielfalt des Seienden.

---

102 | Solche Abstraktionen, die nicht übertragbar sind, bezeichnet al-Farabi als „theoretische" Wesen.

103 | H. Poincaré (1902) stellt in seinem bahnbrechenden Werk abschließend einige präzise Sätze auf, die ich deutsch wiedergebe: „Erfahrung legt wissenschaftliche Theorien nahe, doch sie kann sie nicht beweisen. Erfahrung alleine kann keine Theorie falsifizieren, denn *Theorien korrigieren die Erfahrung. Erfahrung wird aufgrund von einer oder mehreren Theorien beurteilt* und bewertet." (m.H.)

104 | Der englische Titel lautet: „Attainment of Happiness", übersetzt von M. Mahdi (1969). Eine deutsche Übersetzung ist mir nicht bekannt, daher wäre obige Übersetzung mein Vorschlag.

In der Sprache traditioneller Physik wird diese „black box" als „isoliertes System" bezeichnet. Ein solches konstituiert eine Grundvoraussetzung wissenschaftlicher Forschungstätigkeit. Diese Grundvoraussetzung kann allerdings seit der Einführung des Wahrscheinlichkeitsbegriffs in die Definition des Ausgangszustandes eines Untersuchungsobjekts infolge der Unvollkommenheit der menschlichen Beobachtung oder der Instrumente nicht länger erfüllt werden.

„Folglich kann die einschränkende Bedingung, ‚für ein isoliertes System' selbst in der schwächeren Form der mechanischen Ursächlichkeit[105] nur erfüllt werden, *wenn das gesamte Universum in das Objekt der wissenschaftlichen Kenntnis eingeschlossen ist.*"[106] (m.H.; Northrop, 1959, S. 196)

Das kann letztlich aber nichts anderes bedeuten, als dass Laborforschung keine Naturforschung ist.

Doch gerade der Gebrauch von Mathematik nötigt zu diesen Abstraktionen. Denn deren hilfreiche intellektuelle Abstraktionen erfordern analoge Realabstraktionen, wenn Experimente Beweise für die Richtigkeit der Ergebnisse der formalen Kalkulationen sein sollen. Wird Mathematik zur alleinigen Sprache der Naturwissenschaften erhoben, dann bedeutet dies, dass über all das zu schweigen ist, worüber man in dieser Sprache keine Aussagen machen kann.[107] Was sich in dieser Sprache u.a. nicht ausdrücken lässt, das sind aber die allgegenwärtigen Gegensätze

105 | Dieser „schwächere Typ" bleibt zwar bei der Annahme kausaler Wirkungszusammenhänge, negiert aber die Determiniertheit des Vorgangs aufgrund der Unmöglichkeit, die Initialzustände hinlänglich zu bestimmen.

106 | Northrop (1959) setzt fort: „In diesem Buch (Heisenberg, op. cit.) wird klar gezeigt, dass die Philosophie der zeitgenössischen Physik in ihrer Erkenntnistheorie ebenso neu ist wie in ihrer Ontologie. Tatsächlich entsteht aus ihrer Ontologie – der folgerichtigen Vereinigung von Potentialität mit mechanischer Kausalität in ihrer schwächeren Form – das Neue ihrer Erkenntnistheorie." (Ibid., S. 196) Daraus lässt sich wohl gleichzeitig auch ablesen, dass die eingeschränkte Orientierung der Ausbildung an technischen Universitäten, die eingangs angesprochen wurde, grundsätzlich reformbedürftig ist.

107 | Northrop (op. cit.) formuliert einen ähnlichen Gedanken, wenn er feststellt „[...] *die Physik (ist) weder erkenntnistheoretisch noch ontologisch neutral.* Wenn man eine der erkenntnistheoretischen Voraussetzungen der Theorie des Physikers ablehnt, gibt es keine wissenschaftliche Methode, um zu erproben, ob das, was die Theorie über das physikalische Objekt vorbringt, im Sinne einer empirischen Bestätigung wahr ist oder nicht. Wenn man eine der ontologischen Voraussetzungen ablehnt, *enthalten die axiomatisch konstruierten mathematischen Postulate der Theorie des Physikers nicht genug, um die Ableitung experimenteller Fakten zuzulassen,* die vorauszusagen, folgerichtig zu koordinieren und zu erklären die Theorie aufgestellt wurde." (m.H., S. 197).

und Widersprüche. Ludwig Wittgenstein (1921)[108] erinnerte schon vor langem genau daran: über das, „wovon man nicht sprechen kann, darüber muss man schweigen". Allerdings meinte er ein paar Zeilen davor zusätzlich: „Zu einer Antwort, die man nicht aussprechen kann, kann man auch die Frage nicht aussprechen." (Ibid., 6.5) Genau betrachtet heißt dies, dass der Einsatz einer mathematischen Sprache und der von Laboratorien die Erkenntnis der Welt unmöglich, doch andere, neue Welten möglich macht. Wie sehr solche Welten der Forderung nach umfassender Gewährleistung von Glückseligkeit gerecht werden können, bleibt gleichfalls eine selten gestellte Frage[109].

Die neue Königin der Wissenschaft[110]

Genau das, nämlich die Erschaffung neuer Welten, praktiziert die moderne Physik in den diversen gigantischen Forschungskathedralen. Dort herrscht bei der Mehrzahl ihrer Vertreter, die nicht so wie W. Heisenberg, E. Schrödinger und andere auch philosophisch gebildet sind, die paradigmatische Annahme vor, dass Natur mithilfe der Sprache der Mathematik beschrieben und verstanden werden kann. Tatsächlich wird damit eine „neue Natur" entworfen[111], wobei diese Bezeichnung als Oxymoron verstanden werden sollte.

Th. Kuhn (1961)[112] beschreibt in einem bemerkenswert kritischen Aufsatz, wie es zu dieser Entwicklung kam, die er als „zweite wissenschaftliche Revolution"[113] bezeichnet. Diese Revolution fand in der ersten Hälfte des 19. Jahrhunderts statt[114]. Sie fand besonders positive Aufnahme in der Physik, obwohl vergleichbare

108 | Wittgenstein L. (1921/22).

109 | Auch hier zieht Northrop (op. cit., S. 191) eigenwillige Schlüsse. Damit „[...] könnte u.U. auch eine Lösung für ein verwirrendes wissenschaftliches, philosophisches und sogar moralisches Problem gefunden werden. Dieses Problem ist: *Wie kann die mechanische Ursächlichkeit der Quantenmechanik, selbst in ihrer schwächeren Form, mit der teleologischen Ursächlichkeit in Übereinstimmung gebracht werden, die in den moralischen, politischen und rechtlichen Absichten des Menschen* und in der teleologischen kausalen Bestimmung seines physischen Verhaltens offenkundig vorhanden ist? Mit anderen Worten, *wie lässt sich die in diesem Buch von Heisenberg dargelegte Physik mit den moralischen, politischen und juristischen Wissenschaften und Philosophie vereinbaren?*" (m.H.)

110 | Diese Titulierung ist gängige Praxis, wenn auch die Throninhaberinnen wechseln. Theologie, Philosophie, Physik besetzten alle schon diesen Platz.

111 | Zu „Entwurf" siehe: „Eine Werkzeugkiste - Glossar", dieser Band.

112 | T.S. Kuhn (1961).

113 | Die erste Revolution war nach seiner Zählung die „kopernikanische".

114 | Siehe dazu: „Die langen Schatten ...", dieser Band.

Entwicklungen auch in anderen Zweigen der Naturwissenschaften zu registrieren wären.

Markantes, wenn auch nicht einziges erwähnenswertes Phänomen[115] dieser Entwicklung war die extensive „Mathematisierung". Was daraus folgte war, dass Physiker ab ca. 1840 damit begannen, ihre Interessen auf wenige, der Mathematisierung leicht zugängliche Gebiete zu konzentrieren. Diese Beschränkung brachte ihnen im Vergleich zu benachbarten Wissenschaften einen Vorsprung aufgrund dieser vereinheitlichten Sprechweise ein und ließ damit die Physik zur neuen „Leitwissenschaft" aufsteigen[116]. Sie usurpierte damit den „Thron" des Denkhegemons.

Andere Wissenschaften haben sich vergleichsweise weniger mathematisiert. Sie maßen der Quantifizierung und Arithmetisierung ihrer Theorien weniger Bedeutung bei als die Physik. Was Th. Kuhn nicht sagt, doch was sich notwendig aus seinen Beobachtungen ergibt, ist, dass alle jene Bereiche in der Physik, die sich der zum Dogma erhobenen Präsentationspraxis nicht unterwerfen wollten und ließen, zunehmend ignoriert wurden – oder in jene Form gepresst wurden, die der neue „Denkhegemon" vorgab. Diese Entwicklung erinnert an diejenige in Alexandrien, die in den ersten zwei Kapiteln meiner Monografie (Schmutzer M., 2015) im Detail geschildert wurde. Geschichte wiederholt sich auf eine eigenwillige Weise doch!

Konsequenz daraus war, jeden wissenschaftlichen Disput über kontroversielle Themen auf mathematisch aufbereitete Thesen zu reduzieren. Dadurch fand bereits eine Vorauswahl statt, die die Akzeptanz von Propositionen gewaltig erleichterte. Allein durch diesen Schritt wurde Konsens innerhalb der wissenschaftlichen „community" erleichtert und schneller erreicht. So entstand durch Beschränkung der Eindruck eines rasch zunehmenden akkreditierten Erkenntnisgewinns.

Wie weit das allerdings dem Verständnis von Naturphänomenen längerfristig zuträglich war, bleibt eine offene Frage. Jedenfalls dürften die bekannt inkommensurablen Beschreibungen der Lichttransmission oder der Quantenphysik daher rühren, dass Regeln der Mathematik tonangebend wurden und nicht die Prinzipien des Seienden[117].

---

115 | Weitere unübersehbare Veränderungen zeigen sich in der Organisation der Wissenschaft und in der Ausbildung, wie schon angedeutet.

116 | So wurde dieser Prozess seit Ende des zweiten Weltkriegs in den Sozialwissenschaften unter US-amerikanischer Ägide zum Leitstern. Besonders bemüht war dabei die Ökonomie, die sich seitdem als „Königin der Sozialwissenschaften" versteht. Ihr offensichtliches Versagen überall dort, wo es interessant gewesen wäre, 1989 oder 2007, zeigt auch die Wirkungslosigkeit des Programms.

117 | W. Heisenberg (1959) schreibt etwa: „Die philosophische These, dass alle Kenntnisse letzten Endes auf Erfahrung beruhen, hat also schließlich – nämlich im modernen Positivismus – zu einer Forderung geführt, die *die logische Klärung jeder Aussage über die Natur* zum Gegenstand hat. Eine solche Forderung mag in der Periode der klassischen Physik als berechtigt gegolten haben. Seit der Entwicklung der Quan-

A.C. Crombie (1961)[118] macht jedenfalls diese Tendenz, physikalische Phänomene einer mathematischen Sichtweise anzupassen und unterzuordnen, ebenfalls dafür verantwortlich, dass die mittelalterliche Physik in Europa, die auch quantitativ vorging, ins Abseits geriet.

Wie obiges Zitat von W. Heisenberg und ähnliche von anderen Physikern[119] nahelegen, muss diese restriktive Entwicklung nicht unbedingt zu einem Zuwachs an Erkenntnis der Natur geführt haben. Mehr Diversität wäre ihr vermutlich förderlicher gewesen. Doch wer will unter diesem Regime eindimensionaler Rationalität schon aus einer nicht quantifizierten Geschichte lernen? Mit Mathematik ist ja der Geschichte bekanntlich nicht beizukommen.

Vermuten möchte ich, dass dieser Mangel an historischer Einsicht und zugleich an politischer Bildung kaum von jemand bedauert wird, was seinerseits erklärungsbedürftig wäre. Damit wären wir wieder bei unserer anfänglichen Fragestellung: Warum will unsere Zeit, die sich doch so gerne in vielen weniger erstrebenswerten Belangen an Rom ein Beispiel nimmt, nicht aus der Geschichte lernen?

Wenn im Zug dieser skizzierten Entwicklung Prinzipien des Seienden in wachsendem Ausmaß durch Prinzipien der Lehre ersetzt oder verdrängt werden, so darf man vermuten, dass dieser extrem mathematisierten Naturwissenschaft ein vergleichbares Schicksal bevorsteht wie der scholastischen Philosophie zu Beginn der Neuzeit. Auch diese verlor sich in einer fiktionalen Welt, ohne allerdings fiktionale Wesen wie etwa Engel auf einem Monitor erfahrbar werden zu lassen. Solche Erfahrungen zu generieren, dazu standen allerdings auch ihnen, zwar anders konzipierte, aber dennoch gigantische Kathedralen zur Verfügung.

Denkhegemon

Die Existenz eines Denkhegemons nötigte z.B. schon Archimedes dazu, seine Beweise den Forderungen der versammelten Elite in Alexandrien anzupassen[120].

---

tentheorie aber haben wir gelernt, dass sie nicht erfüllt werden kann. Z.B. mussten die Worte ‚Ort' und ‚Geschwindigkeit' eines Elektrons früher als wohldefiniert erscheinen, sowohl hinsichtlich ihrer Bedeutung als auch hinsichtlich ihrer möglichen Verknüpfungen: und sie waren auch tatsächlich im Rahmen der Newton'schen Mechanik wohldefinierte Begriffe. Aber vom Standpunkt der modernen Physik sind sie doch nicht wohldefiniert, wie man aus den Unbestimmtheitsrelationen erkennt. Man kann sagen, dass sie hinsichtlich ihrer Stellung in der Newton'schen Mechanik wohldefiniert waren, aber *nicht hinsichtlich ihrer Bedeutung gegenüber der Natur.*" (Heisenberg, 1959, S. 64/65, m.H.). In unseren Worten heißt dies: nicht gegenüber den Prinzipien des Seienden.

118 | Crombie A.C. (1961).

119 | Siehe dazu: Schmutzer M. (2015), Epilog.

120 | Siehe dazu: Schmutzer M. (2015), Kapitel II.

Es hätte langfristig gewinnbringender sein können, wenn der Anpassungsprozess in die umgekehrte Richtung verlaufen wäre. Solche Vermutungen werden nachdrücklich durch die umfassenden Forschungen von M. Clagett (1959, 1964, s.u.) gestützt, der die Wiederentdeckung des Archimedes im Mittelalter für die weitere Entwicklung der Physik in Europa als ausschlaggebend betrachtet[121].

Auch die Erfolge der Mutakalimun in Bagdad[122] nach Aufhebung der Miḥna nötigten, allerdings nun in umgekehrter Weise, die dortigen Gelehrten dazu, ihre Abhängigkeit von Platon und Aristoteles und allen anderen Griechen zu überdenken. Die anfänglich politische Nützlichkeit, die die frühen Abbasiden dazu motivierte, die Übersetzungsbewegung zu finanzieren, konnte dazu nicht länger Ansporn liefern. Andere Argumentationslinien waren nun gefragt, und al-Farabi war einer, der an deren Entwicklung mit Nachdruck arbeitete. Im Zuge dieser Vorgänge befreite sich dann die arabische Wissenschaft von den Fesseln der Überlieferung und begann, eigenständige Argumentationslinien zu entwickeln. Dafür liefern ar-Razi, al-Farabi und Ibn al-Haytham hinreichendes Anschauungsmaterial.

Sie scheinen auch diejenigen zu sein, die ausgehend von den allgegenwärtigen kulturellen Vorgaben islamisierter Völker diese inhärente Tendenz zu einem Kanon entwickelten. Was ihnen im Unterschied zu den Alexandrinern und ihren Nachfolgern im Bayt al Ḥikmah, jedoch nicht mehr in derselben Weise zur Verfügung stand, war ein „Forschungszentrum".

Mit den Genannten scheint zwar somit eine eigenständige muslimische Wissenschaft ihren Ausgang genommen zu haben. Unbestritten ist jedoch, dass sich diese neue Tendenz nicht geradlinig fortsetzen konnte und letztlich irgendwann einen Abschluss fand. Auslöser dafür war u.a. der Umstand, dass jene notwendige „kritische Masse"[123] von Intellektuellen, die für die Durchsetzung eines Kanons nötig gewesen wäre, nicht mehr erreicht werden konnte. Die Entwicklung eines neuen „Denkhegemons", wie dies in Alexandrien möglich war, der richtungsweisend wirken konnte, gelang nicht mehr. Wissenschaft wurde Privatsache und zersplitterte räumlich wie inhaltlich.

Damit wird die generell widersprüchliche Bedeutung eines „Denkhegemons" erneut vor Augen geführt. Indem dieser einerseits Kräfte bündelt, unterbindet er zugleich auch eine für Innovationen so bedeutende Diversifikation der Denkstile. Mangels einer derartigen Bündelung landet Forschung räumlich wie intellektuell in einer Diaspora oder in einem „Kastalien"[124], mit ähnlichen Folgewirkungen wie sie die Sophisten aufgrund ihrer gezielten Vertreibung aus Athen erfuhren.

---

121 | M. Clagett (1964-1984), ds. (1959).

122 | Siehe dazu: Schmutzer M. (2015).

123 | Diese anschauliche Bezeichnung prägte D. Gutas (1998).

124 | Dazu: Schmutzer M. (2015), Epilog.

Schukuk al dharrah

Ibn al-Haytham und al-Farabi lebten um die Wende vom ersten zum zweiten Jahrtausend[125]. Würde al-Haytham an der Wende vom zweiten zum dritten Jahrtausend wiedergeboren, so würde er vielleicht ein Buch mit obigem Titel schreiben, nämlich „Zweifel am Atom", oder mit dem Titel „Schukuk al 'ilm aṭ-ṭabi'i", „Zweifel an der physikalischen Wissenschaft".

Was sollte ihn dazu bestimmen? Al-Hazen, so nannte man al-Haytham im Abendland, artikuliert z.B. im Anschluss an eine langwierige Untersuchung eine seiner Grundüberzeugungen mit folgenden Worten:

„Alle Naturerscheinungen erfolgen gemäß ihrer Prinzipien. Die Prinzipien der Naturerscheinungen sind aber subtil und verborgen, und zwar verborgen im höchsten Grad; auch sind sie nicht sichtbar für die Sinneswahrnehmung"[126].

Es könnte wohl sein, dass angesichts heutiger Dogmen jene alten Zweifel wieder geboren würden, die er z.B. an der Dogmatik des ptolemäischen Systems äußerte.

Wir wissen mit Gewissheit, dass al-Haytham zu Lebzeiten kein Atomist war. Die Denkweise des Atomismus spielte jedoch in den damaligen religiösen Doktrinen der Mutakalimun eine bedeutende Rolle. Genau das könnte Grund genug für seine diesbezüglichen Zweifel gewesen sein. Der Theologe al-Asch'ari hat nämlich in Abhebung dazu aus der Atomtheorie eine umfassende Doktrin entwickelt. Behält man also die Positionen von al-Hazen zu den damals gängigen religiösen Doktrinen und seine generelle Bevorzugung einer aristotelischen Sichtweise in Erinnerung, so ergibt sich daraus, dass er atomistischen Konzepten ablehnend gegenüber gestanden sein muss.

Schon aus diesen Vorgaben ist es naheliegend zu vermuten, dass er auch Zweifel an unseren Vorstellungen geäußert haben dürfte. Unsere Frage an einen möglicherweise wiedergeborenen al-Haytham wäre daher, wie er seine Zweifel in Anbetracht der gewaltigen empirischen Nachweise aus unserer Physik begründen könnte?

Al-Hazens potentielle Zweifel würden u.a. vermutlich daher rühren, dass er den gewaltigen, industriellen Experimentieranlagen mit den Augen eines Fremden begegnen müsste. Er würde vermutlich kaum akzeptieren können, dass Bilder auf Monitoren, die die Ergebnisse von Teilchenkollisionen darstellen, tatsächliche Ereignisse sichtbar machen sollten und dass sich aus solchen Dokumenten die aufgrund mathematischer Kalküle geforderten Eigenschaften subatomarer Teilchen

125 | Das nimmt auf unsere Zeitrechnung Bezug und nicht auf die islamische.

126 | Zitiert nach M. Schramm (op. cit., S. 289). Auch das lässt sich als Vorwegnahme Heideggers verstehen. Siehe dazu: „Die Vernunft vernimmt", dieser Band.

rekonstruieren lassen sollten. Inhaltlich würde er nicht nur die Vorstellung von kleinsten Teilchen ablehnen, sondern aufgrund seiner Erfahrungen mit den Mutakalimun auch die gesellschaftlichen Begleitumstände in Betracht ziehen, die erst eine atomistische Position begründen.

Aufgrund seiner „Fremdheit" würde er andererseits Konkordanzen, die zwischen Experimentieranlagen und anderen Kulturgütern bestehen, schärfer registrieren und Zusammenhänge leichter erkennen, die zwischen gegenwärtigen Denkstilen und theoretischen wie experimentellen Annahmen bestehen. Ähnlich wie ihm der Strahlencharakter des Lichts selbstverständlich schien, würde er begreifen, dass der Atomgedanke seiner potentiellen Gastgeber für diese wegen ihrer historischen und kulturellen Vorprägungen selbstverständlich erscheine, obwohl er selbst daran begründete Zweifel hege.

Möglicherweise würde er auch eine gewisse Analogie zwischen den Naturvorstellungen seiner heutigen Gastgeber und der Beschaffenheit ihrer Lebensumstände bemerken. Es würde ihm vielleicht auffallen, dass unser heutiges Denken allgemein von einem ausgeprägten Individualismus[127], nicht nur im alltäglichen Leben, sondern auch bei der Formulierung wissenschaftlicher Thesen, geprägt wird. Und dieser Individualismus würde sich für ihn u. a. in der unübersehbaren Präferenz für arithmomorphe Kontinua manifestieren.

Es ist kein Geheimnis, dass ein derartiger Individualismus das Denken unserer Naturwissenschafter seit Ende des 19. Jahrhunderts durchdringt[128] und dass dieser wesentlich dazu beitrug, dass sich auch jene atomistische Sichtweise in Physik und Mathematik durchsetzte, die al-Hazen in Zweifel ziehen würde.

Exkurs

Diese Behauptung bedarf einer Untermauerung. Ich entnehme sie einem anschaulichen Beispiel, das G. Holton (1978) im Detail beschreibt. Es handelt sich um die Bestimmung der Elementarladung des Elektrons zu einer Zeit, in der die Lehre vom atomaren Aufbau der Materie noch nicht allgemein akzeptiert war.

Die handelnden Personen in diesem Drama sind der damalige Doyen der Physik E. Rutherford (1871–1937), der spätere Nobellaureat R. A. Millikan (1868 –1953) und dessen Wiener Kontrahent F. Ehrenhaft (1879–1952)[129]. Die beiden Letztgenannten versuchten die Elementarladung von Elektronen zu bestimmen. Beide waren anfänglich Vertreter der damals noch nicht allgemein anerkannten Atomtheorie. Ehrenhaft, später Vorstand des 3. Physikalischen Instituts an der Wiener Universität und Schüler von L. Boltzmann und F.-S. Exner, verfügte über

127 | Es dürfte hilfreich sein zu wissen, dass „Individuum" nur die lateinische Übersetzung des griechischen Wortes „atomos" ist.

128 | Ich erinnere z.B. an: Forman P. L. (1971).

129 | Braunbeck J. (2003).

wesentlich genauere Geräte als Millikan. Die Daten, die sich damit produzieren ließen, waren folglich auch um eine Größenordnung genauer als jene Millikans. Ehrenhaft konnte auch wesentlich kleinere Objekte beobachten. Der ausschlaggebende Unterschied zwischen beiden war jedoch taktischer Natur. Ehrenhaft behandelte sämtliche gewonnene Messdaten als gleichwertig und gelangte so zu der Überzeugung, dass es Ladungen kleiner als die postulierte Elementarladung im Elektron gebe. Seine Datentreue führte ihn dazu, die Existenz von „Sub-Elektronen“ und von Ladungen kleiner als die postulierten $4{,}65.10^{-10}$ esu anzunehmen.

G. Holton stellte nach detailliertem Studium der Versuchsprotokolle fest, dass Millikan hingegen radikal alle jene Daten eliminierte, die seinen Erwartungen nicht entsprachen.

„Millikan was evidently saying he knew a good run when he saw one, and he was not going to overlook that knowledge, even if it was not obvious how to quantify and share it on the record. Equally significant was Millikan's frank admission that another seven observations had been discarded altogether, and so had not entered at all into the computation of the final average value of e.“[130]

Millikan verhielt sich gemäß der von H. Poincaré aufgestellten Regel (s.o.) und war mit dieser Selektionsstrategie erfolgreich, Ehrenhaft verstieß mit seiner nicht-diskriminierenden Vorgehensweise dagegen.

Wie Milikans Erfolg zustande kam, wirft folglich einiges Licht auf wissenschaftliche Erkenntnisprozesse[131]. Der Erfolg hängt nicht unwesentlich von der Unterstützung eines Denkhegemons, in diesem Fall E. Rutherfords ab, der schon vor Millikans Experimenten eine Ladung von $9{,}3.10^{-10}$ esu für Protonen errechnet hatte und die Hypothese vertrat, dass Elektronen die Hälfte dieser Ladung, also $4{,}65.10^{-10}$ esu, aufweisen sollten. Millikans Werte lagen zunächst darunter, wogegen Ehrenhafts Werte der Forderung näherkamen.

Doch während eines Kongresses in Winnipeg im August 1909 präsentiert Millikan in Anwesenheit Rutherfords eine neue Methode, die es erlaubte, einzelne Tröpfchen zu studieren, statt Teilchenbahnen in Nebelwolken einer Nebelkammer. Diese Methode wurde als geeignetes Verfahren gewertet, Elektronen isoliert

130 | Holton, 1978, S. 53.

131 | H. Poincaré (1902) machte schon Jahre davor darauf aufmerksam, dass die Diskrepanzen zwischen *Beobachtungsdaten und theoretischen Erwartungswerten ausschließlich aus Gründen von Konventionen übergangen werden und nicht als Mittel zur Falsifikation einer Theorie verstanden werden.* Im Gegensatz dazu werden derartige Diskrepanzen meistens so gedeutet, dass die *empirischen Daten korrekturbedürftig sind,* nicht das mathematisch formulierte Gesetz oder der daraus abgeleitete Erwartungswert.

zu studieren. Ehrenhaft arbeitete hingegen mit Aerosolen, die in jeder Hinsicht schwieriger zu behandeln waren.

Milikans neue Methode kam allerdings zusätzlich dem Verlangen Rutherfords entgegen, der es in seiner Eröffnungsansprache als einen Mangel atomistischer Theorien bedauert hatte, isolierte Untersuchungsobjekte nicht einzeln studieren zu können[132]. Das Tröpfchen-Verfahren eröffnete angeblich einen Weg in diese Richtung. Eine alsbaldige Veröffentlichung Millikans knapp nach dem Winnipeg-Treffen postuliert als endgültigen Wert $4{,}69.10^{-10}$ esu, ein Wert, der auch von einem zweiten Denkhegemon, M. Planck, vertreten wurde.

R.A. Millikan kam den theoretischen Erwartungen namhafter Physiker in zweifacher Weise entgegen, ein Umstand, dem Ehrenhafts Datenverteilung nicht gerecht wurde. Millikan biederte sich vorbehaltslos den Vorgaben des angelsächsischen Denkhegemons an und wurde dafür mit dem Nobelpreis ausgezeichnet.

Ehrenhaft widersprach hingegen den atomistischen Vorstellungen der Mehrzahl der damaligen Physiker, indem er die Existenz „subelektronischer" Partikel mit kleinerer Ladung als der der Elektronen postulierte. Kurioserweise geht die heutige, von M. Gell-Mann begründete Theorie davon aus, dass es Teilchen mit einer Ladung kleiner als die oben angegebene gibt. Sie tragen den Namen „Quark".

Nähme man nun diese „Entdeckung" (oder Erfindung?) als letzte Erkenntnis, so kam Ehrenhaft den „Tatsachen" wesentlich näher. Er erhielt dafür aber lediglich eine Auszeichnung der österreichischen Akademie der Wissenschaften.

Warum war das Nobelpreiskomitee so kurzsichtig? Unbestritten war und ist, dass Ehrenhaft wesentlich exaktere Messdaten vorzulegen hatte. Zweierlei Antworten lassen sich geben:

Die erste Position vertritt Th. Kuhn (1961), wenn er feststellt, dass es auch in der Physik sogenannte „self-fulfilling prophecies" (S.43) gibt, genauso wie man das aus den Sozialwissenschaften kennt. Das heißt umgangssprachlich ausgedrückt, dass vorhergesagte Ereignisse genau deshalb eintreten, weil sie vorgesagt wurden. Man tendiert dazu zu finden, was man sucht.

Instrumente und Messungen werden unleugbar, so wie das schon Ibn al-Haytham machte, nach theoretischen Desideraten entwickelt. Diese Geräte bestätigen dann nahezu zwangsläufig die Ausgangstheorie, tun sie das nicht, werden sie als nicht funktionstüchtig eliminiert. Es „geht der Apparat nicht mehr", wie das H. Dingler (1933, S. 62) bezeichnete. Es besteht also zwischen Experiment und

132 | Es ist nahezu unvermeidbar darauf hinzuweisen, dass zur selben Zeit in Amerika der sogenannte „Pragmatismus" von W. James und anderen als sozialwissenschaftliche Schule entwickelt wurde. Dieser Ansatz psychologisiert und individualisiert soziale Phänomene. Er steht in eklatantem Widerspruch zu ganzheitlich-holistischen Ansätzen wie sie in Frankreich (E. Durkheim) und Deutschland (M. Weber) vertreten wurden. Rutherford vertritt offenkundig die gleiche Sicht wie W. James, J. Dewey u.a. und transponiert sie in die Natur.

Theorie bzw. Denken, Sprache und Handeln eine Zirkularität. Abstrakte Vorstellungen werden verwirklicht bzw. inszeniert. Allerdings gilt hier zusätzlich auch das von Th. Kuhn so bezeichnete vierte und fünfte Gesetz der Thermodynamik. Diese lauten: Keine experimentelle Apparatur funktioniert beim ersten Mal. Kein Experiment produziert das erwartete Ergebnis (Kuhn, 1961). Darauf kommen wir etwas weiter unten noch einmal zurück.

Unvermeidbar wird im Augenblick die Frage, woher diese zu verwirklichenden Vorstellungen kommen.

G. Holton (1978) berichtet, dass Rutherford der Vorsitzende der Konferenz in Winnipeg war. Dieser äußerte sich einführend in einer öffentlichen Ansprache dezidiert so: die „atomistische Sicht" würde das angelsächsische Temperament besonders ansprechen. Dieser Vorstellung entsprach Ehrenhafts Alternative von einem möglichen Kontinuum nicht.

Das „angelsächsische Temperament" ist allerdings ein Kulturprodukt. Und das ist zugleich die zweite mögliche Antwort auf obige Frage: Es handelt sich um ein Kulturprodukt.

Es ist kein Geheimnis, dass die genannte Kultur einen ausgeprägten Hang zum Individualismus hat.[133] Ehrenhaft, der einer anderen Kultur entstammte, kümmerte sich darum wenig[134]. Wie auch aus seinen späteren Arbeiten über magnetische Monopole, die Photophorese und aus seinen kritischen Vorlesungen an der Universität Wien unübersehbar hervorgeht, stellte er Dogmen prinzipiell in Frage. Er kümmerte sich schlicht zu wenig oder gar nicht um die Vorgaben der Denkhegemonen, die anscheinend großen Einfluss auf das Nobelpreiskomitee ausüben konnten. Seine Messdaten stellten offenbar diese atomaren Vorgefasstheiten in Frage. R.A. Millikan entsprach hingegen nicht nur den Erwartungen seiner Patrone, sondern war auch bereit, seine eigenen Messdaten solchen Anforderungen anzupassen.

Wissenschaftskulturen

Mit der Erfindung der „Quarks", die aufgrund mathematischer Operationen antizipiert wurden, entkam die Physik zunächst einem Dilemma, das fast schon ein Verwerfen der atomistischen Grundposition nahelegte – allerdings nur „fast".

133 | In einer Tageszeitung (DER STANDARD, 22./23. Feb. 2014, S. 6) lese ich folgenden Kommentar eines amerikanischen Akademikers jüdischer Herkunft zu einem Buch von Amy Chua: „Er lehne es ab, sich über eine Gruppe zu definieren, das passe nicht zu Amerika. ‚Unser Credo ist doch gerade, dass es auf den Einzelnen ankommt und wir keinen in eine Schublade stecken.'" Warum das so ist, erklärte ich ausführlich in früheren Arbeiten (Schmutzer, 1994).

134 | F. Ehrenhaft lebte während des zweiten Weltkriegs in der Emigration in den USA. Er war einer der ersten, die bereits 1947 in das damals wenig attraktive Wien zurückkehrten. Auch das sagt einiges über seinen Charakter aus.

Zwar hatte die Hochenergiephysik der zweiten Hälfte des 20. Jahrhunderts empirisch, mit Hilfe ihrer Beschleuniger, einen von Physikern selbst so genannten „Teilchenzoo" geschaffen, der aus einigen hundert verschiedenen Typen bestand, die alle Anwärter für das letzte, kleinste Teilchen – eben das ursprüngliche „Atom" – hätten sein können. Damit stand man allmählich vor der, meines Wissens allerdings nie ausgesprochenen, Versuchung, der inzwischen verdrängten und vergessenen Vermutung Ehrenhafts näher zu treten, dass es sich doch um ein Kontinuum handeln könnte. Ob dieses Kontinuum nun eine arithmomorphe Struktur oder eine dialektische gehabt hätte, bleibe offen.

Zunichte gemacht worden wäre allerdings die alte Praxis binärer Kodierungen. Damit wäre vermutlich auch die alte aristotelische Vorstellung von unbegrenzt aufteilbaren Substanzen, die ebenfalls die archaischen Dichotomien der Griechen unterlief, oder gar die Ewigkeit des Universums neuerlich zur Diskussion gestanden[135]. Nicht übersehen sollte man in diesem Kontext, dass derartig widerständige Vorstellungen den Überlieferungen aus der judeo-christlich-islamischen Tradition widersprechen und daher, so wie damals im 16. und 17. Jahrhundert, mit „Denkverboten" belegt werden. Auch hier sind eben Kulturen am Werk!

Wie jedoch das Schicksal so spielt, legen jüngere Entwicklungen in der Physik der wechselwirkenden Mikroteilchen, der Vielteilchentheorien, der Quasiteilchen oder ähnlicher Ansätze nahe, dass möglicherweise die Tage der Atomphysik alter Prägung trotz allem abgelaufen sind und alternative Vorstellungen von dialektischen Kontinua und Ganzheiten heute vielleicht angemessener scheinen. Allerdings wäre dazu gleichzeitig eine Kulturrevolution vonnöten, die sich schwerlich ohne begleitende gesellschaftliche „Umstürze" ergeben dürfte.

Einen alternativen Weg[136] aus diesem radikalen Szenario scheint eine andere Novität in der Physik anzubieten, der „Quanten-Bayesianismus"[137]. Dieser Ansatz bezweifelt, dass die Wellenfunktion aus Schrödingers Wellenmechanik die Realität der Ausbreitung elektromagnetischer Wellen adäquat beschreibt. An deren Stelle tritt in der Tradition von Th. Bayes eine Wahrscheinlichkeitsverteilung, welche nur mehr als eine korrigierbare Annahme eines Individuums betrachtet wird.

Damit nähert man sich unübersehbar al-Farabis Sichtweise an. Denn nun wird noch deutlicher als durch W. Heisenbergs Ansatz zwischen einer „Welt in den Köpfen" und einer „Welt des Seienden" unterschieden. Doch damit ist der Bezug noch nicht abgeschlossen. Letztlich führt nämlich dieser Ansatz dazu, das

135 | Dass der dazu konträre, kreationistische „Mythos Urknall" trotzdem auch heute von manchen widerspenstigen Physikern hinterfragt wird, belegen Publikationen von Physik-Nobelpreisträgern, wie etwa R.B. Laughlin (2007). Aktuell wären die Arbeiten im Kontext eines sogenannten „Rainbow-Universe" zu nennen. In diesen Ansätzen hat Zeit und das Universum keinen Anfang. Dazu: Moskowitz C. (2013).

136 | Für diesen Hinweis danke ich H. Hendrich.

137 | Siehe dazu: Schmutzer M. (2015), Kapitel IX.

revolutionäre Postulat aufzustellen, dass beispielsweise vor einem Experiment ein Elektron weder Geschwindigkeit noch Ort besitzt. Alle diese Annahmen finden sich nun nur mehr in den Köpfen der Experimentatoren. Erst im Messvorgang werden die genannten Eigenschaften, d.h. Geschwindigkeit oder Ort, geschaffen. Zu vermuten bleibt, dass sich nun auch das Elektron nur mehr dort, d.h. in jenen Köpfen befindet.

Ch. A. Fuchs, einer der Proponenten des Quanten-Bayesianismus, meint dazu Folgendes:

„With every measurement set by an *experimentor's free will* (m.H., M.S.), the world is shaped just a little as it participates in a kind of moment of birth."[138]

Mit solchen Aussagen müsste über alle Zweifel deutlich werden, dass unsere Physik wieder bei al-Farabi angelangt ist bzw. wir von ihm und seinen Zeitgenossen noch einiges lernen könnten.

Am Ende dieses Exkurses sei noch eine abschließende Anmerkung deponiert. Denker wie Francis Bacon, ja sogar schon Augustinus, vertraten die Meinung, dass unsere Erkenntnis der Natur kumulativ wäre und einem ständigen Prozess der Wahrheitsannäherung gleichkomme.

In Anbetracht der Wissensinhalte, die z.B. al-Farabi oder Ibn al-Haytham vorgeschlagen haben, wird der alte Glaube an erstmalige Erkenntnisfortschritte des Abendlandes in der zweiten Hälfte des zweiten Jahrtausends unübersehbar erschüttert. Einem derartigen Fortschrittsdogma kann auch ich mich nicht anschließen und freue mich demnach, darauf hinweisen zu können, dass auch andere daran zweifeln. Eine mit solchem Glauben an das Abendland einhergehende, offensichtlich eurozentristische Position[139] wurde nämlich nicht einmal von Sir Karl R. Popper (1934/35; 1963) vertreten. Und andere, wie z.B. I. Lakatos[140], verwarfen sie ebenfalls, wie auch Th. Kuhn sie zwangsläufig unakzeptabel findet - um nur einige zu nennen.

Um aber einer Vorstellung schon vorweg entgegen zu treten, dass dies alles nur die Phantasien von Philosophen, Wissenschaftssoziologen oder anderen Sozialwissenschaftern wären, verweise ich noch einmal auf H. Poincaré (s.o.), der nicht nur Physiker, sondern auch Mathematiker war. Warum seine weitreichenden Erkenntnisse trotz bedeutender Auszeichnungen gleichfalls wenig Widerhall fanden[141], dürfte eben derartig dominanten Milieus zuzuschreiben sein, aus denen sich ein Denkhegemon zusammensetzt.

138 | Zit. nach Baeyer H. Ch. V., (2013).

139 | Rashed R. (1984).

140 | I. Lakatos, Musgrave A., Hg., 1970.

141 | In der Internet Encyclopedia of Philosophy wird dieselbe Frage gestellt und zumindest mit Bezug auf die von Poincaré entwickelte Chaostheorie wie folgt beant-

Der Traum des Inquisitors

Es war ein verregneter Tag im Monat Mai. Wie üblich saß ich vor meinem Computer und blickte etwas müde durch mein Fenster in die eintönige, graue Welt. Gestaltlos sprühte Regen aus dem nebelhaften Grau. Doch an irgendeiner Stelle hob sich unerwartet, wellenhaft eine Unstetigkeit aus diesem Allerlei. Sie wuchs und spaltete sich in zwei Erscheinungen, die näher und näher kamen. Bei genauerem Hinsehen erschienen sie wie menschliche Gestalten, doch milchig transparent. Und sie rückten näher und näher und wuchsen zugleich zur Größe von erwachsenen Personen. Wie Phantasiegestalten trugen sie seltsame Kleidung und entboten mir einen unüblichen Gruß. „Salaam aleikum, Friede sei mit dir!" „U aleikum as salaam!"

Wem verdanke ich die Ehre solch unerwarteten Besuchs? „Abū'Alī al-Ḥasan ibn al-Ḥasan ibn al-Haytham" sprach der eine und der andere sagte: „Abu Nasr Muhammad al-Farabi".

So standen sie nun vor mir, etwas transparent, aber unverwechselbar, jene zwei, um deren Denken sich meine Gedanken seit Wochen, Monaten und länger drehten.

Meine wiedergeborenen Besucher aus dem 10. und 11. Jahrhundert eröffneten mir nun die Chance, die Fragen, die ich theoretisierend oftmals gewälzt hatte, jetzt direkt an sie selbst zu richten. Doch wie sollte ich mich verständlich machen, ihnen verständlich machen, was sie nicht wissen konnten? Würden sie darüber hinaus selbst nach einer angemessenen Einführung in die Teilchenphysik in der Lage sein, eine Meinung, ihre Meinung, dazu zu äußern ?

Al-Haytham war nicht nur kein Atomist. T.J. Debroer (1901) charakterisierte ihn als Aristoteliker, der die Philosophie als Basis aller Wissenschaften betrachtete. Er war auch kein dezidierter Anhänger der Arithmetik, sondern eher einer der Geometrie. Vor allem aber war er gegen Spekulation und Theoretisieren; vielmehr meinte er, dass man sich an empirisch gewonnenen Erkenntnissen orientieren müsse.

---

wortet: „Why was Poincaré's research neglected and underestimated? The problem is interesting because Poincaré was awarded an important scientific prize for his research; and his research in celestial mechanics was recognized to be of fundamental importance. Probably there were two causes. Scientists and philosophers were primarily interested in the revolutionary new physics of relativity and quantum mechanics, but Poincaré worked with classical mechanics. Also, the behavior of a chaotic deterministic system can be described only by means of a numerical solution whose complexity is staggering. Without the help of a computer the task is almost hopeless." (http://www.iep.utm.edu/poincare/) Dass hier weitere mögliche Erklärungen wiederum übersehen wurden, sollte nach der Lektüre meiner zwei jüngsten Bücher klar geworden sein.

So vermutete ich, dass sich Al-Hazen mit Bestimmtheit einer Sichtweise anschließen würde, die H. Dingler formulierte, als er schrieb:

„Exakte Wissenschaft ist nicht ein lebensfremdes Rechnen (es ist immer nur Hilfsmittel) - sie ist in erster Linie eine Realisierung reiner Ideen durch manuelles Machen."[142]

Auch al-Farabi würde sich vermutlich dieser Position anschließen können.

Doch würden unsere gigantischen Versuchsanlagen Ibn-al-Haytham noch als geeignete Einrichtungen zur Realisierung reiner Ideen durch manuelles Machen erscheinen? Natur folge nicht irgendwelchen mathematischen Vorgaben, meinte er. Man sollte zwar seiner Meinung nach die empirischen Ergebnisse nach Möglichkeit in mathematischer Form darstellen, doch die meisten Erkenntnisse der jüngeren Elementarteilchen-Theorien sind umgekehrt post-hoc Bestätigungen mathematischer Modelle. Die Natur folgt demnach aus moderner Sicht mathematischen Vorgaben. Aktuellstes Beispiel dafür liefert das „Higgs-Boson", dessen empirische Existenz unlängst im CERN lautstark gefeiert wurde. Höchste Akkreditierung dieser Berechnungen wurde durch Zuerkennung des Nobelpreises an P. Higgs ausgesprochen.

Und würde nun al-Farabi gleichfalls befragt, so dürfte ihn vorrangig die Frage beschäftigen, wie weit heute gängige Prinzipien der Lehre, so wie das schon von Aristoteles praktiziert wurde, als Prinzipien des Seienden ausgegeben werden.

Al-Farabi erklärte ja unter anderem, dass Mathematik der einzige Bereich sei, wo Prinzipien der Lehre mit den für sie spezifischen Prinzipien des Seienden identisch seien. Mathematik sage uns zwar, was etwas ist, ohne allerdings mitzuteilen, dass es im Bereich des Seienden tatsächlich ist. Die Welt bestehe zwar aus allen Dingen und jenen Gegenständen, die sich darin befinden, so wie etwa mathematische Gegenstände, die nur in den Köpfen existieren. Ob sie auch in anderen Dingen existieren, sei ungewiss.

Und nun erleben die beiden nach ihrer Wiedergeburt im 21. Jahrhundert die Dominanz von mathematischen, arithmomorphen Kontinua, mit deren Hilfe die Existenz von seienden Dingen in der Natur prognostiziert wird und deren Existenz dann mittels gigantischer Experimentiermaschinen bestätigt wird.

Ihre Überzeugung, dass anders als bei Platon die Objekte der Mathematik nicht als eigenständige „Ideen" existieren, die entdeckt werden, sondern dass sie durch Abstraktion von materiellen Dingen geschaffen werden, würde sie an den modernen Darstellungen zweifeln lassen. Bestätigen diese Maschinen tatsächlich die Existenz von binär kodierten Elementarteilchen, deren Widersprüchlichkeiten mit den Regeln der Mathematik gar nicht zu fassen sind. Oder erzeugen sie diese Elementarteilchen erst, samt den Widersprüchen, die daher rühren, dass unterschiedliche mathematische Methoden zum Einsatz kommen? Werden diese Teil-

142 | Dingler H. (1933), Vorwort II.

chen durch Mathematik erzeugt und dann durch Maschinen willentlich realisiert, ähnlich wie Gebäude, ganze Städte oder Flugschiffe? Oder ist die Natur tatsächlich nach den Prinzipien der mathematischen Lehre gestaltet?
Fragen über Fragen! Doch, wo beginnen?

Al-Farabi würde mit Gewissheit die Position vertreten, dass alle diese dichotom kodierten Phänomene, wie Materie – Antimaterie, positive – negative Ladungen, Welle – Teilchen, Masse – Energie, Elektronen – Positronen, und die noch kleineren Elemente, wie Quarks etc., zwar erstaunliche, aber trotzdem Produkte unseres Willens sind. Der menschliche Wille transponiert sie aus der Abgeschlossenheit des Denkens, in dem die Prinzipien der Lehre dominieren, in eine neue Realität, die aber nicht mit der ursprünglichen Natur verwechselt werden sollte.

Die Fragen werden mehr, statt weniger. Wenn es so wäre, dass diese Dichotomien nur realisierte Ergebnisse unseres Denkens und unseres Willens sind, dann wäre zu klären, woher diese dichotomen Gegensätzlichkeiten rühren.

Die Antwort spukte mir durch den Kopf: Sie könnten Resultat soziomorpher Transplantationen sein. Die kulturell gepflegten und überlieferten Präferenzen, die das einzelne, eigenständige Individuum zum obersten politischen Wert küren, legen auch eine Weltsicht und -interpretation, nämlich den Atomismus, nahe, der zur Bestätigung und Legitimatiom dienen soll. Zwischen „Ich" und „Du" klafft eine unschließbare Lücke, die das Dogma eines weltumspannenden Wettbewerbs zu schließen verbietet. „Sie" und „Wir" müssen getrennt werden, so wie Materie und Antimaterie, denn ansonsten vernichten sie sich gegenseitig.

Und weitere Gedanken schossen mir durch den Kopf.

Gerade deshalb werden in den Laboratorien derartige Ganzheiten unter Beschuss genommen. Sie haben so wie jedes Kontinuum Grenzen und weisen somit gegensätzliche Extremwerte auf. Doch die Gegensätze ergänzen sich und formen erst dadurch das Ganze. Sie sind durch ein lückenloses Band miteinander verbunden. Platon bezeichnete dieses Band als „Eros". Doch unter Beschuss genommen, werden die Kontinua zertrümmert. Dadurch werden zugleich jene Vorstellungen post hoc geschaffen, die dann nahelegen, dass es sich bei den Trümmern um natürliche Bausteine handeln würde, die angeblich nicht mehr weiter zerlegt werden könnten. Tatsächlich wird aber heftig an neuen, wirkungsmächtigeren „Geschützen" gearbeitet, die auch diese Teilchen weiter zerkleinern können sollen. Aristoteles hätte seine Freude dran.

Die Geschichte der experimentellen Physik legt ja ähnliches nahe. Umso stärker die Geschütze werden, umso kleiner werden die Teile. Am Ende dieser Zertrümmerungen steht dann eine Vorstellung, nämlich die eines arithmomorphen Kontinuums aus masselosen Punkten. Und jedem dieser Punkte kann angeblich eine spezifische, einmalige Zahl zugeordnet werden. Um solchen Vorstellungen näher zu kommen, werden dann neue Experimente veranstaltet, die diese Maßzahlen zu liefern haben, $4{,}69.10^{-10}$ esu oder so.

Und weiter sprangen meine Gedanken. Diesen Zusammenhang zwischen den wissenschaftlichen Entwicklungen und den sozio-kulturellen zeigte ja wiederum die Geschichte:

Obwohl das Interesse an Messungen vor der Neuzeit verschwindend war, lässt sich ab dem 12. Jahrhundert eine zunehmende Tendenz ausmachen, theoretische Konzepte zu quantifizieren (s.o.). Diese Tendenz zeigte sich allerdings nicht bei der breiten Masse der Landbevölkerung, den Gutsherrn, Leibeigenen und Hörigen, sondern in den Städten und Klöstern, die den nötigen Nährboden für einen aufblühenden Individualismus bereitstellten[143].

Im Schwange eines, sich bezeichnenderweise zur gleichen Zeit etablierenden neuerlichen Platonismus entwickelte z.B. Thierry von Chartres die Vorstellung, dass die Ordnung der Dinge durch Zahl und Maß festgelegt sei[144], was sich auch aus Platons Liebe für die Pythagoreer ergab.

Andererseits ruhte die Naturwissenschaft des Mittelalters fest in der Tradition der Physik des Aristoteles, welche eine qualitative Physik war. Phänomene wie Geschwindigkeit, Hitze oder Farbe waren unmessbare Eigenschaften (Qualitäten), die Körpern zukamen, ähnlich wie der Zustand der Gnade oder Sünde den Menschen. Solche Qualitäten waren, wie in der griechischen Tradition üblich, binär codiert. Es existierten Paare von gegensätzlichen Qualitäten[145].

Diese Art von Codierung stellt die elementarste Form der Etablierung von Ordnung dar. Ihre Funktionsfähigkeit wird durch eine unhinterfragte Tradition und durch Schlichtungsmechanismen gewährleistet, die für mögliche Streitfälle Interpretationsautoritäten wurden[146]. Der Ursprung dieser Ordnung liegt in einer schlichten „Wir-Sie"-Sicht. Wir die Gruppe von Freunden, sie die Feinde, Widersacher, Fremden. Dieselbe Entwicklung fand auch im Islam statt: wir, die brüderlichen Muslime im Haus des Friedens – sie, die Ungläubigen und Feinde im Haus des Krieges. Dieses Haus des Friedens war ein Ganzes, so wie die griechische Polis. Aristoteles vertritt diese Sichtweise mehrfach.

Ein derartiges Organisationsmuster bewährt sich, solange sich Tradition bewährt und Autorität nicht hinterfragt oder durch andere Autorität relativiert wird. Sind diese Voraussetzungen nicht erfüllt, entsteht Dissens und Konflikt. Auch das ist uns und meinen Gästen aus dem zehnten Jahrhundert vertraut. Sie kennen dies aus der Entstehungsgeschichte einer islamischen Rechtswissenschaft. Dichotomien bewähren sich allerdings auch dann nicht, wenn als Folge sozialer Entwicklungen neue gesellschaftliche und politische Gruppierungen entstehen oder bedeut-

143 | Zahlreiche historische Studien belegen diese Entwicklungen. Ich verweise der Einfachheit wegen nur auf M. Weber (1922).

144 | Crombie, (1961).

145 | Diese Art der Codierung ist übrigens keine griechische Spezialität, sondern in vielen Kulturen weit verbreitet (Lévi-Strauss, 1962; Leach, 1976).

146 | Siehe dazu: „Die Vernunft vernimmt", dieser Band.

sam werden, die von solchen Dichotomien negativ betroffen sind oder betroffen wären, wie etwa die persische Elite. Dann besteht Bedarf an der Erzeugung neuer sozialer Kontinua, die dialektisch sind und Widerwärtigkeiten überbrücken lassen.

In Europa war das 12. und 13. Jahrhundert gekennzeichnet durch eine rasante Entwicklung der Städte und des Handels, des Kapitals und des Zinsnehmens, genauso wie im Morgenland des siebten, achten und neunten Jahrhunderts[147]. In solchen Umwelten werden an Stelle von Dichotomien Kontinua benötigt, die Verhandlungsspielräume schaffen und zulassen. Zwei völlig voneinander getrennte Welten sind hier wenig von Nutzen. Mit dem Verschwinden der Differenz zwischen „Wir und Sie", verschwindet auch das „Wir" und weicht einem „Ich". Eine Welt aus „Ich"s ist aber eine individualisierte Welt. Dieser Prozess lässt sich am besten anhand von Sprachstudien nachvollziehen[148].

Quantifizierungen dienen der Konsenserzeugung, sie müssen nicht unmittelbar zu Messungen führen. Ibn al-Haytham in seiner Klausur, allein gelassen mit einem sich daraus ergebenden notwendigen Glauben an die Beweiskraft von Experimenten, technischen Geräten und Messung, hatte wenig andere Wahl. Nur mithilfe detailreicher Messdaten konnte er hoffen, dass seine Ergebnisse auch überzeugen würden. Ein Konsens schaffender, dialektischer Diskurs war ihm verwehrt. Sich selbst überlassen, begründete er eine individualistische, monologische Wissenschaftskultur. Seiner intellektuellen Herkunft nach war er aber Aristoteliker, ganz ähnlich wie sein etwas älterer Kollege, al-Farabi.

Als solche lehnten sie Atome ab. Wer Atome ablehnt, muss alternativ auf Kontinua setzen und zwar auf dialektische Kontinua, die ein Ganzes sind. Es handelt sich bei diesen um „Größen" und nicht um Anhäufungen von Zahlen. Mit denen sind sie inkommensurabel. Daraus resultierten auch ihre „Zweifel an den Atomen", der „Schukuk al dharrah".

All das schoss mir in Sekundenschnelle durch den Kopf, während ich den verflixten Anfang zu einer Befragung, einer Inquisition zu finden suchte. Und gleichzeitig fragte ich mich, wie werden die zwei Wiedergeborenen auf die Ergebnisse unserer Physiker reagieren? Ich vermutete in zweifacher Weise. Sie werden zunächst die Versuchsanordnungen ablehnen und darauf bestehen, dass alle diese experimentellen Resultate eben Fabrikationen innerhalb einer unvollkommenen Welt sind. Diese Machwerke können aber aus ihrer aristotelischen Sicht nicht beweisen, dass die Welt auch so beschaffen sein muss, wie unsere Physik behauptet. Ähnlich wie H. Dingler (1928; 1938) wird zumindest al-Farabi meinen, dass „das Experiment" „technisches Handeln" sei, wobei dieses technische Handeln von Ideen und Vorstellungen und einem Willen geleitet wird, also Vorstellungen, die als

147 | Zins war dort allerdings „haram", d.h. nicht erlaubt.

148 | Sehr anschaulich vermittelt dies U. Eco (1980).

Abstraktionen in den Köpfen herumspuken. In den Instrumenten werden diese Ideen materiell verwirklicht und finden so ihre Darstellung.

Die Meinungen der beiden muslimischen Wissenschafter mögen aber vielleicht in dieser Hinsicht auch auseinanderklaffen. Denn Ibn al-Haytham glaubte, dass mit Geräten die Wirklichkeit abgebildet und überprüft werden könne. Er forderte ja den Bau von mechanischen Modellen als Nachweis für eine korrekte Beschreibung der Planetenbewegungen ein. Al-Farabi hingegen dürfte eine andere Position vertreten, nämlich, dass die Geräte den Vorstellungen angepasst werden. Sie werden, so dürfte er argumentieren, solange „verbessert", bis die Ergebnisse den Vorstellungen entsprechen.

H. Poincaré würde hingegen, wenn er diesem Gespräch beiwohnen würde, eine gegenteilige Sicht einbringen. Er würde vermuten, dass nicht in den Instrumenten der Fehler liege, sondern in den Hypothesen, und diese entsprechend überarbeiten.

In der Praxis der Forschung kommen allerdings beide Strategien zum Einsatz. Millikans Umgang mit seinen Messergebnissen demonstriert anschaulich die vorige These. Teleologische Motive bestimmen die Produktion der Apparate.

Es wäre hier schön zu wissen, was Aristoteles zu diesem Vorschlag zu sagen hätte. Doch dieser „größte Lehrer" blieb so wie Poincaré in der Unterwelt. An seiner Stelle könnte ich vielleicht einen zeitgenössischen Physiker und Philosophen zu Hilfe rufen, etwa B. d'Espanat (2006). Dieser langjährige Forscher am CERN besteht darauf, dass ähnlich wie dies al-Farabi meinte, Natur in der experimentellen Erfahrung bestenfalls als jene Grenze sichtbar wird, die technischer Manipulation nicht länger zugänglich ist. Doch um auch diesen zu dem Gespräch einzuladen, dazu fehlte die nötige Zeit.

Ich wende mich also endlich an al-Farabi. Für ihn stellen experimentelle Produktionen und Aufführungen kein Problem dar. Natur betrachtet er ja als unvollständig, und folglich könne man intervenieren und neue Welten schaffen. Menschlicher Wille kann Erscheinungen erzeugen, solange bis er eben an eine Grenze stoßen wird. Ein Beispiel liefere dafür etwa ein Vakuum, das ja in der Natur nicht vorkomme. Dann spätestens sei allerdings seiner Meinung nach ein Beitrag der Politik gefragt. Denn es ist nicht gesagt, dass selbst solche Grenzen unverrückbar sind. Dies sei nur eine Frage der Kapazität der Zertrümmerungsmaschinen.

Befragt, ob sich unter solchen Vorgaben Alternativen anbieten würden, meinte al-Farabi, dass man von der Erzeugung irgendwelcher minimaler Partikel Abstand nehmen solle. Seines Erachtens schiene es nämlich gewinnbringender, sich statt mit der Zerstörung von Ganzheiten mit deren Qualitäten zu befassen und die Bedingungen zu studieren, die deren Erzeugung, nicht deren Zerstörung möglich machen. An dieser Stelle verwies er erwartungsgemäß auf den „göttlichen Platon", dem der Gastgeber und Inquisitor der beiden Wiedergeborenen ja kritisch gegenübersteht.

Alpharabius meinte aber auch, dass es nicht Naivität gewesen sei, die Platon im Timaios veranlasste, geometrische Grundelemente als Bausteine für seine Ideen zu postulieren[149]. Denn mithilfe geometrischer Figuren wäre man erst imstande, jene bedeutenden qualitativen Unterschiede zu berücksichtigen, die durch schlichte Addition von qualitätslosen Zahlen keine Berücksichtigung fänden. Und er betonte zur Veranschaulichung mit Nachdruck, dass eben ein Tetraeder nicht dasselbe wie ein Hexagon sei, und ein Würfel und ein Oktaeder auch nicht gleichwertig seien, obwohl sie aus derselben Anzahl von Elementen bestünden.

Mit der Zertrümmerung von Ganzheiten hingegen, wie das unser empirischer Atomismus praktiziert, seien derartige Unterschiede nicht zu fassen. Und – die ihn seltsam anmutende Suche nach jenen Akzidenzien, die die angeblichen Elemente zusammenhalten und die wir als „Ladungen u.ä." bezeichnen, sei müßig, oder, um es griechisch auszudrücken, nichts als „Schole", Hypostasierung von Prinzipien der Lehre. Man müsse, so meinte er, vor allem solche Qualitäten studieren, die sich aus unterschiedlichen Konnektivitäten ergeben. Dann würden sich die erwähnten Akzidenzien als Attribute von Ganzheiten erweisen und nicht als jene ihrer Elemente.

Allerdings, so dozierte er weiter, und Ibn al-Haytham stimmte ihm bei, würde ein derartiger Forschungsansatz den manifesten Interessen der „Mutakalimun" und derjenigen zuwiderlaufen, in deren Dienst sie stehen. Die irregeleiteten Herrscher dieser Epoche produzierten in erschreckender Weise unnötige Güter. Diese Güter lieferten aber jene Instrumente, die in der Politik dieselbe Funktion erfüllen würden wie die Zertrümmerungsmaschinen in den Experimentieranstalten. Auf den Einwand, dass es hierzulande keine Mutakalimun gebe, antwortete er, das sei nicht relevant, ausschlagend sei einzig die atomistische Orientierung und die Unterdrückung des Studiums der Konnektivitäten.

An Ibn al-Haytham, der im Zuge seiner eigenen Arbeiten die Position vertrat, dass mechanische Modelle die Richtigkeit von theoretischen Annahmen beweisen könnten, richtete ich daher die Frage, ob er al-Farabi zustimmen könne. Er ließ mit seiner Antwort etwas auf sich warten. Doch nach einigem Schweigen stellte er eine Gegenfrage: Woher, so wollte er wissen, kämen denn die konkreten Spezifikationen der Messgeräte? Deren Präzision würde ja schließlich die Qualität der Ergebnisse und ihre Beweiskraft ausmachen. Einer kurzen Einführung in die Bedeutung technischer Normen bei der industriellen Herstellung der Experimentiergeräte folgte eine neuerliche Gesprächspause. Nach einer Weile stellt er neuerlich eine weitere Frage, anstatt endlich die erhoffte Antwort zu geben. Er meinte, dann müsste doch überprüft werden, ob diese Normen mit den Prinzipien der Natur, d.h. des Seienden, in Einklang stünden? Wie würde dies überprüft? Die Antwort konnte nur sein, es erweise sich, indem die Geräte die richtigen Ergebnisse liefern würden. Diesmal antwortete Ibn al-Haytham prompt. Er könne nicht anders, als

149 | Siehe dazu: Schmutzer M. (2011), Kap. VIII.

sich der Position al-Farabis anschließen, dass heutige Experimentalanlagen nicht Prinzipien der Natur nachweisen, sondern nur jene der Lehre realisieren würden – und daran zweifle er keinesfalls länger. Das bedeutete in anderen Worten, experimentelle Erfahrung sei nicht Beobachtung eines in der Natur schon Vorhandenen, sondern eine über Handlungen gemachte Erfahrung der Veränderbarkeit der Natur. Daher müsse man wohl dem großen Meister der Antike zustimmen. Naturerkenntnis könne nur aus einer nicht-eingreifenden Beobachtung gewonnen werden. Sobald diese Regel missachtet werde, werden angebliche „Naturgesetze" bestenfalls Möglichkeits- oder Unmöglichkeitsräume abstecken. Dem Begriff „Natur" komme dann eine gänzlich andere Bedeutung zu: er mutiere zu jener Grenze, wo Technik machtlos werde. Regelmäßigkeit existiere nicht in der Natur, sie würde erst über Apparate erzeugt[150]. Realität wäre folglich eine nur „jeweilige Realität", wobei al-Hazen daran erinnerte, dass er diese Position schon im zehnten Jahrhundert vertreten habe.

Wir dürfen einmal mehr staunen, weil diese Einsicht jener von Immanuel Kant[151] entspricht, der 1787 feststellte, dass Gesetzmäßigkeit in der Natur zuerst gedacht und dann realisiert würde. In Anbetracht solcher Übereinstimmungen wurden bei mir die letzten Reste eines Fortschrittsglaubens – gänzlich ohne Beschleuniger – zertrümmert.

Diese Einsicht wurde gänzlich unerwartet von einem lauten Krachen begleitet. Der graue Regenvorhang wurde durch einen Blitz zerrissen, der langweilige Regentag fand sein plötzliches Ende in Donner und Gewitterregen. Damit waren allerdings auch meine Besucher aus dem zehnten Jahrhundert mit einem Mal verschwunden.

---

150 | Das verleitet dazu, nochmals auf H. Poincaré (1902) zurückzukommen. Er machte bereits vor R. Thom (1972) darauf aufmerksam, dass Messdaten in Funktionen umgewandelt werden, die stetig sein sollten, da sie ja Gesetzmäßigkeiten repräsentieren sollen. Viele Messdaten erfüllen aber niemals die mathematisch-theoretischen Vorgaben, sondern bilden ein sogenanntes „Punktwolken"-Diagramm. Demnach ist auch ein als solches bezeichnetes Gesetz keine verallgemeinerte Erfahrung. Es korrigiert im Gegenteil die Erfahrung. Darauf haben später auch H. Dingler und die Erfurter Schule genauso wie Th. Kuhn hingewiesen (op. cit.).

151 | „Die Vernunft muss mit *ihren Prinzipien*, nach denen allein übereinkommende Erscheinungen für Gesetze gelten können, in einer Hand und mit dem Experiment, das sie nach jenen ausdachte, in der anderen, an die Natur gehen..." (m.H., M.S.; Kant I. (1781/1787), B XIII, XIV).

Wenn der „Fortschritt" zu weit geht: Zurück in die Zukunft

Wollen wir dem oben genannten römischen Beispiel folgen und unsere eigene Lehre aus der Geschichte ziehen, so ist vorrangig festzuhalten, dass die alte binäre Kodierung wissenschaftlicher Orientierungen obsolet geworden ist. Früher legitimierte einer ihrer Pole, die Wahrheitssuche, über die Formulierung unwiderlegbarer „Wahrheiten" unterschiedlichsten Ursprungs (Natur, Götter, Gott etc.) einerseits die Herrschaft von Oligarchen und Monokraten, andererseits fundierte der gegenteilige Pol jene von demokratischen „Banausen" und Händlern durch empirische „Praxis".

Dieser alte Gegensatz wurde markant in den Jahren nach dem zweiten Weltkrieg applaniert (s.o.) und in ein dialektisches Kontinuum transferiert. Die früheren „Wahrheitssucher" betreiben seitdem „Grundlagenforschung", doch auch sie legitimieren die Herrschaft von Oligarchien. Nur der Übergang zwischen dieser und angewandter Forschung wurde fließend.

Diese Entwicklung wurde durch eine um sich greifende Mathematisierung möglich, weshalb dieses Fach an Stelle der Philosophie bzw. der Fächer des Triviums gesetzt wurde. Die Mathematisierung erlaubte mithilfe einer quantitativen Semantik, einen durchgängigen Diskurs zwischen Politik und Wissenschaft zu etablieren und Politik in die Hände von Plutokraten zu transferieren[152]. Derselbe Vorgang wird gelegentlich auch als „Ökonomisierung" bezeichnet, wobei die Mathematisierung dieser zur Paradewissenschaft erhobenen Sozialwissenschaft nicht zufällig vonstatten ging[153], sondern sich am Vorbild und sichtbaren Erfolg der Physik orientierte. Doch *Mathematik verbietet Widersprüche und erfüllt damit zusätzlich auch die Realisierung der angestrebten Zielvorgaben einer maschinellen Ordnung, die nicht demokratisch sein kann.* Demokratie, als politisches System des Ausgleichs unter Gleichen mittels dialektischer Verhandlungen, wurde dadurch auf binäre „ja-nein"- Entscheidungen reduziert, die bestenfalls in „Wahlen" demokratische Partizipation simulieren.

Politische Legitimation von Staaten wird seitdem über eine mehr als ausreichende Versorgung mit „unnötigen Gütern" erzeugt, deren Attraktivität über fiktionale Welten vorgegaukelt wird. Um aber diese Güter in Überfluss herstellen zu können, wird die gesamte Welt großräumig verwüstet. Doch jener Überfluss an „unnötigen" Gütern wird ausschließlich im Interesse vorgeblich „vernünftiger"

152 | Siehe dazu: die Ausführungen zu W. Petty im Epilog. Schmutzer M. (2015).

153 | Der Prozess setzte, bald nach dem beschriebenen Schritt der Physiker, in der zweiten Hälfte des 19. Jahrhunderts ein. Ein maßgeblicher Vertreter dieser Entwicklung war der österreichische Ökonom Carl Menger. Er propagierte mit Blick auf betriebswirtschaftliche Kalküle den intensivierten Einsatz von Mathematik, um damit auch das Verhalten nutzenmaximierender Individuen zu beschreiben.

Herrscher produziert. Überfluss erscheint deshalb vonnöten, weil allein das Mantra der „economies of scale" die Verwirklichung jener grenzenlosen Akkumulation von Geld und Waffen erlaubt, die Herrschaft signalisieren und ermöglichen. Die von al-Farabi angestrebte Glückseligkeit wird damit nicht erreicht, weder bei den herrschenden Plutokraten und schon gar nicht den beherrschten, durch sinnentleerte Arbeit um ein glückliches Leben betrogenen Produzenten.

Das Pendel wird voraussehbar in die entgegengesetzte Richtung ausschlagen müssen[154], hin zur Wiederbelebung der Langsamkeit, dem Gebot der kleinen Zahl[155] und der antiken Muße – diesmal aber Muße für alle. Muße wird zum einzigen Königsweg aus den Dilemmata unserer Ökonomie und hin zum größtmöglichen Glück für die größtmögliche Zahl.

Wenn in Anbetracht der Erkenntnisse und des Wissens meiner imaginierten Besucher aus dem zehnten Jahrhundert der Glaube an den Fortschritt von Erkenntnis verloren ging und stattdessen die Überzeugung Platz griff, dass *Wissen einerseits immer nur Ausdruck der präferierten Kultur maßgebender sozialer Milieus ist* und folgerichtig *immer nur relatives Wissen sein kann*, andererseits aber solches Wissen *keinen Zuwachs an Glückseligkeit für alle Menschen bringt*, sondern *nur der Bereicherung der Angehörigen privilegierterer Milieus*[156] *dient*, dann wirft man zugleich einen Mythos über Bord, der von den oben genannten „Baconiern" nach dem Vorbild ihres Idols Francis Bacon gepflegt und verbreitet wurde.

Utopia

F. Bacon (1561–1626) hat diesen Mythos in einem Traktat mit dem Titel „Nova Atlantis" begründet. In dieser utopischen Erzählung schildert Bacon eine Gesellschaft nach seinem Entwurf. Sie befindet sich in einem fernen Archipel irgendwo zwischen Amerika und Japan. Die ganze Erzählung ist nicht sehr umfangreich und kann daher leicht nachgelesen werden. Aus diesem Grund erspare ich mir eine längere Nacherzählung und konzentriere mich hier auf das, was wesentlich erscheint. Neuatlantis wird von Gelehrten regiert. Zentrum dieser Gesellschaft ist daher eine wissenschaftliche Institution, die als „Salomons Haus" bezeichnet wird. Höchstes Ziel dieses Gelehrtenstaates ist „The Advancement of Learning", das bedeutet wissenschaftlicher Fortschritt. Um diesen zu erreichen, wird alles gemacht,

154 | Dieser Prozess hat bereits begonnen. Das zeigen nicht nur Studentenproteste etwa an der Wirtschaftsuniversität in Wien, die die „durch und durch mathematisierte Arbeitsweise" (DER STANDARD, 29. Sept. 2014) ablehnen, sondern auch jene alternativen Ansätze, wie sie etwa am „Institute of New Economic Thinking" in New York oder von St. Keen (2011) in Australien erarbeitet wurden.

155 | Dazu: Kohr L. (2002).

156 | Ich erinnere an Veblen T. (1898) der diese Population als „Leisure class" bezeichnete.

was heutige Wissenschaftspolitiker vertreten. Man forscht extensiv in Laboratorien, sammelt Daten über alles und jedes, sendet Expeditionen in fremde Erdteile usw. Diese Sammlungen werden überprüft und sollen schließlich, in einem Kodex zusammengefasst, gestatten, dass das *wirkliche Ziel* erreicht wird, das hinter allen diesen Aktivitäten steht: die *Vergrößerung der Macht der Herrscher*, denn Wissen und Macht sind für Bacon dasselbe.

Solches Wissen ist zugleich geheimes Wissen – es wird über Methoden, Einsatz und Verbreitung dieses Wissens in Bacons Traktat wenig gesagt. Es erstaunt auch, dass trotz der Behauptung Bacons, dass das so gewonnene Wissen allen Menschen schlechthin zugutekommen soll, wir kaum etwas darüber erfahren, welcher „Gewinn" den Menschen dadurch beschert würde. Die regierenden Oligarchen – es handelt sich um einen kleinen Kreis von Eingeweihten – verwalten zwar angeblich die Wohlfahrt des Volkes, doch verraten sie nichts darüber, worin für sie diese Wohlfahrt besteht. Ihr Verhalten ist patriarchalisch und sie selbst werden von einem obersten „Vater" geleitet, zu dem Zugang kaum möglich ist.

Der Politiker und langjährige Geheimdienstler F. Bacon behauptete zwar, dass die dort betriebene Forschung Fortschritt brächte, hüllt sich aber über die Details ansonsten in Schweigen. Dieser Fortschritt wird für eine kleine Zahl der Oligarchen reserviert. Erreicht wird er durch jene Art von Forschung, die auch heute als Inbegriff wissenschaftlichen Handelns gewertet wird – sie ruht in der Überzeugung, dass Rationalität und Empirie zusammengeführt Erkenntnis vermehren. Wissen darüber, was vonnöten wäre, bringen allerdings beide nicht.

„Nova Atlantis" ist eine Utopie. Die erste Utopie, die jemals verfasst wurde, wurde allerdings ein Jahrhundert früher auch in England geschrieben. Deren Autor war ein enger Freund des Erasmus von Rotterdam, des bekanntesten Humanisten seiner und unserer Zeit. Erasmus wird noch heute als Leitfigur in Bildungsfragen betrachtet. Seine humanitäre Einstellung fand ihr Spiegelbild im Leben jenes Freundes, der die erste Utopie (1516/1517) mit dem Namen „Utopia" verfasste. Thomas Morus, um den es sich hier handelt, war so wie F. Bacon Politiker, ja Staatskanzler von Heinrich VIII., der ihn letztlich wegen seiner Prinzipientreue verurteilen und enthaupten ließ. Morus war ein hochgebildeter Mann, der u.a. auch Griechisch beherrschte, eine Fähigkeit, die damals nur wenige vorweisen konnten. Daher beherrschte er auch die Kunst der Rhetorik und der Dialektik. Diese Kunst praktizierte er in seiner Schrift „Utopia" mit größter Bravour. Allein der Titel „Utopia" demonstriert bereits dieses Geschick, denn übersetzt bedeutet er nichts anderes als „einen Ort, den es nicht gibt". Der Ort, den es nicht gibt, befindet sich irgendwo im Südatlantik. Dieses Land unterscheidet sich allerdings vom Neuen Atlantis eines Francis Bacon grundlegend. Denn in dem Inselstaat von Thomas Morus herrscht keine Oligarchie, sondern eine eigenwillige Variante von Demokratie. Auffallend ist, dass in diesem Staat die Gleichen auch nicht gierig um den Erwerb „unnützer Güter" buhlen, sondern im Gegenteil um Bescheidenheit in diesen Dingen bemüht sind. Bescheidenheit und Zurückhaltung propagieren die

Bewohner dieses Landes gelöster Widersprüche als oberste Maxime und Weisheit; ihr Streben gilt der Sorge um die Nächsten. Arbeit jeder Art wird gleichverteilt. Schwere und unangenehme Dienste müssen von jedem für einige Zeit geleistet werden, genauso wie Reichtum nur der Allgemeinheit und keinem einzelnen Bürger zugestanden wird. Doch gerade deshalb geht es allen gut, und keiner wird bei Entscheidungsfindungen in seiner Meinung übergangen. Alle Beschlussfassungen finden öffentlich statt, Bacon'sche Überwachungsstrategien sind unnötig. Pflege des Wissens[157] und der Kunst haben einen hohen öffentlichen Stellenwert und werden bestmöglich gefördert. Alle sind Forscher, Lehrer und Künstler, genauso wie sie gleichzeitig Arbeiter und Politiker sind und uneingeschränkt daher auch alle in den Genuss jener oben angesprochenen Muße kommen können. Höchstes Ziel der Menschen ist es, Glückseligkeit zu erreichen; diese besteht in einem gemäßigten, epikuräisch ausbalancierten, irdischen und weltlichen Genuss des Lebens in angemessener Muße. Trotzdem verabscheuen sie Geld und Gold.

Einmal mehr lässt unser alter, arabischer Freund aus dem zehnten Jahrhundert grüßen[158].

So bleibt nur zu fragen: Muss eine derartige Welt wirklich auf einen Ort beschränkt sein, der nicht existiert?

157 | Anzumerken wäre in diesem Kontext etwas, was S. Bruce mit folgenden Worten ausdrückt: „More satirizes the academic discipline of logic, and its teaching in the schools and universities of medieval and early modern Europe." (Bruce S., Hg., 1999, S. 223).

158 | Mancher meiner Leser wird nun vielleicht lächeln und meinen, dass dies wenig überraschend sei, wären doch beide Platoniker gewesen. Dass diese Beurteilung allerdings nicht den Tatsachen gerecht wird, habe ich schon gezeigt (Schmutzer M., 2015).

Propädeutikum

In der Philosophie spricht man gelegentlich von Paradigmenwechsel. Das bedeutet, dass grundlegende Denkansätze verworfen und durch andere ersetzt werden. Der Wechsel von der vor-sokratischen Philosophie zur Ontologie eines Platon und Aristoteles mag als archetypisches Beispiel genannt werden. Diverse andere ließen sich anführen, doch das platonisch-aristotelische Denken blieb für Europa über zwei Jahrtausende tonangebend. Dieses Denken fand in René Descartes eine Zuspitzung und bei Immanuel Kant eine weitere Vervollkommnung. Die Trennung von Subjekt, res cogitans, und Objekt, res extensa, und das deterministische Denken in Ursache und Wirkung prägte Wissenschaft und Philosophie nicht weniger als den „common sense".

Ein wirkungsmächtiger Paradigmenwechsel setzte im 20. Jahrhundert ein, der von Edmund Husserls Phänomenölogie und Ludwig Wittgensteins Sprachphilosophie ausgelöst wurde. Martin Heidegger kam aus jener widerständigen Ecke. Bald löste er sich aber aus den Vorgaben seines Lehrers Husserl und drängte den phänomenologischen Ansatz in eine neue Richtung, die oft als weiterer Paradigmenwechsel bezeichnet wird. Sein Streben war, die klassische Metaphysik, wie sie etwa zur selben Zeit von E. Cassirer weiterentwickelt wurde, nicht länger evolutionär zu verbessern, sondern schlicht hinter sich zu lassen und durch einen völligen Neubeginn zu entthronen.

Dabei wurde rasch offensichtlich, dass der überlieferte Ansatz tief in Philosophie und Naturwissenschaften verwurzelt war, aber auch unübersehbare Furchen im alltäglichen Sprachgebrauch hinterlassen hat. Kausales Denken bestimmte nicht nur jenes der Physiker, sondern auch das aufgeklärter Schriftsteller und deren Leserschaft. Die umrührerischen Quantenmechaniker zu Beginn des 20. Jahrhunderts hatten daher ihre liebe Not damit.

So kann es nicht überraschen, dass sich Heidegger gleichfalls genötigt fand, seine unüblichen Ansätze von den in der Sprache verwurzelten Denktraditionen zu befreien bzw. sich dem mühsamen Geschäft zu unterziehen, selbst Ausdrucksformen zu entwickeln, die seine Gedanken vermitteln können, ohne zugleich den alleingelassenen Leser auf ausgetretene Pfade zu drängen. Ebenso muss aber ein solcher Leser hinlänglich motiviert werden, die „bittere Medizin" – wenn dieser

Vergleich statthaft ist – einer „Fremdsprache“ freiwillig zu schlucken und den damit angebotenen Gedanken nach-zudenken.

Heidegger könnte daher als historisches Exempel dessen betrachtet werden, was in dem vorliegenden Aufsatz verallgemeinert geschildert wird. Seine Terminologie ist darum bemüht Sprachstücke zu verwenden, die zwar alltägliche Verwendung finden, wie etwa das Wort „man“, „Stimmung“, „Licht“ etc., sie aber in einen unüblichen Kontext zu stellen, der oft genug bereits vorgegeben war, aber mehr oder weniger vergessen wurde. Heidegger wollte vermutlich aus ähnlichen Überlegungen wie sie oben skizziert wurden – vielleicht ähnlich wie die klassischen Dramatiker Griechenlands – „ergreifen“ oder gar eine Katharsis erzeugen, deren Reinigung darin besteht, dass sich im Geist der damaligen Jugendbewegung die Menschen von den alten Klamotten trennen wollen und sich nackt gegenübertreten können. In seinen eigenen Worten will er erreichen, dass sich das „Verstehen“ von den „vulgären Auffassungen des Seienden“ befreien müsse, um „eigens sich in das Dasein in ihm zu verwandeln“ (Heidegger M., GA 53,S. 482). In anderen Worten wiederholt, soll das neue Verständnis intrinsischer Teil des Angesprochenen werden. Deshalb soll und muss jede neue Mitteilung den Leser „an-gehen“, also berühren und angreifen.

Die Aufforderung zu einem neuen Verstehen sollte zugleich auch Sinn machen, denn Sinn ist das, was angeht, es ist ein Gemisch von „empfinden“ und „trachten“.

Sinn wurde in der aristotelischen Philosophie teleologisch gefasst. Der Telos präsentierte sich in diesem System unter anderem als oberste Stufe in dessen Ursachenhierarchie. Dieser Ansatz nötigte aber den antiken Meister, auch dort Zweckhaftigkeit – wobei „Zweck“ nur ein anderes Wort für „Ziel“ oder „telos“ ist – einzufordern, wo nach unserem Verständnis kein Kalkül vorliegen kann. Ein klassisches Anschauungsbeispiel liefert ein Disput zwischen Anaxagoras und Aristoteles, wo der erste die Auffassung vertritt, dass Menschen Tieren deshalb überlegen wären, weil sie Hände hätten, wogegen der Peripatetiker die Meinung vertritt, dass sie Hände hätten, um Tieren überlegen zu sein. Beide argumentieren zwar kausal, doch die Kausalität wirkt in entgegengesetzte Richtungen.

Heidegger liegt mit seinem Ansatz dem Argument des Anaxagoras nahe. Für ihn ergibt sich der Sinn eines Werkzeugs, als welche man auch Hände betrachten kann, aus seinem Anwendungszusammenhang. Eine Dampflokomotive in einem Museum hat einen anderen Sinn als den, den sie vor mehr als einem Jahrhundert etwa in Nürnberg hatte. Der Sinn von Begriffen ändert sich ganz allgemein im Lauf der Geschichte. Daraus folgert er, dass es eben kein ewig gültiges System philosophischer Begriffe geben kann. Begriffe stehen zueinander in einem strukturellen Zusammenhang, der sich ändert. Diesen in stetem Wandel begriffenen Verständnishorizont bezeichnet er als das „Sein“.

Es erscheint folglich nicht selten seltsam, dass sich Heidegger sehr bewusst oft einer Terminologie bedient, die antiquiert oder gar anachronistisch scheint. Begriffe etwa wie „Geschick“, „Hut“, „Geviert“ wären Beispiele dafür. „Lichtung“,

„Stimmung", „Gestell", „Statt", „schonen" rufen zwar anfänglich bestimmte Assoziationen hervor, doch schnell bemerkt der Leser, dass seine Deutung nicht den Intentionen des Autors entspricht. Der Leser wird sich daher entscheiden müssen, entweder eine „neue" Sprache zu erlernen oder auf die Lektüre zu verzichten bzw. sich mit „Übersetzungen" zu begnügen. Nur: Übersetzer transportieren nur Teile des ihnen Anvertrauten. Dafür packen sie häufig etwas dazu, was im ursprünglichen Pack erst gar nicht enthalten war.

Was könnte wohl einen Leser oder eine Leserin dazu bewegen, sich der Mühe zu unterziehen, sich diese „Kunstsprache" anzueignen?

Die Menschen sind verschieden. Manche suchen die sichere Sorglosigkeit der beschränkten Weltsicht. Andere begeben sich auf Reisen und in die Gefahr, als Veränderte und Entfremdete zurückzukehren. Das Risiko, das sie dabei eingehen, besteht darin, dass sie sich dem Geschick des Menschseins entziehen, das darin besteht „zoon politikon" zu sein. Es kann ihnen widerfahren, einsame Einzelne zu werden, so wie es Heidegger letztlich auch erging. S. Blakewell bezeichnet ihn als „einsamen Alten vom Berg". Das mag als Kompliment oder dessen Gegenteil genommen werden. Heidegger selbst würde vermutlich sagen, dem „(Da-)Sein zum Tode" hat sich noch niemand entzogen.

Allerdings steht nirgends geschrieben, dass man sich dem ergreifenden und anstößigen Anspruch des „Alten vom Berg" nicht entziehen kann. Damit soll jedoch keine Aufforderung verbunden sein, sich wieder in den behüteten Bereich des tradierten Verständnishorizonts zu begeben, vielmehr das Gegenteil.

Ich selbst ziehe es vor das Geschick des „Alten" nicht zu meiden, ohne es deshalb schon einfordern zu wollen. Er hat Gigantisches geleistet, doch trotz und wegen dieses gewaltigen Umfangs hat er auch „Holzwege" beschritten. Manche Weiche hat er nicht beachtet und landete so eben an Stellen, wo kein Weg mehr weiterführt. Mein Anliegen ist es daher, an solchen Stellen neue Marken zu setzen und nach anderen Pfaden Ausschau zu halten. Ich bemühe mich aber auch, manche Weiche, die er genommen, ebenfalls zu gehen, jedoch auch eigene andere Entscheidungen zu treffen, die neue Aus- und Einblicke eröffnen. Solche Entscheidungen liegen ja auch im Sinn jenes „Existenzialismus", den Heidegger begründet hat.

Ein Bedeutungswandel von sprachlichen Äusserungen

Heidegger betont stets die Geschichtlichkeit des Daseins und des dieses umhüllenden Sinns. Solcher historischer Zusammenhang wird auch in der Sprache reflektiert. Aus der Historizität ergeben sich Bedeutungsänderungen genauso wie verschiedene Wertigkeiten eines Begriffs. Etwa meinte das Wort „gemeiner Mensch" zunächst nur einen gewöhnlichen Menschen. Heute wird damit ein bösartiger Mensch gemeint. Oder: das Wort „schlecht" wird heute vor allem als das Gegenteil von „gut" genommen. Anfänglich aber bedeutete es „schlicht" und war nicht das

Gegenteil von „gut". Diese Kontrastierung ergab sich erst als Folge einer sozialen Differenzierung, als eine „gute Gesellschaft" sich von der schlichten abzuheben begann, die zur „schlechten Gesellschaft" wurde.

Diese Beispiele veranschaulichen den Bedeutungswandel von sprachlichen Äußerungen. Man mag nun meinen, dass dieser Wandel spurlos vorübergeht. Doch Worte und Begriffe sind integrale Bestandteile einer Sprachstruktur. Ihre Elemente sind auf vielfältige Weise untereinander verknüpft und verwoben. Das mag durch die beispielhaft angeführte Gegensatz-Beziehung erfolgen, wie das bereits Heraklit von Milet beschrieb. Ein „oben" braucht ein „unten", die Nacht den Tag etc. . Wenn etwa wie bei den heute kaum mehr genutzten Wörtern „ungeschlacht" oder „Unfug" und „Ungeheuer" – die ja offensichtlich durch die Anfügung eines „un-" als Gegenteil von etwas gebildet wurden – das „ge-schlacht", die „Fug" oder das „ge-heuer" nahezu unverständlich und vergessen wurden, so heißt das noch nicht, dass sie nicht länger die Bedeutung des verwendeten Wortes weiter mitbestimmen. Es wäre ein Unfug zu meinen, dass „Unfug" irgendeinen Sinn vermitteln könnte, wenn nicht „Fug" ihn vermitteln würde. Mit „Fug und Recht" darf man daher sagen, dass in den Begriffen Bedeutungen konserviert werden, die konkret gar nicht mehr ins Bewusstsein der Menschen treten. Doch sie wirken fort und folglich ist es nicht nur legitim, sondern dringend notwendig, auf Zusammenhänge hinzuweisen und sie wieder ins Bewusstsein zu rufen, wenn man beabsichtigt, neue Verständnishorizonte zu eröffnen.

Auch im vorliegenden Aufsatz wurde dieser Ansatz übernommen. Was gelegentlich als Spielerei erscheinen mag oder als überflüssiges Beiwerk, beabsichtigt auf derartige Kontexte hinzuweisen und zum „Nach-denken" anzuregen.

Der scheinbar willkürlich gesetzte Bindestrich in „nach-denken" ist u.a. ein Versuch darauf hinzuweisen, dass dieses Wort mehr aussagt, als es die übliche Interpretation nahelegt. Es beinhaltet z.B. auch eine Aufforderung anderen, bislang unbekannten Gedanken nach zu folgen. Der Gedankenstrich ist also eine Einladung, die eigenen Gedanken umher-streifen[159] zu lassen. Analoge Einladungen finden sich im nachfolgenden Text oftmals. Es wird hier also der Versuch unternommen, den Leser und die Leserin den angebotenen Vorschlägen geneigt zu machen und mithilfe dieses „Winks" zum Nach-denken aufzufordern.

Dieser zweite Teil der gesamten Schrift ist daher kein intellektuelles „fast food", wie es die bequeme, umsatzgetriebene Medienpolitik einfordern würde. Er ist aber trotzdem nicht „haute cuisine", sondern bemüht sich eher darum paläolithische Kost zu servieren, um so auch den dominanten Geschmack zu hinterfragen und zu widerständigem Überdenken aufzufordern.

159 | „Strich" leitet sich von „streifen" her! Ein „Gedanken-strich" könnte daher auch als Aufforderung verstanden werden, die eigenen Gedanken auf den Gedanken-Strich zu schicken.

Eine letzte Anmerkung zu Heideggers Ausdrucksweise scheint noch angebracht. „Der Alte vom Berg" hat sich absichtsvoll darum bemüht, seine Einsichten in eine unübliche Sprechweise zu kleiden. Anfänglich agierte er ähnlich wie Aristoteles, der einfach Neologismen eingeführt und diese dann definiert hat. In den späteren Schriften hat M. Heidegger davon Abstand genommen. Stattdessen benutzte er umgangssprachliche Ausdrucksweisen und zerrte deren Bedeutungen in den Halbschatten der Nachbarn. Er scheute nicht länger davor zurück, Assoziationen herzustellen, die sprachgeschichtlich nicht gegeben waren. Bei den Worten „Dichtung" oder „Existenz" weise ich im Glossar u.a. auf solche Zusammenhänge explizit hin. Diese seine Vorgehensweise habe ich übernommen. Ein Grund dafür liegt in der Überzeugung, dass erst die Kunst der Dichter die Grundlage zur Erkenntnisfindung schafft.[160] Denn „Dichtung ist die Sage der Unverborgenheit des Seienden". (U.d.K., S. 61)

160 | Siehe dazu: „Verworrene Wege wagen", dieser Band.

Der Kuss der Musen

Von Helikonischen Musen will ich mein Singen beginnen,
die an dem großen, heiligen Berg, dem Helikon, wohnen,
die um die veilchenfarbene Quelle auf zierlichen Füßen
tanzen und rings um die heilige Stätte des Herrschers Kronion.

Hesiod, Theogonie

Prolog

Nachfolgendes Gestammel[161] ist ein Bemühen, in einem stolpernden Tanz um die verschleierte Maja die Schönheit ihres Kults in seiner Gesamtheit wieder zu beleben.

Der Mythos

Die Antike war sicher, dass die Kunst zu ihrer Entstehung göttlichen Beistand braucht. Neun Musen wohnten in der Gefolgschaft des Gottes Apoll am Fuß des Parnass an den kastalischen Quellen, deren Wasser im Mythos die Gabe des Dichtens verleiht. Alle neun Musen sind Töchter der Erinnerungsgöttin Mnemosyne und des allmächtigen Zeus, der durch Poesie seinen Sieg über die Urgötter kultisch feiern lassen wollte. Diese Aufgabe fiel den Musen zu, sie sind folglich Töchter der Macht. Scientia et potentia in idem coincidunt. Helferinnen sind sie eines göttlichen Genius, der die Heldentaten der Sieger so unsterblich macht wie die olympischen Götter selbst. So wurden diese rein geistigen Wesen zu unerschöpflichen Quellen der Künste, Quellgottheiten, die sie stets waren. Nun allerdings waren sie Ursprung und Quelle aller Begeisterung, Inspiration und Kreativität, jedes Gedanken, aller Philosophie geworden. Doch die Musen denken nicht selbst. Die ursprünglichen Quellgottheiten dehnen hingegen die Einbildungskraft des Mannes, weiten dessen Sehnsucht bis in die philosophische Tiefe, in eine spirituelle Ferne,

161 | Siehe dazu auch: „Verworrene Wege wagen", dieser Band.

in die Subtilität der Dialektik und Rhetorik, genauso wie in die Unendlichkeit neuer sprachlicher Formen, der Mathematik und Astronomie. Ihr Anführer ist Apoll, der vielseitig Begabte.

In einer männlich gestimmten Geistesgeschichte wirken Frauen vor allem als erregende Kraft.[162] Sie küssen die geistgeschwängerten Männer, adeln sie solcher Art und erregen deren Phantasien. Ob sie auch Frauen küssen, bleibt ungesagt.

Hat Sappho, die einzige Poetin der Hellenen, ihre Inspirationen auch durch den Kuss einer Muse erlangt? Nein, denn Platon erhob sie selbst als zehnte in den Stand der Küssenden[163]. Und selbst wenn man ihre Hingezogenheit zu der ihretwegen nach ihrer Insel bezeichneten Liebe in Rechnung stellt, so inspirierte trotz allem Sappho fast ausschließlich Männer, von Platon über Horaz und Catull bis hin zum Dichterfürst Goethe. Sappho war Muse, küsste wen sie wollte, doch entgegen ihrem Ruf mehrheitlich wieder Männer.

Und Apoll, der Hüter der Künste und der Wissenschaften? Auch ihn liebten die Musen, doch umgekehrt befruchtete er zumindest einige von ihnen. Denn wer könnte den polypotenten Meister der Dicht- und der Heilkunst, der Kunst des Bogenschießens und des Lautenspiels und schließlich der Weissagung noch etwas lehren? Als unübertrefflicher Meister dieser Künste und als Anführer der neun Musen war er, so sollte man meinen, unschlagbar. Manchmal wurde er auch „Apollo clarus" benannt, der glänzende, erleuchtende Gott. Auch als Lichtgott wird er oft bezeichnet und nicht selten mit Helios, dem vorolympischen Sonnengott, identifiziert.

Trotzdem findet sich ein anderer Gott, angeblich älter als Apoll, der ihm in nichts nachstand und der für die Ausübung der Künste dieselbe Bedeutung hat wie er. Sein Name ist Dionysos. Obwohl der Mythos berichtet, dass er der jüngste der olympischen Götter sei, zeigt die archäologische Forschung, dass sein Kult wesentlich älter als jener der Olympier war. In der jüngeren Zeit wurde er als androgyner, bartloser Jüngling dargestellt, doch anfänglich war er ein barttragender, wohlgekleideter reifer Mann. Sein Gefolge bestand aus den Mänaden, die die Toten mit Blut nährten und so wie die anderen Figuren seiner Gefolgschaft Zwitterwesen in Charakter oder Erscheinung waren. Auch er war der Erzählung nach ein Zwitterwesen, ein zweimal Geborener. Dieser war auch der Einzige der Olympier, der eine menschliche Mutter, Semele, und Zeus als göttlichen Vater und diesen zugleich auch als zweite „Mutter" hatte. Unter den Göttern besaß er außerdem als Einziger die vielsagende Fähigkeit, Tote aus dem Orkus zurück ins Leben zu holen.

162 | Als Alternative dazu, siehe die letzten Zeilen von „Wegmarken eines Zeitpfades", dieser Band: „Das ewig Weibliche zieht uns hinan".

163 | Collin F., Pisier E., Varikas E., (Hg., 2000), Plato, 105.

Es kann demnach nicht überraschen, dass er in den Mysterien als Gott der Wiedergeburt gefeiert wurde, was weitreichende Assoziationen evoziert. Bekannt ist er heute vor allem als Gott des Weines und des Rausches. Demnach steht er in krassem Gegensatz zu Apoll, dem Rationalität und Ordnung zugeschrieben wird. Dionysus gilt hingegen als irrationaler und unbedachter, von Trieben, Eigensinn und Eigenwillen geleiteter Chaot.

Wie kann diesem Gott die gleiche Bedeutung für die Ausübung der Künste[164] zugesprochen werden wie Apoll und seinen Musen? Die Kunst inspirierenden Küssens war ihm und seinen Mänaden jedenfalls so wenig fremd wie den Musen. Der Erotik huldigte er nicht weniger als seine anderen olympischen Gefährten.

Manche Mythen bezeichnen Dionysos auch als Sohn Persephones, der Herrin der Unterwelt, und feiern ihn als Gott der Auferstehung, der aus dem Dunkel des Hades ans Licht drängt. Eines seiner Symbole ist der Baum, Feige und Lorbeer, wenn man die Weinrebe vielleicht nicht direkt als Baum verstanden haben will. Sie alle wurzeln im Dunkeln, streben ans Licht von unten nach oben und tragen Früchte, die berauschend wirken. Der Rausch beflügelt den Geist und drängt Einsichten in Dinge ans Licht, die bislang im Dunkel lagen. Selbst Pythia, die Dienerin Apolls, erwirbt ihre Erkenntnisse im Zustand des Rausches[165].

Er-kennen ist mehr und speist sich aus anderen Quellen als nur dem Klaren, dem er-hellenden apollinischen Er-klären[166]. Die Klärungen des leuchtenden Apolls erfassen nur das Blätterwerk der Bäume des Dionysos, deren Lebenssaft aus der dunklen Tiefe quillt.

---

164 | Im antiken Diktus zählen zu den Künsten auch die Wissenschaften, die sogenannten „artes liberales".

165 | Freunde haben gemeint, dass diese Bezeichnung unangemessen wäre. Ich möchte daher vorweg feststellen, dass dieser Begriff weit mehr abdeckt als das, was nach Heurigenbesuchen und in Bierzelten zu beobachten ist. Rausch wird mithilfe unterschiedlichster Substanzen erzeugt: Cannabis, Mescalin, Stechapfel, Fliegenpilze, Bilsenkraut, Weihrauch, Tanz etc. Allgemein wird als „Rausch" ein Zustand gesteigerten Glücksgefühls und von Ekstase bezeichnet. Schlussendlich sei auch noch angemerkt, dass sich der Gebrauch solcher Substanzen bis tief in das Paläolithikum zurückverfolgen lässt. Die Ächtung solcher Substanzen erfolgte in Europa erst ab dem 17. Jahrhundert, offenbar im Gefolge eines um sich greifenden Puritanismus und einer zunehmenden Disziplinierung der Arbeiter. Die Oberschicht rauchte auch im 19. Jahrhundert noch ihre Opiumpfeifchen.

166 | Etymologisch betrachtet entwickelte sich die Vorsilbe „er-" aus „aus-", lateinisch „ex-". „Erkennen meint demnach „aus-kennen", „erklären" „aus-klären" etc.

Erkenntnis

Unter Erkenntnis[167] verstehen wir heute „begründetes Wissen". Das bedeutet, dass es sich um Wissen handelt, das nicht nur einer persönlichen Meinung oder einem wie immer fundierten Glauben entspringt. „Begründet" erscheint uns Wissen dann, wenn eine Methode[168] angegeben werden kann, mit deren Hilfe die gewonnene Erkenntnis nachvollziehbar wieder erzeugt werden kann.

Zu behaupten, dass im einmaligen Rausch Erkenntnis gewonnen werden könnte, widerspricht diesen Vorstellungen von begründetem Wissen, denn jene quillt aus dem Untergrund zum Grund, wie aus einer Quelle, und ist demnach „unter-begründet". Somit wären eigentlich die Quellgöttinnen für das Begründen zuständig. Doch diese begnügen sich mit einem Sprudel, den sie unter Umständen erst mit ihrem Kuss zum Quellen brachten.

Um diesen Sprudel aus dem Untergrund an der Oberfläche zu begründen, wird der Gott des Lichtes „Apollo clarus" gerufen. Apollo klärt, erklärt. Was er klärt, ist noch keine Erkenntnis, doch eine Erfahrung. Erst in seinem Licht wird auch jene hervorgesprudelte Erfahrung klar, geklärt und erklärbar. Sie soll durch Gesang, Dichtung und Darstellung der Vernunft zugetragen und so verträglich gemacht werden. Eine Weise dieser Darstellung waren Vorführungen im „apollinischen" Theater, eine andere waren theoretische Erörterungen.

Das Wort „Theater" selbst legt bereits nahe, dass diese Form des Ausdrucks von Erfahrung und der Schaffung von Erkenntnis gleichfalls theoretischer Natur ist. Es handelt sich dabei um eine intellektuelle[169] Vorführung, das geistige Pro-dukt[170] vereinzelter Individuen.

Beide Begriffe, Theater und Theorie, leiten sich nämlich vom selben griechischen Ursprung „theoreo (θεωρεω)"[171] her. Die Bedeutung dieses Wortes ist „schauen, betrachten". Erfahrung soll auf diese Weise im Zuschauer im Theater neu produziert und hergestellt werden. Das Theater war zugleich ein Ort, wo auch Tanz, Musik und Gesang walteten und wo träumen zulässig, ja erwünscht war und noch immer ist. An diesem Ort herrschten die Musen und ihr Wortführer, Apoll.

---

167 | „Erkenntnis ist im Unterschied zu den unabgesicherten und subjektiven Orientierungsweisen des Meinens und Glaubens das begründete Wissen eines Sachverhaltes." (J. Mittelstrass, I/S. 575).

168 | Die ursprüngliche Bedeutung ist: ein Weg zu einem Ziel. Dieses Ziel ist die Wiederholung.

169 | „Intelligenz" leitet sich von „inter-legere" her. Es bedeutet demnach „dazwischen lesen", wir würden sagen, es handelt sich um die Fähigkeit „zwischen den Zeilen zu lesen". Jedenfalls wird hier etwas hinzugefügt, was davor nicht vorhanden war.

170 | „Producere" bedeutet „vor-führen".

171 | θεατησ: Zuschauer, Beobachter sein; θεωρεω: zuschauen, betrachten.

Nicht zufällig bezeichnet Friedrich Nietzsche Apoll als den Gott der Klärung, der maßvollen, kanonischen Kunst[172] und Erleuchtung und hält ihn trotzdem oder gerade deshalb zuständig für die Verwirklichung von Träumen oder dem, was wir heute als Utopien bezeichnen. Das Theater des Apoll und seiner Musen war nicht länger Ort eines orgiastischen Rituals und Rauschs, aus dem es ursprünglich hervorging. Es war (und bleibt) ein „Nicht-Ort" (U-topos) des Erlebens oder Ort eines „Nicht-Erlebens". Denn es lebte (und lebt) von der Distanz und Trennung von Zuschauern und Schauspielern. Das Schauspiel war eben ein Spiel und kein Fest. Es entwickelte sich zu einem Hort der Entfremdung, einem Ort scheinbarer Empfindungen und Erfahrungen, einem Spielraum des Scheins sowie bemühter Vor- und Verführungen eines Traums.

Die Pro-duktion von sozial geteiltem Wissen

Auch die Methode Apolls, Erkenntnis zu schaffen, ist problembeladen. Das zugrundeliegende Problem, das bei diesen Vorgängen zu lösen war, war folgendes: Wie lässt sich aus Erfahrung allgemeingültiges Wissen gewinnen? Um es jenseits aller Zweifel deutlich zu machen: Erfahrung ist immer subjektiv, Wissen ist hingegen sozial. Vorgebliche Erfahrungen eines Einzelnen schaffen möglicherweise Erkenntnis bei einem Einzelnen. Derartige Erfahrungen werden besonders in großen städtischen, diversifizierten Gesellschaften nicht länger geteilt, sie sind für andere Individuen bedeutungslos, meistens sind sie nicht einmal kommunizierbar, bleiben unausgesprochen und folglich unbegründet. Erst wenn Kenntnisse in eine kommunikable Form gebracht wurden, wenn Erfahrung zum Ausdruck gelangt, erst dann sprechen wir von „Wissen". „Wissen" ist geteilte, „mit-geteilte" Erfahrung. Derartiges Wissen bezeichnen wir heute als „Erkenntnis". Um sie teilen zu können, muss sie begründet werden. Diese Arbeit leistet heute die institutionalisierte Wissenschaft, sie schafft geteiltes Wissen.

Obige Definition von Erkenntnis ist die Beschreibung eines Akkreditierungsprozesses, eines Verfahrens also, das subjektive Erkenntnis anderen, die selbst keine Kenntnisse hatten, akzeptabel machen soll. Es handelt sich demnach bei diesem Prozess um die Pro-duktion[173] von sozial geteiltem Wissen.

In anderen Worten, erst wenn das „in den Köpfen"[174] Unsichtbare versinnlicht – auch den Sinnen anderer zugänglich – wurde, wird es auch für diese Anderen annehmbar und möglicherweise in der Folge „sinnvoll". Der Sinn der „Erfahrung"

172 | Kanonische Kunst ist eine von Regeln geleitete Kunst.

173 | „Produktion" soll hier im heute üblichen Sinn verstanden werden, nämlich von „herstellen". Trotzdem bleibt die zweite Bedeutung einer „Vorführung" präsent.

174 | Damit soll nicht behauptet werden, dass alle Erkenntnis nur in den Köpfen abgespeichert würde. Ich verwende diese Phrase als „pars pro toto".

eines Anderen wird greifbar, be-greifbar, wenn etwas gesendet wurde, dann von den Sinnen empfunden (sich in den Sinnen eingefunden hat) und so empfangen (eingefangen) werden konnte. So erläutert dies jedenfalls die Etymologie des Wortes „sinnen", das sich von „senden" und „sentire" (empfinden) herleitet.

Zu beachten ist allerdings: Der Prozess der Generierung von sozialer Anerkennung bestimmter Kenntnisse muss keineswegs einseitig ausgrenzend nur auf einem einzig möglichen Weg ablaufen. Es gibt mehrere Wege und genug Beispiele dafür, dass gesellschaftliche Anerkennung mit sich widersprechenden Methoden geschaffen werden kann.

Eine dieser Methoden wäre das Wirken von Wundern, wobei es sich um Generierung nicht wiederholbarer Erfahrungen handelt. Wunder sollen vor allem bei Ungläubigen Überzeugung bewirken. Sie schaffen möglicherweise post hoc Glauben, doch die Anerkennung eines Wunders ist noch kein Glaubensakt, sondern Ergebnis einer durch Sinneseindrücke vermittelten, persönlichen Erfahrung, die von der Überzeugung gestärkt ist, dass den eigenen Sinnen getraut werden darf.

Was geschieht allerdings, wenn das Vertrauen in die eigenen Sinne nicht gegeben ist? Auslöser für derartige Zweifel gäbe es zuhauf. Es reiche zur Illustration, auf optische Täuschungen, wie Parallaxen etc. hinzuweisen, die nahezu täglich erlebt werden können.

Zwei Rezepturen werden in solchen Fällen angeboten: eigene Vernunfturteile und Bezeugungen durch andere Zeugen. Im ersten Fall muss irgendwie sichergestellt werden, dass der eigenen Vernunft mehr zu trauen ist als den eigenen Sinnen. Die Vernunftaussagen müssen also wieder überprüft werden. Entweder greift man nun auf frühere Erfahrungen durch Vergleich zurück – das wäre die aristotelische Vorgangsweise –, oder man hält sich wieder an die Bestätigungen von Mitmenschen. Wenn eine derartige Zusicherung nicht möglich oder nicht erstrebenswert scheint, bleibt also nur der Rekurs auf die eigene Erinnerung als einzige Möglichkeit der Bestätigung.

Ein derartiger Rekurs erfordert eine aufwändige Dokumentation, wenn man möglichen eigenen Erinnerungsschwächen halbwegs entgehen möchte. Diese Dokumentation ist jedoch kaum zu verwirklichen. Sie würde nämlich die Protokollierung der Gesamtheit aller Begleitumstände für jeden Einzelfall erforderlich machen. Letztlich müsste die Vielfalt dieser Fälle mit allen anderen Protokollsätzen abgeglichen werden. In Wirklichkeit stellt dies kein zielführendes Verfahren dar. Ein naheliegender Schritt ist einmal mehr: Abstraktion.

Auf den ersten Blick mag es scheinen, dass vielleicht bei den Protokollen Abstriche gemacht und die Protokolle vereinfacht werden könnten. Doch dieser Weg wäre selbstzerstörerisch. Denn dann könnte auf Protokollierung gleich verzichtet werden. Folglich muss der Vorgang der Abstraktion auf die Begleitumstände der Erfahrungen angewendet werden. Damit schafft man sich aber eine anders geartete Realität. Dieses Vorgehen gilt allerdings heute als das allgemein zu bevorzugende Verfahren. Es wird als experimentelle Laborforschung bezeichnet. Nun zieht das Labor die Grenze zur Außenwelt.

Was geschieht letztlich bei derartigen Experimenten?

Zunächst wird ein Experiment außerhalb der Gefahrenzone durchgeführt, das heißt im Labor. Den Vorgang beschreibt das Wort „experimentum“ explizit. „Ex periculo“ bedeutet ja „aus der Gefahr“. „Peri“, der mittlere Teil dieses Wortes, leitet sich von den griechischen Wörtern „peirar = peiras“ (πειρας), „Ende, Grenze“ bzw. „peira“ (πειρα), „Versuch, Wagnis“ und „peirao“ (πειραω), „unternehmen, erproben“ sowie von „peras“ (περας), „Ende, Grenze“, „peran“ (περαν) „drüben, jenseits“, sowie von „perao“ (περαω) „durchdringen, durchfahren“ her. Die Gesamtheit dieser Worte verdeutlicht eines: einmal mehr sollten wir es mit Erfahrungen zu tun haben, die aus einer gefahrvollen Grenzüberschreitung resultieren. Diese Gefahr wurde jedoch ausgegrenzt, so wie im Theater wird sie stattdessen auf einer abgeschotteten Bühne für unbeteiligte Zuschauer simuliert. Eine Vorführung wurde hergestellt.

Definieren und abstrahieren

Apoll, der Meister des Bogenschießens, wusste um die Bedeutung eines Ziels. Er wusste wohl, dass jemand, der den Hafen nicht kennt[175], sich zwar nie verfahren kann, doch auch nie an ein Ziel kommt. So jemand erfährt nichts, weil er nicht fährt, sondern treibt. Eine Fahrt ist nämlich Bedingung für jede Er-fahrung. „Fahren“ indiziert seit Urzeiten stets ein „Hinüber“, demnach: eine Grenzüberschreitung. Gibt es ohne Grenze und ohne Ziel auch keine Fahrt?

Grenzüberschreitung und Ziel? Apoll fasst ein Ziel ins Auge, er er-fasst es. Lateinisch heißt Grenze und Ziel „finis“. Ein Ziel in den Blick fassen, bedeutet dessen „De-finition“ zu geben. Ein solches Ziel ins Auge fassen, erfordert von allem anderen rundherum abzusehen. Das Beiwerk wird abgezogen, es verunreinigt – ver-klärt den Blick und den Begriff, d.h. beeinträchtigt jenen Zugriff und In-begriff des Zielenden. Klärung definiert und schafft das Ziel.

Es ist nicht Zufall, dass Aristoteles die Klärung des Begriffs durch fortgesetzte Abstraktion zur Bedingung jeder Episteme – das ist Erkenntnis – erhob, hat er doch davor bereits den „Telos“ – das Ziel auf Griechisch – zur alles bestimmenden Ursache erhoben. Genauso wenig ist es Zufall, dass „telos (τελος)“ gleichbedeutend ist mit dem griechischen „horos (ορος)“, was ursprünglich einen „Grenzstein“ bezeichnete, aber auch ein Ziel.

Alles jenseits eines Grenzsteins wird von alters her ausgegrenzt, es wird davon abgesehen, wird abstrahiert, weil als nicht-zugehörig betrachtet. Apollo klärt,

175 | Für einen, der nicht weiß, nach welchem Hafen er steuern will, gibt es keinen günstigen Wind.Seneca, (1978) S. 80.

erklärt, indem er abstrahiert. Durch Klärung führt er sein Gefolge in eine Reinheit, die es so nicht gibt. Unsere Laborforscher kopieren also nur die Methode d.h. den Weg des klärenden Gottes.

Aus einem ungeklärten Untergrund, dem dunklen, quillt hingegen jener Sprudel, der erst Apolls Nymphen küssen lässt. Daher darf die Behauptung, dass Erfahrung auch im Zustand des Rauschs gewonnen werden könnte, nicht sofort verworfen werden. Denn auch der Rausch ist eine Fahrt, führt „hinüber" und birgt eine Ge-fahr, so wie andere (Er-)Fährnisse auch.

Unklar ist deren Ziel. Im Unterschied zu Apoll geht es nun nicht um ein ins Auge gefasstes Ziel, sondern um die Überschreitung des „horos". Die Transgression wird zum Ziel, das Ziel ist der Weg. Dieses völlig andere „Ge-fahre" durchbricht Horizonte, um zu ent-decken bzw. um zu entbergen. Es handelt sich nicht länger um einen Punkt am Horizont, sondern um dessen dialektische Ergänzung, die Gesamtheit. Denn dort im Jenseitigen kann es „entrisch"[176] werden, was bedeutet, dass man dann einer anderen Zeit bzw. ein anderen Welt angehört.

Ich fasse das Bisherige zusammen: Erfahrung soll zu allgemeingültigen Wissen werden. All-gemeinheit verkörpert sich in einer Gemeinschaft. Gemeinsame Erfahrung benötigt aufgrund dieser „Gemeinheit" keine Akkreditierung, sie wird bereits geteilt. Sie wird kollektiv erfahren und braucht nicht länger mit-geteilt zu werden.

Unter den Voraussetzungen einer individualisierten Gesellschaft hingegen soll individuelle Erfahrung in Wissen transformiert werden, das gleiche Geltung für alle beanspruchen kann. Denn geteiltes Wissen ist eine notwendige Voraussetzung für erfolgreiches, gemeinsames Handeln und für Arbeitsteilung (E. Durkheim, 1892).

Obige Definition von Erkenntnis war Beschreibung eines Akkreditierungsprozesses. Es handelt sich also um Pro-duktion von sozial geteiltem Wissen und nicht um sozial geteilte Erfahrung. Weil diese fehlt, bleiben alle Bemühungen Apolls und seiner Musen kalt. Sie be-rühren nicht und be-greifen nicht, sie erzeugen stattdessen Schein. Aristoteles' Be-griffe er-fassen nichts, entgegen den Versprechungen ihres Namens greifen sie ins Leere. Der Erfinder des Syllogismus umwirbt diese Leere, deren Existenz er folglich vehement bestreiten muss.

„‚Erfahrung' meint eine erworbene Fähigkeit zur sicheren Orientierung. Sie ‚beruht auf dem Vertraut-sein mit bestimmten, sich wiederholenden Handlungs- und Sachzusammenhängen ohne Rekurs auf ein hiervon unabhängiges theoretisches Wissen. In dieser Form tritt es zum ersten Mal bei Aristoteles auf'",
schreibt J.B. Mittelstraß (1995, Bd. I, S. 569).

Doch dieses erstmalige Verständnis des traumwandelnden Peripatetikers ist – wie nicht anders zu erwarten wäre – bereits theoretisch und wurde nicht länger kollek-

176 | „unheimlich" bzw. nicht-heimatlich.

tiv geteilt, sondern von ihm verordnet. Notwendigerweise muss daher erst einmal mit-geteilt bzw. gelehrt werden.

Persönliche Erfahrung soll, ja muss in ein für Unerfahrene allgemeingültiges Wissen, d.h. in Erkenntnis umgewandelt werden. Dazu wird die kommunikative (Ent-)Äußerung in Form eines Ausdrucks oder einer Aussage benötigt. Erst nach einer derartigen „Ent-Äußerung" kann Erfahrung im Anschluss daran in einem Diskurs „be-gründete Erkenntnis" werden. Die Begründung kann eine „Erklärung" sein. Durch Erklärung kann auch einzelne Erfahrung zu einer Erkenntnis mutieren. Dieses Vorgehen wurde in den Schulen von Athen exemplarisch vorexerziert. Der Vorgang stellt allerdings nur eine von mehreren Möglichkeiten dar. Andere Arten des Ausdrucks werden weiter unten noch gesondert angesprochen.

Nach dem bisher Gesagten wird zum Ausdruck gebrachtes „geklärtes Wissen" zu Erkenntnis. Dieses Wissen wurde mithilfe von Ausgrenzung, d.h. Abstraktion geschaffen. Das entspricht einer Vorgehensweise, nämlich der apollinischen, die aus individueller Erfahrung durch Reduktion auf Maß und Ziel allgemeine Erkenntnis schafft. Solche Erkenntnis ist notwendigerweise ziel- oder zweckorientiert und spielt methodisch kalkulierend, rechenhaft und rational mit kleinen Rechensteinchen, also Zahlen.

Vernichtung des Individuums

Das Herstellen von Erkenntnis kann auch andere Wege beschreiten als nur jenen des Er-Klärens. Es kann u.a. der Versuch unternommen werden, jene geteilte Erfahrung zu ermöglichen, wie sie oben bereits angesprochen wurde.

Auf diesem Pfad wird die Herstellung geteilter, gemeinsamer Erfahrung aufgrund von Gemeinsamkeit angestrebt, die keiner weiteren (Ent-)Äußerung mehr bedarf. Diese Art von Erfahrung könnte auch als kollektive „Erleuchtung" beschrieben werden. In solchen Fällen agiert Dionysos als Fackelträger, und nicht der Meister des Bogenschießens. Dionysos schleudert sein erleuchtendes Licht, ähnlich wie Zeus seinen Blitz, unerwartet in eine bislang finstere Nacht. Es handelt sich um eine Art von Brandstiftung. Sie wird im oder durch Rausch erzeugt, erfasst ein Kollektiv und bedient sich nicht nur solcher Mittel wie des Weins oder der Beeren des Lorbeerstrauchs.[177] Solcherart geteilte Erfahrung allein führt aber nicht notwendig zu Erkenntnis.

Um derartige Erfahrungen auch jenseits eines beteiligten Kollektivs zu vermitteln, versuchen sich auch deren Vertreter der Sprache zu bemächtigen, der pathetischen Rede, der ergreifenden Poesie oder der mitreißenden Dramaturgie, wie dies Euripides in Athen praktizierte. Er und seine Zeitgenossen zielten ähnlich wie Apoll auf Identifikation der Zuhörer mit den oder dem Anderen – vorzugsweise

177 | In unserer Zeit dient manchmal ein rundes Leder vergleichbaren Zwecken.

dem „Helden“ einer Geschichte. Bezweckt wurde ein gesteuertes und geregeltes Durchbrechen jener oben genannten Grenze anstelle ihres Errichtens. Nietzsche bezeichnete diesen Vorgang als „Vernichtung des Individuums“. Dahinter stehen Zwecke, die das Auflösen individueller Grenzen nahelegen. Um diese Situation anschaulich zu machen, reicht als Beispiel ein Wort – es heißt: Krieg!

Auch so kann man „begründete Erkenntnisse“ schaffen. Diese Art von Erkenntnis beruht nicht auf jenem ausschließenden „Erklären“, sondern auf „Verstehen“. Sie resultiert aus umfassendem „Be-greifen“, auf „Fühlung“, Mit-fühlung. Diesen Vorgang zu ermöglichen, war auch die zentrale Forderung von Aristoteles an die Tragödiendichter. Sie umzusetzen gelang allerdings kaum.

Das „Zusammenwerfen“ von Erfahrungen einer Mehrzahl von Menschen sollte nämlich im apollinischen Theater nicht länger in der tradierten, dionysischen Form stattfinden. Eine Aufführung im Theater war zwar darauf angelegt, vereinzelte Individuen anzusprechen und sie in einem Anwesensmodus des „Dabei-seins“ zu halten. Doch das „Dabei-sein“ selbst blieb bloßer Schein.

Wir würden denselben Zustand heute als „virtuelle Gegenwart“ bezeichnen. Daran Teilnehmende sollen zwar „an-wesen“, zugleich aber abwesend vom Geschehen bleiben. U. Beck (1986) bezeichnete diesen Zustand als „räumlich-soziale Doppelexistenz“, man „ist zugleich hier und ganz woanders“[178].

Ekstase

Unserer Denkweise gemäß unterscheiden wir Zuschauer und Schauspieler. Ursprünglich gab es jedoch diese Differenz nicht, weil alle Anwesenden stets ins „Spiel“ einbezogen waren. Sie waren einbezogen, indem und nachdem sie aus sich „heraustraten“, ein Schritt, den das griechische Wort „Ekstase“[179] beschreibt. Die individuelle Abgrenzung wurde dadurch durchbrochen, der Kult des Individuums, so er überhaupt schon existierte, beendet. In dieser neuen Situation waren sämtliche Anwesende weder Zuschauer noch Darsteller, sondern Teilhaber am dionysischen Fest, auf dem zu Ehren des Gottes musiziert und orgiastisch getanzt wurde[180].

Die Dithyramben, poetische Gesänge zu Ehren der Gottheit, wurden anfänglich von Chören vorgetragen, an denen alle teilnahmen. Im Rahmen tagelanger Feiern wurden die Riten zelebriert und zu ekstatischen Gemeinschaftserlebnissen, bei denen unter dem Einfluss von Wein und anderen Rauschmitteln die Grenzen der persönlichen Erfahrung durchbrochen wurden und zu kollektiven Erlebnissen verhalfen.

---

178 | Beck U. (1986), S. 213.

179 | εξιστημι: heraustreten, sich verändern, außer sich geraten.

180 | E. Durkheim (1912) beschreibt etwa analoge Verhaltensweisen bei den Trauerfeierlichkeiten der australischen Aborigines.

Unter solchen Umständen erübrigte sich jegliche sprachliche Entäußerung Einzelner. Stattdessen wurden die individuellen Dämme und Abschottungen durchbrochen und „Solidarität"[181] begründet, die das Erlebnis eines Ganzen – ein wichtiger Begriff im griechischen Denken – und möglicher Wiedergeburt evozierte.

Erst später wurden zu solchen Feiern auch Vertreter, Abgesandte verbündeter Poleis eingeladen, die Gaben zu Ehren des Gottes brachten, aber nicht selbst am Dithyrambus teilnahmen, sondern Zuschauer blieben. Die ursprüngliche, kollektive Ganzheit wurde dadurch erstmalig aufgebrochen. Theater und Drama entstanden schließlich aus diesen Gegebenheiten.

Trotzdem wurde in der Tragödie noch immer ein Durchbrechen der persönlichen Abgrenzungen angestrebt, eben weil es solidarisiert. Man hoffte, über Pathos und mithilfe anderer Techniken Katharsis[182], das rauschhafte dionysische Gefühl einer Gemeinschaft erneut erzeugen zu können. Wie Nietzsche aber unter Verweis auf den attischen Dichter Euripides behauptet, waren diese Bemühungen nie besonders erfolgreich. Die Trennung von Zuschauer und Darsteller hinterließ bei den vom unmittelbaren Geschehen ausgeschlossenen, gaffenden[183] Anwesenden vielmehr ein schales Gefühl des Unbefriedigt-seins.

Jene ursprünglich kollektiven Verschmelzungen schwanden mit dem Anwachsen der Städte mehr und mehr und wichen einer zunehmenden und unvermeidbaren Entfremdung. Die Rituale wurden abstrakter, apollinischer, geregelter und inszenierter. Denn Rationalität und Abstraktion sind, wie K. Mannheim (1929/1936) schon vor langem feststellte, das unvermeidbare Ergebnis wachsender Komplexität in den menschlichen Beziehungen.

Mit diesen Anmerkungen wurde der bedeutende Unterschied zwischen Apoll, den Nietzsche als „principium individuationis"[184] bezeichnet, und Dionysos an- und zusammengefasst. Zugleich fand sich damit auch eine soziologisch-kulturan-

---

181 | Solidarität leitet sich von „solidus", „solide, ganz, vollständig" her.

182 | καθαρσις: Ausgleichung, Abreaktion, Entladung. Ist eine Ableitung von καθαρμος (katharmos): Reinigung, Sühne

183 | Ich merke an, dass „gaffen" ursprünglich soviel wie „gähnen" bedeutete.

184 | Wenn Apoll die Deifizierung dieses „Prinzips" ist, dann kann es kein ewiges Prinzip sein, weil Apoll so wie alle Olympier, geboren wurde. Sie alle hatten einen mythologischen Anfang. Daher ist meine Auslegung des Wortes „principium" als „Beginn" statt als „Prinzip" gerechtfertigt. Ich interpretiere daher diese Bezeichnung als „Beginn der Individualisierung" und nicht als „Prinzip". F. Nietzsche hat sie von A. Schopenhauer übernommen, der „Prinzip" in tradierter platonischer Sichtweise versteht. Das heißt, dass er damit die durch Zeit und Raum bedingte Unmöglichkeit des Erscheinens der „Ideen" in ihrer Vollkommenheit meint. Sie bleiben für ihn „verschleiert", weil sie sich durch den permanenten Wandel ihres individuellen, zeitlichen Auftretens nur erahnen lassen. Einen Zeitpunkt davor gibt es im Schopenhauer'schen Denken daher nicht.

thropologische Begründung für die historisch erwiesene Anciennität von Dionysos[185].

Heureka!

Auch Apoll verteilt anscheinend erleuchtende Erfahrung, etwa im Erleben eines „Heureka!". Doch ist es wirklich Apoll, der diese Erfahrung verteilt? Auf den ersten Blick möchte man meinen, dass diese Art von Erfahrung nur selten und nur einer kleinen Schar von Auserwählten zuteil wird: etwa Saulus, der zum Paulus transmutierte, oder anderen Propheten, egal welcher Religion. Doch nicht nur religiösen Mystikern von der Art einer Hildegard von Bingen oder Franziskus von Assisi, werden solche Gnaden zuteil. Es waren und sind auch nicht nur Poeten oder andere Kunstschaffende, wie etwa Max Ernst, Paul Gauguin, Arthur Rimbaud, Lord Byron, Frédéric Chopin, die diesen Vorzug genossen.

Nicht unabsichtlich habe ich oben „heureka" zur Beschreibung dieser Art von Erfahrung verwendet. Angeblich hat Archimedes, der nüchterne Mathematiker, Physiker und Ingenieur, das Prinzip des Auftriebs durch einen derartigen Erfahrungsakt erfasst und begriffen. Nicht wenige andere gepriesene Forscher berichten von ähnlichen Erlebnissen plötzlicher „Eingebung und Erleuchtung". Poincaré, Kekule und selbst Newton, sie alle und zahllose andere erfassten viele ihrer tiefgreifenden Einsichten im Schlaf und im Traum. Die Liste ließe sich fortsetzen, doch dürften die Genannten reichen, um zu demonstrieren, dass das Unbewusste, Irrationale eine bedeutende Erkenntnisquelle ist, deren größte Schwierigkeit nicht im Erfahren, sondern im Vermitteln solcher Erfahrungen an andere liegt. Denn gerade derartige Einsichten wollen „begründet" werden, wenn sie soziale Akzeptanz erlangen und zu Erkenntnissen erhoben werden wollen. Ein Prozess analog einer „Heiligsprechung" macht aus Erfahrung erst Erkenntnisse.

Rausch und Traum lassen sich aber nicht begründen. Sie führen, so mag man meinen, ein lästig selbstständiges Eigenleben, quellen aus dem Dunkel des Untergrunds, der nicht Apolls Terrain ist, sondern das des Dionysos. Diese ursprünglichen Erfahrungen drängen meist in Bildern und wirren Reden und Gestammel zu jenem Grund empor, wo dann die Musen des Apoll Küsse spenden.

Doch kann sich Dionysos ohne deren Zauber überhaupt verständlich machen? Tanz und Musik sind zwar Ausdrucksweisen, die beiden Göttern nahe liegen. Apolls Musen pflegen sie, so wie auch die aus Zwitterwesen bestehende Gefolgschaft des zweimal geborenen Gottes. Ihre Melodien sind grundverschieden und

185 | Diese Anciennität wird detailreich von J. Harrison (1911) belegt, wo Dionysos sogar als „Kouros", als neu-initiiertes Mitglied eines Männerbundes, also einer solidarischen Gemeinschaft bezeichnet wird.

auch ihr Tanz folgt unterschiedlichen Regeln, wenn bei solchen Dionysien überhaupt von Regeln gesprochen werden kann.

Es ist nicht übertrieben zu sagen, die Gefolgschaft des Dionysos besteht aus Grenzgängern und Trickstern. Sie sind zugleich Künstler zweier oder mehrerer Ausdrucksformen, sprechen Wahres und Lügen zugleich und verfügen über mehrere, sehr verschiedene Sprachen.

Was sich in einer Sprache nicht sagen lässt, zeigen sie; sie kommunizieren durch Symbole, die anders als Erklärungen stets mehrdeutig sind und das auch sein sollen. Absichtsvoll sollen sie viel-deutig bleiben, weil sie vieles übermitteln und vermitteln wollen. Sie wollen eben genau jene frisch zusammengeworfene Ganzheit fassen, erfassen, begreifen und verstehen lassen. Außerdem sollen sie auch durch solch weitläufige Rede festigende Bande zwischen den beteiligten Menschen schaffen und entstehen lassen.

„Symbolon" (συμβολον: Vertrag, Zeichen, Zusammentreffen) ist das dazugehörende griechische Wort und bedeutet eigentlich „Zusammengeworfenes". Ein Symbol vereint Getrenntes und Widersprüchliches. Es abstrahiert nicht wie Apolls Definitionen, sondern „re-duziert", d.h. es führt zurück auf oder in das zerstückelte Ganze[186], das durch Abstraktion und Analyse ausgesondert wurde. Symbole vereinen und fügen neu, was die Klärungen Apolls (ab)trennten. Ein Symbol „re-generiert" eine kollektive Erfahrung, lässt sie zur Wiedergeburt zu – so wie sich dies für den zweimal geborenen Gott geziemt.

Jenes „Zusammengeworfene" vereint unterschiedlichste, gegensätzliche Aspekte. Es nutzt die Methode der Synthese, umfasst und erfasst, was es zu begreifen gilt und versteht deshalb, weil damit die Grenzzäune, horoi, jedes Begriffs niedergerissen werden. Geht aber mit der Grenze nicht auch das Ziel, telos, verloren (s.o.)? Verstehen vollzieht sich wesentlich, d.h. im Wesen, durch ein „Hineinversetzen, Nachbilden, Nacherleben" und strebt quasi jene Wieder-(her)holung und den Nachvollzug von ursprünglichen Erfahrungen eines sich (ent-)äußernden Dritten an (W. Dilthey).

Verstehen ist augenscheinlich im angestammten Tätigkeitsbereich des wiedergeborenen Gottes zu verorten. Es ist kein Mit-teilen, sondern ein Teil-haben.

„Das Dionysische entfernt sich vom Subjektiven, vom Individuum und ist die Versöhnung der Natur mit dem Menschen, die rauschhafte Übersteigerung des Individuums, Weltverschmelzung. Hier ist der Mensch nicht mehr Künstler, sondern selbst Kunstwerk.", schreibt Nietzsche.

186 | F. Nietzsche meint, dass das Apollinische die Welt in scheinhaften Ausdeutungen verdoppelt und abbildet, wogegen das Dionysische den Untergrund wegreißt und eine Art Verschmelzung mit dem Einen, dem Urgrund des Seins darstellt. Die Zerstückelung ist im Übrigen ein Thema, das schon im ägyptischen Osiris-Mythos eine zentrale Rolle spielte.

Trotz allem gilt: Erfahrung widerfährt. Die Erfahrungen des „Heureka" sind individuell, sie müssen daher sozialisiert werden, sollen sie zu Erkenntnissen werden. Samt und sonders werden sie einem Prinzip der Ordnung unterworfen, das zunächst Apolls Sprache anbietet. Die apollinische Ordnung ist jedoch steril. Sie erzeugt nur Schein, verbale Zeichenwelten, virtuelle Welten und Utopien, die in Vorführungen und Darbietungen pro-duziert, vorgeführt werden. Theater ist keine gelebte Wirklichkeit, sondern Schein.

Der Mensch, ein Kunstwerk

Das Kunstwerk „Mensch", von dem Nietzsche spricht, ist Botschafter und Ausdruck zugleich. Kann jedoch die Botschaft auch verstanden werden?

Wenn Pythia im von Apoll okkupierten Tempel der Muttergöttin Gea zu Delphi Botschafterin wird, so spricht sie wirr. Sie gibt wieder, was ihr der Untergrund gab. Und das ist die Beute der schnüffelnden Hunde der Nacht. Um im Licht des Tagesgottes bestehen zu können, hat der klärende Gott eine zusätzliche Schar von geweihten Grenzgängern berufen, die jene oben angesprochene Ordnung in die widerfahrenen Erfahrungen der Träumer und Seher bringen sollen.

In der Antike bezeichnete man diese Grenzgänger als „Brückenbauer", „pontifices". Sie waren geweiht[187] und sie waren jene, die die vereinzelten Erfahrungen der Träumer aus der Ekstase, dem Außenraum, zurück in die Grenzen des Horizonts, der horoi, holten und in Erkenntnisse transformierten. Im heutigen Zeitalter der Naturver- und entehrung übernehmen gleichfalls Geweihte diese Aufgabe, nur werden sie heute als „scientes", Wissende, bezeichnet, zu Deutsch: Wissenschafter. Sie sind Wissende, doch deshalb noch lange nicht „sapientes", weise.

Manchen Träumern gelingt es, Weissager und Pontifex zugleich zu sein. Doch auch ihnen werden die trotz allem nötigen rekursiven Grenzüberschreitungen nicht leicht gemacht. Sogar diese „Newtons" unserer Epoche sind der sanktionierenden Macht der geweihten Interpreten ausgesetzt. Ohne deren sakrale Sanktionierung haben selbst diese Träger einer neuen Botschaft aus dem Urgrund keine Chance, akzeptiert zu werden. Im Gegenteil, die Wahrscheinlichkeit, dass sie vertrieben oder irgendwie sonst „per definitionem" ausgegrenzt werden, ist groß.

Drei Kulturen

Nietzsche spricht gelegentlich von drei Kulturen, die auf unterschiedliche Weise jene Illusionen erzeugen, die nötig sind, um die Geschöpfe im Leben festzuhalten. Er betrachtet sie als Mischformen von drei grundlegenden Ansätzen. Den zwei

187 | Das wird mit „sanctus" bezeichnet, siehe dazu: Schmutzer M. (2011).

bereits besprochenen, dem dionysischen und dem apollinischen Ansatz, fügt er als dritten den von ihm so bezeichneten „sokratischen“ hinzu. Dieser ist weder dionysisch noch apollinisch. „Sokratisch“ wird er nach jenem „Obersophisten“[188] der Blütezeit Athens genannt, den Platon zum Herold einer, nämlich seiner, Denkweise stilisierte.

Charakterisiert ist diese „sokratische“ Kultur durch ihre gelehrte Theorielastigkeit und einen naiven Optimismus, der meint, dass Erkenntnis allein den Schlüssel zur Lösung aller Rätsel bereithält. Der Wissende allein sei, wie es Sokrates in den Mund gelegt wurde, zugleich auch derjenige, der moralisch handeln würde, weil ihn sein Wissen unfähig mache, etwas anderes zu wollen. Diese Identifikation von Wollen und Wissen ist allerdings wesentlicher Bestandteil einer Illusion, das wurde schon in der Antike erkannt.

Doch gerade die Herstellung von Illusionen sei, so meint Nietzsche, eine Lebensnotwendigkeit und Voraussetzung für die Schaffung von sozialer Ordnung. Die Schaffung solcher sozialer Harmonien war das zentrale Anliegen beider, des Theaters und der sokratischen Theorie. Ihre Illusion beteuert unter anderem, dass Grenzüberschreitung ohne Grenzübertretung möglich sei. Sie behauptet und hofft, dass eine „Vor-stellung“ reiche, um Solidarität zu generieren. Die in dieser Praxis ausgeübte Methode besteht in der Verdoppelung der Welt im Schein. Diese Methode hat sich schon Apoll ausgedacht – und nicht erst der platonische Sokrates.

Ihre Präsentationsweisen unterscheiden sich allerdings. Platons Sokrates verzichtet auf jene im Theater geübte Vergegenständlichung. Er abstrahiert vom Mythos, indem er ihn durch Logos, das reine Wort, ersetzt. Das mag auch ein Grund dafür gewesen sein, dass ihn Aristophanes, wie bereits gesagt, zum „Obersophisten“ beförderte.

Aus einer eher historisch geleiteten Sicht lässt sich jedoch der Ansatz von Friedrich Nietzsche auch so verstehen: Anfänglich stellte ein Kult die Mittel zur Schaffung funktionsfähiger Solidargemeinschaften zur Verfügung. Er bediente sich rauschhafter Initiationsriten. Nachdem diese nach Einsetzen des „principii individuationis“, des Beginns umfassender Individualisierung an Bedeutung verloren, entstand als erste Mischform die Tragödie unter dem Banner Apolls, in der Diktion Nietzsches die „dorisch-hellenische Kultur“.

Der folgte aufgrund der Unzulänglichkeit dieses Instruments die sogenannte „sokratische Wende“. Vom Theater wurde dabei gänzlich abstrahiert, sein Anliegen kleidete sich nun in die Form einer „theoria“. Generalisierend lässt sich diese Entwicklung als Rückzug ritueller Praktiken zur Selbsterfahrung deuten, und zwar hin zu einer neuen Praxis der Konfrontation mit dem „Wort“, griechisch „logos“, d.h. mit Texten. Den Schritt zum Text weigerte sich Sokrates allerdings noch zu setzen. Das unternahm erst sein Schüler Platon, wenn auch keineswegs

188 | Diese Titulierung prägte Aristophanes noch zu Lebzeiten Sokrates’.

als Erster. Schriften hinterließen ja bereits auch frühere Philosophen, wie etwa Hesiod, Anaximander oder Heraklit.

Eine äußerst wirkungsmächtige Variante dieses Vorgangs stellt allerdings der aristotelische Syllogismus und die Ursachenhierarchie desselben Meisters dar. In unserer heutigen Terminologie ließe sich dieser theorielastige Vorgang vermutlich auch als „Algorithmisierung" bezeichnen, auch wenn offiziell Algorithmen erst von den Arabern erfunden wurden. Grundgedanke war dabei eine strikte Regelgebundenheit. Mit Bezug zum Theater ließe sich jedoch der Vorgang in unserer heutigen Redeweise mit „Drehbuch" oder „Skript" trefflich beschreiben.

Die alexandrinische Kultur

Nietzsche bezeichnet die aus diesem Übergang entstandene neue Kultur als „alexandrinisch". Anlass zu dieser Bezeichnung war, dass sich nach den Eroberungszügen Alexanders des Großen die Pflege dieser „neuen" Kultur im ägyptischen Alexandrien konzentrierte. Welche Charakteristika bestimmen nun diese Kultur?

Nietzsches Angaben dazu sind leider nicht sehr ausführlich, sodass es nötig erscheint, die Lücken selbst zu füllen. Diese neue Kultur ist offenbar nicht in Alexandrien selbst entstanden, sondern vorrangig in Athen. Doch aufgrund der politischen Entwicklungen fand sie ihre Vervollkommnung erst dort. Sie sollte aber als Mischung aus apollinischer und sokratischer Überlieferung verstanden werden.

Zunächst sei nochmals daran erinnert, dass Nietzsche Sokrates und Euripides als Totengräber der griechischen Tragödie verstand. Wie konnten die beiden das bewerkstelligen? Sie setzten sich kritisch mit dem Gemisch aus dionysischer und apollinischer Tradition auseinander, wie sie sich besonders in der griechischen Tragödie von Aischylos bis Sophokles präsentiert. Euripides hinterfragt jene „verlogene" Ekstase, wie sie noch im kathartischen Erleben angestrebt und selbst noch von Aristoteles propagiert wurde.

Sokrates meinte hingegen, dass Solidarität und politische Harmonie aufgrund einer neuen Ethik, die durch Erkenntnis erworben werden könne, möglich wäre. Daraus folgerte er, dass die solidarisierende Katharsis im Theater überflüssig und die Tragödie entbehrlich sei.[189] Das, was an ihre Stelle treten müsse, sei Erkenntnis der Wahrheit und das bedeute, Erkenntnis seiner selbst. Die platonischen Dialoge, in denen Sokrates wortführend seine wiederkehrende Frage „Was ist […] Wahrheit, Frömmigkeit, das Gute" etc. stellt, verunsicherten vielleicht, Antworten und Selbsterkenntnis offerierten sie allerdings nicht.

Folglich propagierte Platon in seiner „Politeia" im Namen Sokrates ein Erziehungssystem, um damit die Polis solidarisch bzw. beherrschbar zu machen. Dieses

189 | Aus diesem Grund soll angeblich Sokrates den Besuch von Theateraufführungen gemieden haben. Einzige Ausnahme bildeten die neuesten Dramen von Euripides.

System war autoritär und regelgeleitet. Es blieb abstrakt und theoretisierend, frei von Ekstase; traditionelle Solidarisierung im dionysischen Fest sollte entbehrlich gemacht werden. Man darf argwöhnen, dass einem Anhänger der aristokratischen Gegenpartei eine derartige Solidarisierung der breiten Masse auch nicht erstrebenswert schien. Platon bevorzugte stattdessen den Einsatz von Polizeigewalt, deren Verwalter er als „Wächter" bezeichnete.

Diese Methode findet eine originelle Weiterentwicklung in Alexandrien, das seit seiner Gründung nicht länger eine Polis war, sondern ein autoritärer, hierarchisch organisierter Staat.

Es lohnt sich folglich, Merkmale dieser alexandrinischen Kultur herauszuarbeiten: Alexandrien wird vor allem für zwei soziale Innovationen gerühmt. Die eine ist das Museon, ein Musentempel. Tatsächlich war es unter anderem auch ein Tempel, wo die Musen verehrt wurden. Ihre Verehrung manifestierte sich allerdings nicht überwiegend in sakralen Ritualen, sondern in einer Sammlung von hunderttausenden gelehrten Schriften und von Dutzenden von Philosophen und Gelehrten, die überwiegend aus der „Schule von Athen"[190] kamen, dort lehrten und disputierten. Nachhaltigsten Eindruck hat Euklid hinterlassen, der in seinem Lehrbuch „Stoichea"[191] die aristotelische Beweistheorie systematisch auf die Geometrie anwendete.

Die zweite Innovation hat ebenfalls mit Athen zu tun, und zwar mit dem bereits mehrfach genannten Dramatiker Euripides. Dieser befand sich zu Lebzeiten in einer andauernden Auseinandersetzung mit seinem Erzrivalen Sophokles. Sie standen, was vermutlich nicht unwichtig ist, in gegensätzlichen politischen Lagern. War der eine Aristokrat, so war der andere Anhänger der Perikleischen Demokratie. Schon allein deshalb vertraten sie gegensätzliche Positionen und trugen diese Differenzen über ihre jeweiligen Dramen in der Öffentlichkeit aus.

Unter ihrer jeweiligen Regie veränderte sich das griechische Theater nachhaltig. Wesentliches Detail dieser Entwicklungen ist für uns, dass beide mithilfe technischer Innovationen das Geschehen auf der Bühne prägten. Sophokles führte Kulissen ein, Euripides erfand hingegen den „deus ex machina". Dieser Maschinen-Gott schwebte nun in Person von oben, mittels eines nicht sichtbaren Krans, auf die Bühne und griff unerwartet in das dortige Geschehen ein.

Beide Inventionen prägten das Theatergeschehen nachhaltig. Doch sind sie auch Ausdruck einer wesentlichen Veränderung des Denkens und tradierter Einstellungen? Die Tatsache, dass Götter als Schauspieler auf öffentlichen Bühnen auftraten, war nicht völlig neu. Schon Aischylos bringt Apollo, Athena oder

190 | Tatsächlich handelte es sich um mehrere Schulen, doch der von Raffael gewählte Titel für sein monumentales Fresko im Vatikan erlaubt diese vereinfachende Zusammenfassung.

191 | Meistens wird der Titel mit „Die Elemente" übersetzt. Mir scheint dies allzu einengend. Daher bevorzuge ich die Originalbezeichnung.

die Erinnyen auf die Bühne. Doch die Steigerung des Scheinbaren, das durch die schwebende Herabkunft erreicht wurde, intensivierte die Illusion ins bislang Unerfahrene. Euripides kreierte damit neue Erfahrungen, doch sie beruhten samt und sonders auf Schein allein. Die Götter flogen nicht. Die intendierten Erfahrungen widerfuhren niemand.

Nietzsche meint, dass mit derartigen Mitteln die griechische Tragödie bestattet wurde. Das mag durchaus so sein, doch sie fand ihre Fortsetzung in neuer Weise, nämlich in den mechanischen Theatern, die – durch Wasserkraft getrieben – die Illusionen zum alltäglichen Erlebnis machten. Ähnliches kennen wir ebenfalls, wenn auch in viel umfassenderem Maßstab, als Produkte unserer Illusionsindustrien im Fernsehen, im Kino und den weit verbreiteten Internetspielen. Zugegeben waren die Illusionen der Antike nicht in derselben Weise allgegenwärtig. Doch das Leben der Griechen spielte sich andererseits vor allem auf öffentlichen Plätzen ab und weniger in einem abgeschotteten, trauten Heim wie in unserer Zeit.

Folglich waren etwa der „Turm der Winde“[192] auf der Agora in Athen und die von pneumatischen Maschinen inszenierten Rituale in den Tempeln von Alexandrien gegenwärtig genug, um das Denken der Bevölkerung nachhaltig zu prägen. Dieses Denken war bereits überwiegend individualistisch, wie dies die späteren Philosophien eines Epikur oder Zenon hinlänglich verdeutlichen. Doch bald wurde dieses Denken zusätzlich hierarchisiert, wie Aristoteles dies mit seiner Kausalitätsvorstellung unmissverständlich vorexerzierte.

Häufig wird den Griechen der Vorwurf gemacht, dass sie ihre naturwissenschaftlichen Kenntnisse nicht in angemessener Weise genutzt hätten. Damit ist die neuzeitliche Vorstellung verbunden, dass sie ihre Technologien, die komplex und beeindruckend waren, nicht dazu verwendet hätten, das zu schaffen, was wir heute als „technischen Fortschritt“ bezeichnen. Im Gegensatz zu unserem Verständnis hätten sie ihre intellektuellen Kapazitäten nur in „nutzlosen“ Spielerein verzettelt, wie eben in verspielten Automaten.

Würden manche dieser „Ingenieure“ wie Ktesibios, Heron oder Archimedes in unsere Welt versetzt, so würden sie manche unserer Apparate zweifellos erstaunen. Doch sofortiges Verständnis hätten sie für das, was unsere Zeit in Atem hält: Computerspiele, Fernsehgeräte, Internet, Roboter u ä. Sie erfüllen nämlich dieselben sozialen Aufgaben wie die Automaten der Hellenen. Sie sind „Sozialersatz“. Solcher war nötig, denn die Gemeinschaft der Polis schwand, war in der Zeit der Diadochen bereits verschwunden – und mit ihr auch die Notwendigkeit und Praktikabilität ekstatischen Erlebens. Tatsächlich zog sich dieses aus der Öffentlichkeit in kleinere Zirkel zurück, wo es weiterhin nun im Geheimen praktiziert wurde.

192 | Das war eine riesige Wasseruhr, wo weniger die Stunden als vielmehr die Qualitäten der Zeit dargestellt wurden, indem wie in einem mechanischen Theater unterschiedliche Götterfiguren erschienen.

Ihre Automaten versuchten nun, so wie unsere virtuellen Welten auf den Bildschirmen, mit Scheinwelten einer breiten Öffentlichkeit die Welt der Geheimbünde anschaulich zu machen. Doch Anschauung allein reicht nicht. So wenig nämlich wie die antiken Automaten dies vermochten, so wenig vermögen unsere „fortgeschrittenen" Pseudowelten das zu erreichen, was ihr tieferer Sinn und Zweck ist: Solidarität zu generieren. Die Maschine langweilt mit ihren Algorithmen und bewirkt letztlich das gleiche wie Euripides' „deus ex machina", die gähnende Abkehr vom Theater und dafür Hinwendung zur Mystik, zu Phantasie und Utopie.

Eine Maschine macht zwar manches anschaulich, doch wird sie in ihrer regelhaften Wiederkehr schnell unansehnlich. Sie fördert zwar Klärung durch Vernehmen mittels Vernunft, doch sie schafft nicht das Verstehen des Verstands. Vergegenständlichung in Gegenständen behindert vielmehr den Verstand, weil dadurch Teilhabe und Beistand noch mehr untergraben wird, als dies durch die Trennung von Zuschauer und Darsteller bereits geschehen ist. Die räumliche Trennung im Theater wurde vielmehr verabsolutiert und zur absoluten Entfremdung zwischen Objekt und Subjekt erhöht. Das eingeläutete Ende jeder Solidarität zwischen Menschen wurde durch ein Dazwischenstellen, das Her- und Hinstellen von Dingen besiegelt.

Daraus ergab oder vertiefte sich jener basale Mangel an Verstehen von Anderen, sodass Durchbrechen dieser neuen Grenzen nur mehr durch Übersteigerung in der Verdinglichung des Subjekts selbst möglich wird. Darin zeigt sich unter anderem das wahre Gesicht jenes heute anvisierten Internets der Dinge: ultimative Verdinglichung der Menschen im Cyborg bzw. die Vollendung des bezeichnender Weise im französischen Absolutismus erträumten „l'homme machine".

Dem wiederkehrenden nicht behobenen Mangel wird hingegen heute so wie damals durch Gründung von „Geheimen Gesellschaften" begegnet, die sich nicht nur im Umfeld von gewissen Moscheen oder Fußballclubs formieren. Gefördert wird damit nur das weitere Auseinandertriften jedes ursprünglichen Ganzen.

Die Bedeutung von Grenzen

Solidarisierende, kollektive Grenzüberschreitungen scheinen unersetzbar. Doch: Grenzen existieren nicht von selbst, sie werden durch Setzen einer Marke, eines Zeichens gemacht, das etwas bedeutet. Dieses Mal deutet darauf hin, dass etwas endet und etwas anderes beginnt. Des Weiteren signalisiert es vor allem „Gefahr"!

Merkur und Hermes waren in der Antike die Hüter dieser Marken und sie waren zugleich jene Grenzgänger, die diese Marken überschreiten konnten, oder andere, welche sie überschritten hatten, in das neue Gebiet geleiteten. Nicht zufällig geleitet Hermes die Verstorbenen in die Unterwelt. Nicht weniger zufällig sind beide auch die Schutzpatrone jener, die Grenzen überschreiten, wie Händler, Diebe, Boten etc.

In frühen Zeiten war Hermes selbst nichts anderes als ein Grenzstein, der ein Gebiet markierte. Deshalb sind die frühen Darstellungen dieses Gottes anfänglich nur eine Stele mit einem Kopf. Häufig waren solche Stelen auch öffentliche Repräsentanten von Verträgen und verdeutlichten so, dass man hier ein Rechtsgebiet, einen Bann[193] betritt oder verlässt.

Qualitäten der Zeit

Was rechtens ist, ist jedoch nicht nur eine Frage territorialer Gliederungen. Auch Zeiten kennen ihre Regelwerke oder genauer gesagt, unterschiedliche Regeln bestimmen die Qualitäten der Zeiten.

Im antiken Rom – und nicht nur dort – gab es Zeiten ohne Regeln. Der zehnmonatige Kalender der frühen Zeit begann im März und endete im Dezember, dem, wie der Name schon andeutet, zehnten Monat. Dann endete das Jahr. Die Zeit zwischen diesem Ende eines Jahres und dem Beginn des neuen Jahres war ungeregelt, so sehr, dass die Monate dazwischen ursprünglich nicht einmal benannt wurden. Die Bezeichnung „Februar" für den letzten Teil dieser Phase etwa bezeichnete nicht einen Monat, sondern eine wesentlich kürzere Abschlussphase jener zeit- und regellosen Periode. Diese Phase war eine Reinigungsperiode[194], die mit Sühneopfern begangen wurde und auf die kommende, regelgeleitete „ordentliche" Zeit vorbereiten sollte[195].

Doch selbst diese Zeit scheinbarer Regellosigkeit kannte gewisse Regeln. In der Zeit der Saturnalia galten zwar nicht die üblichen Regeln, die gängigen Gebräuche wurden nämlich auf den Kopf gestellt. Herren wurden zu Knechten, die Knechte zu Herren[196]. Was verboten war, war nun öffentlich gestattet und geregeltes Recht war außer Kraft gesetzt. Unser heutiger Karneval ist nur ein blasser Abklatsch dessen, was die Saturnalien einmal waren.

Auch die bemerkenswerten dreizehn Tage zwischen Weihnachten und Epiphania sind anderen Regeln unterworfen als die restliche Zeit im Jahr. Ein weiterer müder Abklatsch einer derartigen regelosen Phase, in der die Welt Kopf steht, lässt

193 | „Bann" ist eine Bezeichnung für ein Gebiet, daher z.B. „Verbannung". Es bedeutet aber auch „Aufgebot, Befehl, Verbot".

194 | „Periode" selbst bezeichnete ursprünglich einen Grenzweg oder eine Umrundung. Dies lässt die dahinterliegende Einhegung eines geschlossenen Bereichs erkennen, der heute selbst als „Periode" bezeichnet wird – in anderen Worten das, was zwischen dem geschlossenen Rundweg liegt.

195 | Dieses Brauchtum spiegelt sich noch in der christlichen Fastenzeit und dem davor zelebrierten Karneval.

196 | Die rituellen österlichen Fußwaschungen des Papstes perpetuieren symbolisch dieses Brauchtum.

sich im „geheiligten" Urlaub entdecken, der in geballter Form die Andersartigkeit des Lebens in der „Aus-zeit" verdeutlichen soll und häufig auch als die Zeit betrachtet wird, wo neue Gefährten gefunden werden.

Zugegeben, Urlaub wird heute nicht länger in der früher üblichen, geballten Kollektivität der Dionysien zelebriert. Doch wer sich Statistiken des Massentourismus ansieht, merkt ohne allzu große Mühe, dass auch hier der Gott des kollektiven Rausches nicht abwesend ist, und manche Mittelmeerinseln oder Gebirgsdörfer in den Alpen haben diese regellose Zeit in ihre regelmäßige Einkommensquelle verwandelt.

Diese regellosen Perioden im Zeitlichen entsprechen den Marken und Stelen im Raum. Sie sind sinnvoll, weil sie das Ende einer Phase markieren und ihr Ende den Anfang einer neuen signalisiert. Sie fungieren als Grenzen der Zeit.

Nun sind zeitliche Phasen nicht nur auf den Jahreszyklus beschränkt. Mindestens gleichbedeutend sind die länger dauernden Lebensphasen, die zwar heute kaum mehr markiert werden, von denen wir uns jedoch noch nicht ganz befreit haben. Der Übergang von der Kindheit ins Erwachsenenleben wird heute nicht länger durch Initiationsriten markiert. Doch die Betroffenen werden trotzdem als außerhalb der Normen lebend betrachtet. Teenager sind keine Kinder, aber auch keine Erwachsenen, sondern stehen an der Schwelle dazu. Ebenso wird der angeblich schönste Tag im Leben, wenn zwei den Bund fürs Leben schließen, auch heute noch durch exzeptionelle Handlungen markiert und bedeutet den Eintritt in eine andere Phase. Der Übertritt von dieser Welt in eine mögliche, jenseitige, andere gleichfalls. Was aber treibt die Massen dazu, sich nach Jahrtausenden noch immer freiwillig solchen Ritualen zu unterwerfen? Es ist unter anderem das Bedürfnis nach Orientierung, das durch die Abfolge von erkennbaren Markierungen befriedigt wird. Setzen von Grenzen schafft Marken und Ordnung und gestattet es, sich zu orientieren. Orientierung und Ordnung sind die Triebkräfte, doch hinter diesen individuellen Antrieben steht einmal mehr die blanke Notwendigkeit der „condition humaine", die im aristotelischen „zoon politicon" ihren Ausdruck fand.

Zoon Politicon

Menschen brauchen andere Menschen für ihr Überleben mehr als sonst irgendwelche natürlichen Ressourcen. Der auf sich selbst gestellte Inselbewohner Robinson Crusoe ist die Fiktion eines Romans. Sie wurde absichtlich von Daniel Defoe erfunden, um jenen mythischen Helden auf der literarischen Bühne darzustellen, an dem sich das protestantische Individuum im 18. Jahrhundert orientieren sollte.

Um hingegen die Bedingungen des Überlebens in der wirklichen Welt befriedigen zu können, müssen Menschen zum Handeln (H. Arendt) und Ver-handeln fähig sein. Eine wesentliche Voraussetzung dafür ist ihre Fähigkeit, andere zu verstehen. Erst dies ermöglicht es, die „condition humaine" mit Erfolg zu verwirklichen, in anderen Worten Solidarität zu generieren. „Solidarität", darauf wurde schon hingewiesen, bezeichnet ein Verhalten, das für das Überleben einer „Einheit" erforderlich ist. Gesetze allein, eine abstrakte Ethik oder ein Souverän, wie Th. Hobbes meinte, genügen nicht, um die benötigte Solidarität für gemeinsames Handeln zu schaffen. Deshalb sollte man nicht irrtümlich meinen, dass Dionysos' Künste nicht mehr bieten als nur billigen Rausch. Sie sind durchdachte Mittel zur Sicherung jener nötigen Solidarität, die durch nichts zu ersetzen ist, und die folglich als solche erkannt und in Praxis transformiert werden muss, wenn der Hobbes'sche „Krieg aller gegen alle" unterbunden werden soll.

Dazu ist es erforderlich, eine „(Ge-)Samt-heit" zu schaffen und diese gegen Widerstände von außen und innen am Leben zu erhalten. Hier lässt sich neuerlich die Bedeutung von Grenzen erkennen. Grenzen ver-einen und ver-sammeln nach innen und ver-bannen nach außen, was nicht vereinnahmt wurde.

Wo allerdings solche Grenzen gezogen werden, wird vorrangig von Ideologien bestimmt. Defoe, seine und die Mehrheit unserer Zeitgenossen, ziehen sie entlang der eigenen Epidermis. Die alten Griechen zogen sie, wie dies Heraklit beschrieb, entlang der Stadtmauer. Die Christen des Mittelalters sprachen von der christlichen Ökumene und die Muslime vom Dar as-salam.

„Sam" und „eins" sind in diesem Kontext jedenfalls Schlüsselbegriffe, deren wesentlicher Sinn schon fast vergessen wurde, obwohl er stets wie der Oberton einer musikalischen Harmonie Farbe verleiht und omnipräsent mitschwingt. Dessen meist übergangene Präsenz lässt, anders als man meinen sollte, erst die volle Bedeutung des Grundtons für die gesamte Melodie, für deren Harmonie erkennen.

Exkurs

Ich nehme diese Zusammenhänge zum Anlass, um mich mit den beiden obigen Ausdrücken ausführlicher zu be-fassen, d.h. ihren Sinn zu er-fassen.

„-sam", Nachsilbe und Bedeutungskern vieler Worte, bringt Gleichheit[197] zum Ausdruck. So ist eine „Sammlung" eine Vereinigung von Gleichem oder Gleichen. Eine Sammlung von Dingen, die nichts Gemein-sames aufweisen, ist keine Sammlung, sondern ein ungeordneter Haufen. Ebenso ist eine Versammlung ein Treffen von Gleichen, selbst dann, wenn sie unterschiedliche Meinungen haben sollten. Denn wer nicht dazugehört, wird erst gar nicht geladen. Versammlungen ver-einen und schaffen eine Ein-heit, die gelegentlich als „Ver-ein" bezeichnet wird. Vereine

197 | „Sam" leitet sich vom gotischen „sama" her. Seine ursprüngliche Bedeutung blieb im englischen „same" erhalten. Im deutschen Sprachraum findet es sich noch in heute bereits unverständlichen Phrasen wie „samt und sonders". Die Bedeutung ist etwa „umfassend alles". Übersetzt werden könnte die Phrase mit „alle Gleichen und auch Ausgesonderten".

haben Gemein-sam-keiten, sie verfügen über etwas, was allen, die dazu gehören, gemein ist und diese so zusammenfügt. Eine solche, meist betonte Gemeinsamkeit ist Basis der oben erwähnten Gleichheit und fungiert so als Auslöser zur gemeinsamen Ident-i-fizierung aller. „Identifizierung" bedeutet nichts anderes als etwas „zum-selben-machen". Auch „ver-einen" meint Analoges, nämlich „Eins-machen". Auf diese Weise entsteht eine „Ge-meinde" und eine Ge-mein-schaft.

Lateinisch heißt Gemeinde „communitas" oder „communio". Das Wort leitet sich von „com-munire"[198] her, das „sich verschanzen", „sich befestigen" oder „ein Lager aufschlagen" heißt. „Communicare" bedeutet allgemeiner auch „etwas zusammen machen", übertragen meint es dann sogar „teilen, mit-teilen, besprechen". An diesem breiten Spektrum lässt sich ersehen, wie Gemein-sam-keit geschaffen wird. Man grenzt sich nach außen ab, man schafft sich gemeinsam eine „Statt", wie M. Heidegger dies benennen würde, oder eine „Stadt", wie es die Griechen im Sinn hatten, oder eben einen „Staat", was für sie dasselbe war.

Diese „Statt" entstand allerdings häufig als Ergebnis einen Fahrt voller Gefahren. Eine Fahrt trat man folglich nicht allein an, sondern mit „Ge-fährten", mit denen man die Ge-fahren teilte, kommunizierte, sich beriet, verschanzte. Gemeinsame „Er-fahrungen" wurde gesammelt und waren nicht nur Ergebnis der Fährnisse, die ge-mein-sam geschafft wurden, sondern schafften zugleich auch Gemeinsamkeiten und Identifikation.

Identifikation mit anderen ist Eros, weil gemeinsames Handeln, besonders unter Gefahr, mehr erzeugt als nur Lager und Wälle. Sie schafft Zusätzliches. Das lateinische Wort dafür ist ad-ficere, dazu-machen, korrekt geschrieben „afficere". Das Ergebnis sind „Af-fekte", heftige Gefühle gegen die außerhalb der Wälle und gegenüber jenen innerhalb. Diese beiden Emotionen hießen „eros" (ερως) und „eris" (ερις). Liebe und Streit gemeinsam schaffen jene angestrebte Gemeinschaft, bringen Solidarität. Auch sie ergeben sich aus einer Grenzüberschreitung und der damit verbundenen Gefährdung durch die Rechtlosigkeit des Apeiron, der undurchdringlichen Wildnis.

Die Kunst der Feste

Eine wesentliche Frage, die sich neu geschaffenen Gemeinschaften stellte, war jene nach den Mechanismen des Zusammenhalts, der Schaffung von „Harmonie" in dieser Gesellschaft. Zweifellos waren dafür Gefühle zu kanalisieren, falls sie überschwappten. Strafdrohungen und Streitschlichtung sind ein nicht unwesentlicher Bestandteil solcher Mechanik. Doch hilfreicher als diese negativen Strategien erweisen sich für alle Beteiligten die positiven Anreize, die für Zusammenhalt und Kooperation sorgen.

198 | „Munire" heißt „Mauern errichten". Heraklit lässt grüßen!

Ist eine Gemeinschaft erst einmal geschaffen, so werden Erinnerung stiftende Symbole der Unvergänglichkeit der „Samheit" dringend benötigt. Solche Symbolik lässt sich nicht nur über Totems und Stelen manifest machen. Denn Totems sind nur die Stigmata des Raums. Die Male der Zeit erfordern hingegen eine andersartige Beschaffenheit.

Vor langer Zeit bezeichnete man solche Marken als „Tag"[199]. Tage waren die Male für jene Zeiten, an denen Tagungen festgesetzt waren. Diese Male markierten das Vereinen in einem „Thing".

Ein derartiges Ereignis ist kein Alltag, sondern steht außerhalb der üblichen Ordnung. Schnell können in der Folge außergewöhnliche, doch wiederkehrende Ereignisse selbst zu Marken werden, mit deren Hilfe Zeit geschaffen wird, denn: Zeit ist kein Naturereignis. Sie muss geschaffen werden, um sie erfahren zu können. Zeit zu erfahren erfordert es, solche Marken hinter sich zu lassen.

Es wird kaum überraschen, dass außergewöhnliche Ereignisse notwendig als außerhalb gängiger Ordnung stehend begriffen werden. Tagungen setzen also Grenzen im Alltag und fordern zugleich zur Teilnahme auf. Ihre Außer-ordentlichkeit lädt ein und verlangt sogar danach, eine andere Ordnung als die gängige festzulegen. Eine andere Ordnung ist meistens die Negation der vorigen, denn alles andere wäre nur Un-Ordnung, also: ohne Ordnung.

Häufig dienen Zusammenkünfte auf Tagungen ernsten Zwecken: Verhandlungen, Absprachen, Abwicklung von Rechtsfällen, deren Ergebnisse auch im Alltag Geltung einfordern. So kommt es, dass Tagungen oft damit beginnen, die gängige Ordnung zu überhöhen, um deren Geltung zu betonen. Deshalb wird der jeweilige soziale Status, die Geltung der Rollen, durch Schmuck, Festkleidung oder Uniformen und ähnliche Gravität erzeugende Mittel herausgestrichen.

Doch nach dem Zeremoniell gegen Ende solcher Vereinigungen und Übereinkünfte wird die überbetonte anfängliche Ordnung in ihr Gegenteil verwandelt. Häufig beginnt diese Umstülpung mit einem gemeinsamen Mahl, einer Kommunion. Da ein solches Mahl das Außerordentliche ebenfalls deutlich machen soll, sind auch dessen Speisen und Getränke ungewohnt, sie sind exklusiv. Spätestens an dieser Stelle tritt Dionysos auf. Wein und Gesang und vieles mehr akzentuieren den weiteren Verlauf. Die Tagung wird zum Fest. Das Fest endet im Rausch.

Ein solches Mahl setzt den Abschluss zu einer Verhandlung. Das Mahl markiert den angemessenen Zeitpunkt, wird Merkmal und erinnert dadurch zugleich an die Versprechungen der Besprechungen. Schluss-end-lich wird ein Mahl selbst zum Zeitpunkt und zur Marke im Strom eines wiederkehrenden Umlaufs.

Zeitmale bestehen aus jener oben besprochenen, wiederkehrenden Regelumkehr der Praxis des Alltags. Im Fest manifestiert sich „Nicht-Alltag" durch seine Jenseitigkeit und Entgrenzung. Feste sind seit Urzeiten jene Quelle, die kollektives

199 | In Englisch ist diese ursprüngliche Bedeutung als Marke in „tag" nach wie vor erhalten.

Wohlbefinden spendet, ein Gefühl des Zusammengehörens und Zusammenseins schafft. Ein Fest hebt die Grenzen des Alltags auf, gestattet das Erlebnis neuer Gemeinsamkeit, vereint die Menschen innerhalb der Gemeinschaft, manchmal sogar darüber hinaus.

Weltliche Feste mit Tanz und Spiel leisten dieses Vereinen nach innen, religiöse dienen hingegen einem Zweiten, sie verweisen auf einen darüber hinaus reichenden Verbund mit abwesenden Anwesenden, den Ahnen und Göttern jenseits der Zeit.

Feste erneuern die Gesellschaftsordnung und beschwören die Mächte des Guten. Und das Gute vereinte sich mit dem Schönen – das behauptete zumindest Platon, und damit wird er wohl das Richtige getroffen haben.

Eine Vorführung im Theater ist hingegen kein Fest. Die Teilnehmer daran bleiben teilnahmslos und missen die Ver-Innerungen, die ein Fest auszeichnen und die es bietet. Da Vorführungen nicht wirklich ergreifen, können sie auch nichts ver-innern und in der Folge auch nichts „aus-innern" d.h. erinnern. Um solche Prägungen doch zu bewirken, muss man (be)ein-drucken. Dazu wird Technik, ars, eingesetzt, doch mit einmaligem oder folglich nur bescheidenem Erfolg, wie das oben schon festgestellt wurde.

Zur Rolle der Kunst im Fest[200]

„Das Fest – und die Kunst als dessen Hauptbestandteil – stellt das Gleichgewicht her und ist ebenso notwendig wie das Alltägliche, das es aufwiegt." (G. Duby, 1979, S. 13)

Kunst ist eine Form von Gottesdienst, meint G. Duby. Sie dient der angesprochenen Vergemeinschaftung von Toten und Lebenden. Auch dann, wenn Götter nicht länger als die verblichenen Ahnen betrachtet werden, sind sie stets noch Wahrer der Gemeinschaften. Der französische Soziologe E. Durkheim (1912) meinte, Gott sei die Personifizierung der Gesellschaft. Gottesdienst wäre demnach Dienst an der Gesellschaft.

Drei Funktionen habe in diesem Kontext ein Kunstwerk zu erfüllen:

- Es stellt erlesenes Dekor[201] bereit, das das Fest aus der Alltäglichkeit heraus in die Exklusivität hebt, indem es Raum und Zeit verändert. Es ist gleichzeitig auch Opfer und Danksagung.

200 | „Fest" leitet sich aus dem lateinischen Wort „feria" her. Es bedeutet „sakrale Feier", die folglich auch arbeitsfrei war.

201 | Nicht jedes Dekor ist Kunstwerk. Ein Weihnachtsbaum wird wohl kaum als Kunstwerk gesehen.

- Als Opfer ist es *Gabe* und verpflichtet zu einer *Gegengabe*[202]. Gaben sind eine Form von Vertrag. Sie belegen wie ein Pfand die Pflicht sich zu vertragen. Damit werden soziale Bande zwischen Menschen und zwischen Sterblichen und Unsterblichen geschaffen.
- Letztlich ist ein Kunstwerk Sinnbild, Symbol, es rettet den Augenblick des Festes in die Dauerhaftigkeit des Er-Innerns, wirkt dem Vergessen durch sein Anwesen entgegen und schafft so eine Weise des Erkennens, das H. Arendt „andenkendes Erkennen" nennt.

Zwar ist die Weise, etwas wiederkehrend anwesend zu halten, weltlichen Festen ebenso eigen wie religiösen, sie ist jedoch für die religiösen wesentlich bedeutungsvoller als für die weltlichen. Als Ausdruck eines Bestrebens, jene nicht-gegenwärtige Welt der Verstorbenen und Heiligen in Erinnerung zu halten, fällt der Kunst die Aufgabe zu, das Unerfahrene zu versinnlichen und scheinbar erfahrbar zu machen.

Das Fest wird dadurch zur Vorführung, zum Theater für abwesend Anwesende. Um Platons ausdrucksstarke Phrase nochmals zu bemühen: es wird zum Schein des Scheins. Daran lässt sich erkennen, dass *Kunst hier vorrangig dazu benutzt wird, um die herrschende Ordnung zu bewahren. Deshalb scheint die Bezeichnung „wahrende Kunst" in Unterscheidung zur „wahren" Kunst*[203] angebracht zu sein.

Gottesdienst benötigt nicht nur einen Ort zur Versammlung. Er bedient sich offenbar vielfältiger Ausdrucksformen im visuellen, mimetischen, akustischen Bereich, die ihn alle vom Alltag abheben, zum Fest erheben sollen.

Seit Urzeiten war z.B. Musik ein beliebtes Instrument, um Anders-Weltlichkeit herzustellen. Eine überindividuelle Gemeinschaft verwirklichte sich im Gottesdienst beispielsweise gern durch Chorgesang. Mit einer einzigen Stimme zu völliger Einheit verschmolzen, sang eine ganze Gruppe ihre Gebete. Die Worte folgten einer Melodie, die die Tonleiter der Musik durchlief und so auch die Struktur des Universums widerspiegelte. Und diese Harmonie des Universums fand eine Entsprechung in der Architektur, in der Gliederung und in den Proportionen der Tempel. Solcherart wurde ein Kosmos produziert, d.h. vorgeführt, der, wie das Wort selbst andeutet, scheinbar eine universelle Ordnung zum Erscheinen brachte.

Analog dazu war eine Krypta oder Katakombe gern die Stätte eines Ahnenkults und der Reliquienschreine. Sie wurzelte, wie es scheinen mochte, in der Muttererde und war deshalb ein bewusst gewählter Ort der Begegnung zwischen Lebenden und Toten, ein Zwischenreich. In der Antike wurde selbst diese transzendierende

202 | M. Mauss (1923).

203 | Der Unterschied wird etwas weiter unten verdeutlicht. Die Abgrenzung verfließt allerdings zum Teil, wenn etwa religiöse Ekstase versinnlicht werden soll, wie z.B. in den Werken El-Grecos. Exemplarisch nenne ich etwa das Bild „Die Ekstase des Hl. Franziskus".

Begegnung häufig mit einem gemeinsamen Festmahl gefeiert, an dem auch die Verstorbenen beteiligt wurden. Dieses Ritual blieb bis in die späte Antike erhalten und fand in der christlichen Liturgie seine Fortsetzung.

In den oberirdischen Tempeln verwiesen hingegen Stufen, die erheben sollten, in umgekehrter Richtung auf die Andersweltlichkeit der himmlischen Götter. Der Sakralbereich der Tempel war streng gegliedert, wobei die äußeren Bereiche dem Volk offenstanden, die inneren hingegen nur den geweihten Priestern und Priesterinnen. Dort herrschten noch Lärm, Geschäftigkeit und Vorführungen, hier, ab der Vorhalle, die bereits prachtvoll gestaltet war und in die Zeitlosigkeit des Glanzes eines imaginären Paradieses überführte, herrschte Stille.

Riten

Sakrale Feste waren und sind durch strenge Riten geregelt, die zwar nicht den alltäglichen Verhaltensregeln entsprechen, aber gerade dadurch das Ausgesetzt-sein und die damit verbundene Gefahr bannen, die im Umgang mit dem Heiligen stets droht. Ihre Formalismen sind dazu bestimmt, Wohlgefallen zu erzeugen und dadurch Wohlwollen zu generieren.

Dieser Sachverhalt beherbergt einen fundamentalen Widerspruch. Denn eigentlich ist die geteilte Konfrontation mit Gefahr die Ursache des Vereinens von Gefährten, die so einig werden und sich vertragen müssen. Doch im Fest obiger Art wird die Gefahr auf sanktifizierte Geweihte ausgelagert, die die Formeln und Riten beherrschen und damit Ordnung stiften. Die Vereinten spalteten sich, ein Teil hob sich vom Rest ab, wurde zu „Brückenbauern".

Das Wort „Ritus" hat eine vielsagende Genealogie. Es leitet sich aus dem Indogermanischen „rta" her, welches jene „Ordnung" bezeichnet, die unterschiedliche, ungleiche Glieder und Organe „ein-renkt" und zu einem funktionsfähigen Ganzen macht. „Rta" ist zugleich die Urform von „ars", zu Deutsch „Kunst" und von „artus", das „Gelenk".

Kunst ist offenbar wesentlicher Bestandteil eines Ritus, dessen Sinn die Genese von Ordnung und Ver-einigung ist. Doch diese Kunst ist vorrangig Dekor. Sie übt sich in einer verständlichen, geregelten Sprache für den zurückgelassenen Teil, wie Bild und Plastik, sowie einer meist unverständlichen, heiligen Sprache im Ritus selbst.

Rituelle Kunst steht stets im Sold und in der Pflicht der Abgehobenen. Solche in den Dienst genommene Kunst verherrlicht demnach die Herrschaft der Wahrer der herrschenden Ordnung. Man darf sie deshalb als „*be-wahrende*" Kunst bezeichnen. Sie schafft den platonischen „Schein des Scheins", indem Gefahr simuliert wird, ohne dass man ihr ausgesetzt ist. Der von Aristoteles von der Tragödie eingeforderte „Schrecken" (phobos; φοβος) und das „Mitleiden" (eleos; ελεος) der Zuschauer und Gaffer, welche die Katharsis, Reinigung bewirken sollen, findet nicht länger statt. Die „Stätte", wie dies Martin Heidegger bezeichnen würde, ist bereits eingeräumt und ausgerichtet. Jede Stätte ist begrenzt, ein Hort göttlichen Rechts.

Sie wird vom Dickicht einer unverständlichen Wildnis umwuchert. Doch diese Wildnis eines jenseitigen, gefahrvollen Heiligen wird im abgegrenzten Bezirk der Tempel nur simuliert. Die Formalismen des Ritus vergleichen sich mit den mit stumpfen Waffen geführten Schaukämpfen der Schauspieler. Kein Geweihter ist aus dieser Zone der Gefahr jemals nicht heil und unbeschädigt wiedergekehrt.

Für Heidegger ist eine solche Stätte eine „Lichtung", das ist ein gesäuberter, gereinigter Ort apollinischer Klärung. Er meinte, dass eine Lichtung ein Ort der Freiheit wäre. Doch diese Freiheit seiner „Statt" ist eine „gestattete", wie er selbst betonte. Gestattet wurde sie von Herrschern, die die Stätte ein- und ausrichten konnten. Gestattete Freiheit ist also zugelassen und damit widerrufbar. Tatsächlich ist auch sie nur Schein, die scheinbare Freiheit geordneten Lebens.

Naheliegender Weise herrscht dort nicht länger der Ausdruck spontanen Erlebens vor, sondern Litaneien, flehende Bittgebete um Gnade. Das rituelle Fest wurde so auf eine Vorstellung und Vorführung re-duziert. Damit wurde (und wird) die Kunst der Feste des Dionysischen beraubt, das den urwüchsig spontanen Ausdruck tat-sächlichen Erlebens einfordert.

Erleben

„Erleben" bestimmt J. Mittelstrass als „Ereignis". Und er betont eine charakteristische Differenz, die sich konsequent von der seit Aristoteles begründeten Präferenz für einen verdinglichten, substanziellen Ausdruck abhebt. Im Gegensatz zur weitverbreiteten aristotelisch-objektivistischen Sicht fokussiert eine auf J.G. v. Herder und W. v. Humboldt zurückgehende neue Sprachform den Ausdruck auf Tätigkeiten und ein Zeitwort, das solche Handlungen benennt.

Erleben erscheint dadurch als Vorgang, wobei die traditionelle Subjekt-Objekt-Beziehung aufgehoben wurde. An dessen Stelle tritt die Bezugnahme auf sich selbst. Herders Ansatz konnte so zum Ausgangspunkt einer philosophischen Analyse des Subjekts werden, bei dem das tätige Subjekt charakteristische Sichtweisen des Erlebens entwickelt. Unvermitteltes Erleben wirkt integrativ und ist zur Abstraktion nicht fähig.

Die Loslösung von jener Objekt-Subjekt–Perspektive ermöglichte zugleich eine Befreiung vom Schein des Scheins. Erkenntnis wird bei diesem Vorgang durch eine Fülle möglicher hermeneutischer Deutungen angereichert, statt wie bei der Abstraktion auf ein Gedankenskelett reduziert zu werden. Bei diesem Bild bleibend könnte man sagen, dass dadurch Fleisch an die baren Knochen an-gefügt wurde. Die so geschaffene, markante Differenz wird sprachlich durch die Bedeutungsverschiedenheit von „erklären" und „verstehen" manifest. „Klären" wurde bereits als apollinisches Charakteristikum geortet. So liegt es nahe, „verstehen" dem Erlebnis betonenden, dionysischen Ansatz zuzuordnen.

Verstehen und Erklären sind zwei Formen von Erkenntnisgewinn. Vordergründig lässt sich feststellen, dass Erleben eine empirische Orientierung aufweist, die nicht notwendig Ergebnis wiederkehrender Erfahrungen ist, sondern eher einer einmaligen Erleuchtung entspricht. Es entspricht dem oben bereits angesprochenen „Heureka"-Erlebnis. Spontanes Verstehen während eines Erlebnisses entbehrt allerdings eines adäquaten Ausdrucks. Verstehen ist sprachlos, so wie die Erleuchteten auch. Die Schwierigkeit, die mit dieser Form von Erkennen verbunden ist, besteht darin, einen angemessenen Ausdruck zu finden, der die neue Erfahrung zu vermitteln gestattet bzw. die Möglichkeit schafft, sie „aus(-zu-)fahren"[204].

Dichtung

Den Eindruck auszudrücken, den Erlebtes gemacht und hinterlassen hat, ist eine Kunst. Sprachloses Staunen in Mitteilungen zu fügen, bezeichne ich im Unterschied zur *„wahrenden Kunst"* als *„wahre Kunst"*. Wahre Kunst ist es deshalb, weil sie ein Erlebnis treu (true) wiedergeben will, das nicht nur komplex ist, sondern auch über keine Entsprechung in der umgänglichen Sprache verfügt.

Die Kunst besteht darin, mit noch ungeeignetem Werkzeug zu zeugen und das daraus gewordene Zeug auch an „den Mann[205] zu bringen". Wie nicht überraschen wird, ist das Ergebnis ein „Symbolon" bzw. eine Fügung und Verdichtung. Manche solcher Fügungen bezeichnet man folglich als „Fuge", andere als „Ge-dicht". Ein Gedicht vermittelt also die Verdichtung von Erfahrenem in einem zusammengeworfenen „symbolon". Der bereits angesprochene Konnex mit „ars" und „Ritus" wird einmal mehr augenscheinlich.

Ein Ritus ist – wie schon besprochen – ein bereits über Gewohnheit und Gebrauch fest gefügtes Gefüge symbolischer Zeichen, dem bereits eine Grammatik unterlegt wurde. Jeder Ritus ist das Produkt einer Technik der Zeichen (Grammatik), die, wie jegliche Technik, einem Regelkodex unterworfen wurde. Der Preis dafür war, dass dieser Prozess durch Anwendung wiederkehrender Regeln das spontane Erleben verloren gehen ließ. Die repetitive Anwendung derartiger Regeln bezeichnet man heute als „Algorithmus" und ist nichts anderes als eine abstrakte „Maschine". A. Turing (1936/1937) bezeichnete dies als „Papiermaschine".

204 | Zur Erinnerung: Die Vorsilbe „er-" kann oft dem lateinischen „ex-" gleichgesetzt werden. Folglich ist „erkennen" gleich „auskennen", „erleben" „ausleben" und „erinnern" „aus-innern" (aus dem Innern herausholen), „erfahren" „aus-fahren" usw.

205 | Zu betonen wäre, dass „Mann" stets als gleichbedeutend mit „Mensch" (Maskulinum) zu verstehen ist (und nie für „Mensch" (Neutrum) genommen wird).

Kehren wir in Abhebung dazu zur Lichtung Heidegger'scher Prägung zurück. Eine Lichtung ist „ein-gelassen" in eine Wildnis oder in ein Chaos. Diese Wildnis ist nahezu undurchdringlich dicht, ein Zustand, den das griechische „Apeiron" (ohne Poren) beschreibt. Wer aus solcher Lichtung kommt und in das Dickicht vordringt, überschreitet eine Grenze. Hinter der Grenze herrscht eine andere Freiheit, die Freiheit des Vogelfreien, die nicht erst gestattet werden muss.

Denn dieses Jenseits ist ohne Recht, ohne erkennbare Ordnung oder Regel. Dort lauert die Gefahr hinter jedem Baum. Wer es schafft, daraus zurückzukommen, hat vieles erlebt und weiß viel zu berichten. Doch meistens fehlen dazu eben die Worte[206]. Die Worte für das Grauen und den Schrecken müssen erst gefunden, erfunden und geprägt werden. Diese neuen Worte sind häufig nicht mehr als Gestammel. Stammeln ist Ausdruck von Sprachlosigkeit, doch wenn sich das Stammeln ver-sammelt, so wird es irgendwann auch verstanden. Dann verdichtete es sich zum Gedicht[207]. Vermittlung sprachlosen Erlebens schafft nicht nur eine neue Sprache, sondern eröffnet zugleich die Chance, neue Gefährten zu sammeln, zu einigen und daraus ein neues soziales Ganzes zu fügen. Denn Menschen müssen sich verständlich machen, wenn sie versammelt gemeinsam handeln wollen.

Doch die Umkehr dieser Notwendigkeit gilt auch: Wenn manche nicht länger gemeinsam handeln wollen, sondern sich abheben und trennen wollen, auch dann entwickeln sie eigene Sprachen, Hoch-, Geheim- oder Sakralsprachen (s.o.), hinter denen sie sich sammeln können.

Theorie ist Theater

Theorie ist eine Sprachform der Abgehobenen untereinander. Theater ist hingegen die Sprachform der Abgehobenen für Botschaften an die Zurückgebliebenen, wenn es darum geht, diese von oben herab zu über-reden und zu über-zeugen. Alle diese Vor-führungen sind „wahrende Kunst".

Nach den Darstellungen von Aristoteles sollte die griechische Tragödie Mitleiden und panische Angst erzeugen. Panische Angst war die Angst der Städter vor der Wildnis, in der Pan herrschte. Auch Pan war ein Gefährte des Dionysos, ein Gott der Hirten und Herden, und dessen Verehrung war zweifellos älter als jene der olympischen Götter.

Seine Abstammung wird in unterschiedlicher Weise geschildert, doch bezeichnender Weise wird Hermes, der Gott der Grenze, meistens als sein Vater ge-

206 | Zu erinnern wäre an dieser Stelle an das rätselhafte Schweigen von Kriegsheimkehrern oder Gefolterten. Ihnen fehlen die Worte, um das Erfahrene mitzuteilen.

207 | Die Erfindung der Dichtung, die in der germanischen Mythologie Odin und in der griechischen Apoll zugeschrieben wird, geht einher mit einer neuen differenzierten Gesellschaftsordnung (Männerbünde), der die Aristokratie entwuchs.

nannt. Eine Grenze zeugte, so ließe sich sagen, den Flöten spielenden Gott der Un-ordnung[208], der in vielsagender Weise mit Apoll einen musikalischen Wettstreit auszufechten hatte.

Vor ihm, so wie vor Dionysos, sollten sich die Kinder der Polis, des geregelten Worts und des „guten" Tons hüten. Nicht der dunkle Mythos, der aus dem Dickicht sprach und Melodien des Windes in die Köpfe der regelgeleiteten Bürger blies, sondern die „Syn-logismen" und Grammatiken des Logos[209] sollten des weiteren ihr Dasein bestimmen. Anwesend im Staat, anwesend im Raum des Scheins der Zuschauer und Nichtzugehörigen, sollte Angst die abwesend Anwesenden von jeglicher Übertretung der Peripherien ab- und damit zusammenhalten[210].

Die Deutung der Welt, des Kosmos und der Gesellschaft, die jahrhundertelang der Mythos in widersprüchlicher, doch hilfreicher Weise besorgte, wurde nun durch Theorien vom geregelten, absolut Guten[211] und Schönen besorgt. Abgehoben wie die Vertreter solcher Theorien vom Leben der Bürger waren, so waren es auch ihre Theorien. Sie fußten in abstrakten Regelwerken, deren Grundkonzept darin bestand, zwischen „Ja" und „Nein" zu unterscheiden, ohne die dazwischenliegenden, weiten Spektren der Wirklichkeit sowie der Worte und Zeichen zur Kenntnis zu nehmen.

Diese Bereiche wurden wie Pan, der Herr der Wildnis, ausgegrenzt bzw. einer rituellen Behandlung in abgeschlossenen Kreisen zugewiesen, die ähnlich wie der heilige Bezirk der Tempel der Öffentlichkeit entzogen waren. Der ausgegrenzte, gefahrenvolle, Macht spendende Bereich vieldeutiger Zeichen und Worte wurde nur in der Dialektik behandelt, die Platon zur höchsten und zu einer geheimen Wissensdisziplin kürte. In akademischen „Tempeln" vorgeblicher Wahrheiten entstand das, was zunächst als „Philosophie", später mit „Wissenschaft" bezeichnet wurde.

Die in den so bezeichneten Akademien vertretenen Wissenschaften waren nicht nur abgehoben vom praktischen Leben der Mehrheit, sondern verschrieben sich überwiegend den Quantitäten und Proportionen von Zahlen. Qualitäten, die sich damit nicht beschreiben ließen, wurden zu sekundären, zufälligen Attributen von Wesenheiten degradiert, deren Bedeutung und Einfluss als irrelevant erachtet wurde. Die Idee des Pferdes etwa war farblos.

208 | Griechisch: ακοσμος (A-kosmos) ist das Gegenteil von „Kosmos" (Ordnung), den die Griechen gleich auf eine Weltordnung verallgemeinerten. Daraus leitet sich auch unsere Bezeichnung für das Universum als "Kosmos" her. Siehe dazu auch: „Die Vernunft vernimmt", dieser Band.

209 | „Logos" und „Mythos" bedeuteten ursprünglich dasselbe, nämlich: „Wort", „Rede".

210 | Siehe dazu: M. Schmutzer (2011), Kapitel VII.

211 | Die sokratische Ethik ersetzte nun Naturphilosophie und Mythos.

Eine analoge Strategie der Ausschließung wird auch heute an öffentlichen Schulen und Universitäten praktiziert. Einzig in Managementkursen und Parteischulen, den Schulen der Mächtigen, wird heute noch die hohe Kunst der Dialektik vermittelt. Den öffentlichen Schulen wird stattdessen MINT[212] verabreicht, um den so erzeugten schalen Geschmack zu übertünchen.

Dem Wort „Dialektik" liegt das griechische „legein" (λεγειν) zugrunde, das dieselbe ursprüngliche Bedeutung „sammeln" hat wie unser „lesen". Auf Kommunikationsakte angewendet wird daraus „erzählen", später „lesen", doch vor allem auch „miteinander sprechen, besprechen". Bedenkt man den Grundton des Wortes mit, so wird verständlich, warum der Meister der Abgehobenen die Dialektik nicht nur zur höchsten, sondern auch zur geheimen Wissenschaft und Lehre erkoren hat. „Legein" ver-sammelt nicht nur Weintrauben und Buchstaben, sondern Menschen, die es vereint und in Versammlungen zu gegenseitigem Verstehen bringt. Solche Fähigkeiten sind in des Wortes ursprünglichster Bedeutung politisch. Sie öffnen den Beginn der Herrschaft der Vielen, die, selbst wenn jeder Einzelne schwach sein mag, vereint die wenigen Abgehobenen unter die Herrschaft des Demos zurückholen könnten. Das ist in Athen ja öfter als einmal geschehen und hat sich der dortigen Aristokratie nachhaltig ins Gedächtnis eingeprägt.

Eine vergleichbare Sicht wie die gerade skizzierte hat F. Nietzsche (1887) in seiner Schrift „Zur Genealogie der Moral" entwickelt. Darin hat er nicht nur den Prozess und die Bedeutung „rang-abhebender Werturteile", sondern zugleich auch die Bedeutung von Sprache als „Machtäußerung der Herrschenden" beschrieben:

> „Sie sagen ‚das ist das und das', sie siegeln jegliches Ding und Geschehen mit einem Laute ab und nehmen es dadurch gleichsam in Besitz." (Ibid., S. 18)

Unbestritten hat Nietzsche eine Sichtweise eingenommen, die der hier vertretenen entgegengesetzt ist. Doch abgesehen davon stimmt seine Analyse. Denn das pejorativ gemeinte „gemeine", das nicht nur Nietzsche mit „schlecht" gleichsetzte, war deshalb schlecht, weil es „schlicht" und deshalb der Mehrheit gemein war, die eben nicht abgehoben lebte. Diesen Sachverhalt verschweigt der revoltierende Philosoph ebenso wenig wie die Umkehrung, nämlich, dass das Gute und Schöne genau das ist, was der abgehobene Teil dazu bestimmt hat.

Nicht allein wird solcherart „gut" und „schön" definiert und damit vereinnahmt, auch das, was als gefährlich gelten soll, wird dadurch festgelegt. Die damit erzeugte Angst oder der panische Schrecken sollte eben die Menschen vor Grenzüberschreitungen zurück-schrecken lassen.

Die Außenwelt und die zwischen den Ordnungsbegriffen liegende Zwischenwelt wurde ausgegrenzt, der unumgängliche Umgang damit in die Hände von

212 | MINT steht für: Mathematik, Informatik, Naturwissenschaft, Technik.

mutigen Geweihten gelegt, die schon deshalb, weil sie geweiht wurden, abgehoben waren.

Zwischenwelten zwängen sich in Zwischenräume, die zwischen Widersprüchen klaffen. Dort werden allerdings jene „Dinge“ und das „Denk-Zeug“ geschaffen, mit denen gedacht wird und womit neue Erfahrung erfasst werden kann. Tatsächlich fügen Zwischenräume die eingrenzenden Widersprüche zu einem Ganzen. Das wusste schon Heraklit. Doch wenn dieses „Ganze“ in oben und unten unterteilt wird, dann müssen diese neuen Distanz-schaffenden Zwischenräume auch unter eine abgehobene, geheiligte Aufsicht gestellt werden.

Zahl und Abstraktion

Im Griechischen lautet eine Bezeichnung für Zwischenraum „arithmos“ (αριϑμος). Dieses Wort selbst ist, ähnlich wie „Akosmos“ (s.o.), die Verneinung von „rithmos“, welches sich vermutlich aus dem uns bereits bekannten, indogermanischen Stamm „rta“ herleitet. Dessen Bedeutung ist „fügen“, „Gelenk“ oder „Ritus“. „Rithmos“ verbindet und fügt also, sein Gegenteil „a-rithmos“ trennt.

„Arithmos“ ist zugleich auch die gängige Bezeichnung für „Zahl“. Eine Zahl ist demnach etwas Unverbundenes, vereinzelt Getrenntes. Sie „existiert“ allein, aufgrund eines Zwischenraums. *Wer diesen Zwischenraum leugnet, schafft die Zahl ab und setzt an deren Stelle eine „Größe“. Da eine Zahl das Ungefügte, d.h. die Negation einer gefügten Sache ist, ist das Gegenteil der Zahl das „Vereinte“, das ist das Ganze.*[213] Das wäre allerdings eine Ganzheit. Eine Ganzheit ist eine Größe, in der der jeweilige Widerspruch zwischen den Grenzen ge- und verborgen bleibt.

„Arithmetik“ bezeichnet die Technik des Umgangs mit Zahlen. Doch die Lehre davon wird von „mathematos“ (μαϑηματος) betrieben, das waren ganz allgemein „Theoretiker“, wir nennen sie davon abgeleitet „Mathematiker“. Die Dialektik hingegen, die die Technik vom Umgang mit Widersprüchen und Zwischenräumen ist, wurde von jenen Theoretikern ausgegrenzt. Sie blieb bzw. wurde anderen vorbehalten.

Die Pythagoreer, von denen Platon viele Anregungen übernahm, kannten eine Liste von zehn bedeutenden Gegensätzen. An erster Stelle fand sich dort das Paar „begrenzt“ und „grenzenlos“. Diesem Paar wurde die oberste Stelle in dieser Hierarchie der Werte zugeordnet, was die große Bedeutung zum Ausdruck bringt, die ihm die politisch engagierten, oligarchisch orientierten Pythagoreer zuordneten. Denn Abgrenzung und Ausgrenzung sind in jeder Politik herausragend wichtige Instrumente der Machtausübung. Sie schaffen ein „Wir“ und ein dazugehöriges „Sie“.

---

213 | Siehe dazu auch: Schukuky, dieser Band.

Sobald dieses Paar existiert, ist es klug Denkgesetze zu formulieren, die das Überschreiten des Zwischenraums schwierig, vielleicht sogar undenkbar erscheinen lassen. Das kann z.B. durch eine dichotome, polarisiernde Denkordnung erreicht werden, wie das im Gesetz vom „Ausgeschlossenen Dritten“ oder „tertium non datur“ in Aristoteles' Metaphysik vertreten wird.

Da nun derselbe Satz auch ein bedeutendes Postulat in der mathematischen Beweisführung liefert, wird damit auch die politische Bedeutung einer mathematischen Darstellung des Weltgeschehens verständlich[214]. Wer die Welt in Zahlen fassen kann, wie das die Pythagoreer, Platoniker und Aristoteliker propagierten, hält die Schlüssel zur Weltherrschaft in Händen.

Diese historisch frühe Erkenntnis hat bis heute nichts an Bedeutung eingebüßt. Dasselbe Prinzip regiert auch die alles dominierenden Rechenmaschinen. „Sein oder Nicht-Sein“ definiert sich letztlich aus der Fähigkeit, dieser Logik gerecht zu werden. Das dahinterliegende Prinzip legt konsequenterweise nahe, den Bereich des Dionysischen, wo derartige Ordnungskriterien aufgehoben sind, aus dem öffentlichen Leben zu verbannen. An dessen Stelle tritt die Welt des Schein-des-Scheins in Form theoretisch begründeter, theatralischer Vorstellungen, die heute vorzugsweise „virtuelle Welten“ genannt werden.

Virtuelle Welten dominieren in unserer Zeit nahezu alles: die „heiligen“ Zeiten, die im Rhythmus von Arbeit und Freizeit für die zurückgelassenen „Underdogs“ geschaffen wurden, nicht weniger als die Vorstellungen und Theorien der geweihten „Sacerdotes“ in den abgeschotteten Tempeln der Wissensfabriken. Und selbst dort, wo eigentlich das ungeordnete Gestammel zu neuen Ausdrucksweisen neuer Erfahrungen verdichtet werden sollte, dominiert im elektronisch moderierten Kunstbereich einer „Ars Electronica“ die Logik von Eins und Null. Diese Entwicklung ist selbstzerstörerisch, denn, wie Nietzsche bereits erkannte, kann wahre Kunst erst dann entstehen, wenn beide gegensätzlichen Welten erfahrbar werden.

Wahre Kunst

Wahre Kunst ist das Können, sprachlose Erfahrung verständlich zu machen. Sprachlose Erfahrungen sind bislang unerfahrene Erfahrungen, Konfrontationen mit Außergewöhnlichem. Wie das Wort „außer-gewöhnlich“ aber selbst schon verdeutlicht, handelt es sich dabei um Erfahrungen, die jenseits von Grenzen gemacht wurden. Sich solchen Erfahrungen zu verschließen, wäre prinzipiell möglich. Ob dies auf Dauer heilsam ist, sollte bezweifelt werden, besonders dann, wenn sich derartige Erfahrungen wiederkehrend aufdrängen.

Erfahrungen brauchen ihren Ausdruck. Über sie zu schweigen hilft wenig, darüber zu sprechen fällt meistens schwer. Doch zu verstehen, was solches „Gestam-

214 | Siehe dazu auch: Schukuky, dieser Band.

mel" mitteilen will, erfordert eine besondere Befähigung, nämlich die Kunst zu verstehen. Sich auf das unvermeidbare Stolpern im Ausdruck ein-zu-lassen ist eine Kunst, die erlernt und geübt werden muss.

Jede Kunst erfordert wechselseitig Ausdruck und Eindruck. Kunst verlangt zwangsläufig den eigenen Verstand einzusetzen, der aber nur versteht, wenn er bereits selbst Erlebnisse hatte, die er aus-innern, aus dem Inneren herausholen, also „er-innern" kann. Erleben, erfahren, verstehen verbinden zugleich. Gemeinsam erleben und erfahren macht Gefährten. Gefährten bestehen Gefahren, verstehen sie und einander, weil sie sich einließen auf Gefahren, vor denen sie vermutlich gewarnt worden waren.

„Sich einlassen" verlangt umgekehrt ein Einlassen. Niemand kann sich auf etwas einlassen, ohne bereit zu sein, auch etwas hereinzulassen. Dies erfordert das Öffnen von Grenzen und bewirkt die Aus-Prägung des eigenen Seins. Solche Prägung ist identisch mit Bildung. Das Eingelassene formt, es in-formiert.

Wahre Kunst ist demnach viel mehr als nur Mitteilung von Unausgesprochenem. Sie formt den, der stammelt ebenso wie jene, die sich auf das Gestammel einlassen. Wahre Kunst ist Vereinigung und Befähigung, durch verstehen zu bestehen. Erlebnisse unter Gefahr zusammen zu erfahren ist Lebensnotwendigkeit.

Solches zu überstehen schaffen apollinische Klärungen nicht. Sie klären durch ausschließen, durch Abstraktion. Ihre Vertreter sind bewahrende Todgeweihte. Ohne wahre Kunst gibt es kein Überleben in einer gefahrvollen, noch unerfahrenen, a-kosmischen Welt. Erst erfahren-einlassen-verstehen-vereinen schafft Erkenntnis, nicht jedoch die wiederkehrende Produktion von akkreditierten Vorführungen des Scheins.

Epilog

Am Anfang stand das Wort: „Die Antike war sicher, dass die Kunst zu ihrer Entstehung göttlichen Beistand braucht." Am Ende sind wir sicher: Götter brauchen die Kunst der Menschen, um zu überstehen. Menschen aber brauchen den Beistand der Kunst des Stammelns, um zu überstehen. Ludwig Wittgenstein (1921/22) war im Unrecht. „Worüber man nicht sprechen kann...", darüber muss man stolpernd stammeln und dichten. Wer Neues entdecken und erfahren will, muss den eingehegten Kreis kanonisierten Erkennens überschreiten. Dafür müssen die Priester der Erkenntnis lernen, sich auf dionysisches Gebiet jenseits ihres Tempelbezirks zu begeben. Wird dieser Schritt getan, dann benötigen sie die Künste des Ausdrucks. Die Bestimmung von Kunst ist nämlich, mithilfe der streunenden Hunde der Nacht Ausdruck zu finden für die sprachlosen Erfahrungen aus dem Jenseits geklärter Lichtung.

Wahr ist, was währt

Die Frage, was wahr ist, bzw. was Wahrheit ist, beschäftigt die Menschheit zumindest seit der Antike. Zu meinen, dass es darauf neue Antworten geben könnte, scheint folglich vermessen.

Allerdings wird die Frage üblicher Weise in Kontexten, wie Wissenschaft oder Religion, Philosophie und Jurisprudenz etc. gestellt. Die nämliche Frage auch im Kontext von Kunst zu stellen, ist eher ungewöhnlich. Gibt es Wahrheit in der Kunst, in der Musik, der Poesie, der Malerei, Bildhauerei, Architektur oder gar im Tanz? Die gleiche Thematik lässt sich auch anders formulieren: Kann Musik, Poesie oder eine andere Kunstrichtung auch lügen? Sind etwa Porträts von Pablo Picasso, die Epen Homers oder eine Oper von Richard Wagner möglicherweise verlogen? Können sie das sein?

Kunst ist eine Sprache

Nikolaus Harnoncourt hat bei den Salzburger Festspielen im Jubiläumsjahr 1995 seine Eröffnungsansprache unter das Thema „Was ist Wahrheit?" gestellt. Ein mutiger Schritt eines Künstlers, der die vorherrschende Meinung hinterfragt, dass Wahrheitssuche den Domänen obiger und verwandter Disziplinen zuzurechnen sei, wogegen sich Kunst vorrangig Fragen der Schönheit und Ästhetik zuwenden sollte. Harnoncourt tritt dieser Sichtweise mit Entschlossenheit entgegen. Seine Sicht auf den Punkt gebracht lautet:

„[...] Kunst ist eine Sprache, die Verborgenes aufdeckt, Verschlossenes aufreißt, Innerstes fühlbar macht, die mahnt - erregt - erschüttert - beglückt. Aber will Kunst nicht die Schönheit? Ja und nein. Wenn alles schön ist, ist's nur schön, und merkwürdigerweise nicht Kunst. Die Schönheit in der Kunst schließt das Gegensätzliche ein und heißt Wahrheit, sie kann sehr beklemmend sein." (N. Harnoncourt, 1995, S. 21)

Eröffnungs- und Festreden sind keine wissenschaftlichen Traktate. Die Tendenz, dass derartige Ereignisse zu einem „bequem erfolgsorientierten Kurbad" (Ibid.)

werden, dessen Komfort nicht durch langwierige Abhandlungen beeinträchtigt werden darf, spricht Harnoncourt selbst an. Seine Rede muss demnach als ein persönliches Bekenntnis genommen werden, wie ein zeitgenössischer Kunstschaffender seine eigene Tätigkeit sieht. Ob diese Sicht authentisch oder nachhaltig von den Gedanken früherer Philosophen beeinflusst ist, bleibt eine unbeantwortete Frage. Festgehalten sollte aber werden, dass seine in der Eröffnungsansprache pointiert deklarierte Sicht auch jener früherer Philosophen entspricht.

In der Redeweise von Martin Heidegger oder Platon würde dieses „Aufdecken“ als „Entbergen“ bezeichnet, eine Tätigkeit, die Verborgenes zum Vorschein bringt. Kunst steht also im Dienst des Entbergens[215], allerdings nicht nur von verborgenem, ohnehin bereits quasi versteckt Anwesendem, sondern noch mehr von Abwesendem, das nur allzu oft ein Ausgeschlossenes, Ausgegrenztes ist. Also etwas, das sich jenseits einer Grenze befindet, die einen Riss im Seienden zieht. Kunst ist, wie Harnoncourt schon sagte, ein wesentlicher Teil bei der Suche nach Wahrheit. Sie ist somit in jeder Hinsicht der Wissenschaft, Philosophie und anderen oben genannten Bereichen gleichgestellt.

Eine naheliegende Konsequenz aus dieser Einsicht wäre, dass sich die Wahrheitssuchenden mit den Aussagen und Ausdrucksmitteln der Kunst zumindest vertraut machen sollten, wenn ihr Bestreben erfolgreich sein soll. Doch das kann aus dieser Perspektive betrachtet nicht die einzige Einsicht sein. Eine noch wesentlich bedeutendere Folgerung ist, dass sie auch lernen müssen, Grenzen – und zwar ihre Grenzen, seien sie nun disziplinär oder individuell, ideologisch oder kulturell – zu überschreiten. Denn das Verborgene wartet auf keiner Hauptstraße auf den nächsten Passanten. Es wartet überhaupt nicht, sondern muss in einem langwierigen Prozess erahnt, erfahren und dann erkannt werden. Außerdem verbirgt es sich gern im Dickicht des Apeiron, des Grenzenlosen und Undurchdringlichen. Wer demnach Verborgenes entbergen will, darf die Erfahrung mit einer gesetzlosen Wildnis nicht meiden.

Doch selbst dann, wenn Erfahrung von Gefahr angenommen wird, heißt das noch nicht, dass das Wesen des Wahren, die Wahrheit, auch tatsächlich erfasst wurde. Denn Wahrheit umfasst den Widerspruch. Ist diese Totalität fassbar?

Aus der Sicht platonischen Denkens entfaltet sich die Totalität des Seienden nur in der Zeit. Sie ist nie gegenwärtig anwesend, sondern immer nur Abbild, eidos. Platon meint zwar, dass es in einem Prozess der Kontemplation zumindest manchen hart arbeitenden Wahrheitssuchern gelingen kann, diese Zeitlichkeit zu durchbrechen. Sollte dies allerdings gelingen, so wird diese Erfahrung hermetisch, d.h. versiegelt. Sie wird dem Apeiron adäquat, undurchdringlich, nicht fassbar. Folglich bleibt diese Erfahrung unvermittelt und schweigend. Was bleibt, ist eine Annäherung. Die Wahrheit bleibt verschleiert, wir müssen uns mit ihrem „eidos“ zufrieden geben. Daher ist sie nie vollständig, sondern wandelt sich und währt,

215 | αληθεια (aletheia), Wahrheit, Entbergen.

aber nicht unbegrenzt. Solange sie währt, wird sie als pars pro toto hingenommen, dieser Teil steht dann für das Ganze, das selbst versiegelt bleibt.

Muss diese Aussage bereits das letzte Wort sein? Martin Heidegger überschreitet diese apodiktische Grenze. Seiner Sicht wollen wir uns tastend nähern.

Die Welt beim Wort genommen

Heidegger wird von manchen als der bedeutendste Philosoph des 20. Jahrhunderts betrachtet. Er durchbrach das Whitehead'sche Aperçu, das besagt, dass die abendländische Philosophie überwiegend aus Fußnoten zu Platon bestünde. Indem er sich darum bemühte, zu den vorsokratischen Anfängen zurückzukehren und von dort beginnend neue Wege ins Apeiron zu schlagen, verabschiedete er sich von der bis heute alles dominierenden platonisch-aristotelischen Metaphysik. Es darf daher nicht erstaunen, dass sein Ansatz heftige Widersacher fand, denen er quasi den Teppich unter den Füssen wegzog und ihnen damit die Berechtigung streitig machte, weiterhin Fußnoten zu produzieren. Dies sei vorweg festgestellt. Es stellt demnach auch ein gewisses Wagnis, eine potentielle Gefahr dar, sich mit Heidegger im Rucksack auf die Fahrt zu begeben.

Zunächst allerdings werde ich dem Beispiel der Mehrheit abendländischer Philosophen folgen, nur beziehen sich meine Fußnoten auf M. Heidegger.

Wahrheit? Was bedeutet dieses Wort? „Wahrheit" bezeichnet zunächst das Wesen des Wahren, denn das heute zur Nachsilbe degradierte Wort „-heit", das ursprünglich ein eigenständiges Substantiv „haidu" war, bezeichnete eine „Erscheinung", den Rang oder „Stand" einer Person, dasjenige, was sie zu sein scheint, d.h. ihr Wesen. Wahrheit bezeichnet demnach das Wesen dessen, was wahr ist.

Was aber ist ein Wesen, und was ist wahr? Das Substantiv „Wesen" leitet sich vom Verb „wesan" her. Dieses ist gleichfalls ein uraltes Wort, das sich schon im Indogermanischen findet und so viel wie „weilen, leben, wohnen" meint. Deutlich wird dieser Bezug noch in unseren Wörtern „anwesen" und das „Anwesen".

Aus derselben Quelle leitet sich auch das griechische Wort „oikos" (οικος) her, das gleichfalls „Wohnhaus, Wirtschaft, Haushalt" bedeutet. Die Römer bezeichneten dasselbe Ensemble unter anderem als „familia". Die Menschen, die dort westen, wurden ohne Unterschied als Zugehörige zu einer Familie bezeichnet. In anderen Worten: Wer in irgendeiner Weise zum Haus gehörte, Kinder, Bedienstete, Sklaven und ihre Herren, Frauen und Männer jeder Generation waren Teil der Familie. Diese Sicht deckt sich nicht länger mit unserer gängigen Vorstellung von Familie. Sie wurde etwa seit dem 18. Jahrhundert systematisch reduziert, bis dann nur mehr Eltern und leibliche Kinder als solche verstanden wurden. Im gegenwärtigen Trend zu „Patchwork-Familien" ließe sich vielleicht eine Renaissance der altrömischen Zustände vermuten. Allerdings fehlt dabei meistens das Wichtigste, wie gleich zu sehen sein wird.

Anhand dieses Beispiels soll ein grundlegendes Konzept Heidegger'schen Denkens nachvollziehbar gemacht werden. Dieses Konzept nennt er das „Sein". Was er damit meint, ist ein Verständnishorizont, an dessen Grenze etwa sich die Bedeutung einer „Familie" bricht. Die Römer hatten ein anderes Verständnis von Familie als wir es haben. Der Sinn des Begriffs hat sich radikal gewandelt.

Der markante Unterschied zwischen deren Auffassung und unserer liegt aber weniger darin, dass Gesinde und Klienten dazuzählten, sondern darin, dass es nicht die Personen waren, die eine Familie ausmachten, sondern das Haus. Wer zum Haus gehörte, war Teil der Familie. Folglich änderte sich eine römische Familie nicht wesentlich, wenn etwa Kinder, ja selbst der „pater familias" das Zeitliche segneten. Eine Familie konnte so gesehen nicht sterben, denn sie bestand aus der Substanz, die allen erst das Überleben ermöglichte. Diese Substanz war im römischen Recht unveräußerlich und geschützt. Sie war das Eigene, das, was die Familie ausmachte, deren Eigenschaften sich aus diesem „quirinischen" Eigentum ergaben. Das Eigentum war unsterblich und unteilbar, mehr oder weniger geheiligt, wenn nicht gar göttlich. „Substantia" war das lateinische Wort für dieses Zugrundeliegende und seine wortwörtliche Bedeutung ist: das „Zugrunde-Liegende".

Die Griechen hatten eine andere Auffassung von Eigentum. Daher wurde das lateinische Wort „substantia" wörtlich übersetzt, nachdem römisches Recht nach der Eroberung der hellenistischen Welt durch Rom allgemeines Recht wurde. Die griechische Variante von „substantia" lautet „Hypostase" und meint dasselbe „Darunterliegende" oder „Zugrundeliegende".[216]

Die lateinische Auffassung von dem, was basal ist, unterschied sich gleichfalls grundlegend von jener, die die Griechen kultivierten. Die Griechen blickten auf die Welt aus einer zeitlichen Perspektive. Das „Darunterliegende" war für sie der Anfang, die „arche". Sie sahen die Welt prozesshaft und nicht festgemauert in materieller Substanz. Diese war für sie, zumindest seit Heraklit, einem steten Wandel unterworfen, der den Besitzenden allerdings ein Horror war.

Der Schreck, den jener schwer verständliche Milesier Heraklit mit seinem ewigen Wandel Platon einjagte, bestimmte diesen nach Alternativen zu suchen. Und er dachte sie bei den Hippokratischen Medizinern gefunden zu haben[217]. Diese Ärzte aus Kos waren bodenständige Praktiker, Banausen in der Ausübung ihrer Kunst. Das Bemühen dieser Ärzte, trotz unterschiedlicher Erscheinungsformen einer Krankheit ihr Wesentliches zu erkennen und in einem verbindlichen Bild, einem „eidos" der Krankheit festzuhalten, inspirierte Platon dazu, sein „eidos" als ewige, unwandelbare Idee für jede Existenz zu postulieren. Es mag daher überraschen, dass der Aristokrat Platon ausgerechnet von derartigen, meist gering geschätzten Thetes seine Anregung bekam, dem ewigen Wandel ein „eidos" entge-

216 | M.E.A. Schmutzer (2011).

217 | W. Jäger (1933/1944/1947).

gen zu setzen, das zwar im Jenseitigen beheimatet war, aber gerade deshalb dem erdhaften, unvollkommenen und unwürdigen Treiben „paroli" bieten konnte.

Ein solches „eidos ist ein Gedankenkonstrukt. Es ist nie Substanz, sondern „Geist", wenn man das Gegenteil von Materie so bezeichnen will. Ein Schüler Platons, Aristoteles, abstrahierte diese ohnehin substanzlose Idee des „eidos" noch weiter, indem er nur mehr von „Formen" zu reden beliebte, die man vielleicht als Entwurf oder Plan betrachten könnte.

Aus der Begegnung von griechischem Verständnishorizont mit dem römischen formte sich schließlich jenes paradigmatische Gegensatzpaar „Geist-Materie", das für die nächsten zwei Jahrtausende die abendländische Philosophie beschäftigen sollte. Gesalbt wurde es durch das christliche Dilemma, den fleischgewordenen, göttlichen Erlöser zugleich Geist und Materie sein zu lassen.

Heidegger zeigt in seinen Arbeiten, wie dieses Paar das abendländische Denken prägte und gefangen hielt. Wir finden es nicht nur in den mittelalterlichen Traktaten wieder, sondern auch dort, wo sich angeblich die europäische Neuzeit von Aristoteles und seiner Metaphysik trennte. Descartes' paradigmatische Unterscheidung von Subjekt und Objekt stellt für Heidegger nur die Weiterführung desselben dichotomen Ansatzes dar. Der französische Philosoph bezeichnet sie zwar etwas unterschiedlich, nämlich „res cogitans", das „denkende Ding", und „res extensa", das räumliche (d.h. anwesende) Ding. Diese andere Nomenklatur lässt aber den ursprünglichen Ansatz unberührt und setzt sich letztlich über Kant und seine missionarischen Apostel bis in unsere Tage fort.

Heidegger kritisiert an diesem historisch durchgängigen Ansatz die Absenz jeglichen „Verstehens". Um von einem von ihm gerne benutzten Beispiel Gebrauch zu machen, meint er, das Wesen etwa eines Hammers ließe sich nicht verstehen, wenn man ihn als Objekt aus Holz und Eisen, als res extensa, beschreibt. Der Sinn eines Hammers, der eben im Hämmern besteht, also darin, einen Nagel oder ein Fenster einzuschlagen, wird nicht erfasst. Dieser Sinn bestimmt das Wesen des Hammers, das eben durch die Bestimmung zu hämmern gegeben ist und ihn auch dadurch von einem Stein unterscheidet, mit dem man zwar zur Not auch einen Nagel einschlagen könnte. Doch das Wesen des Steins bestimmt sich nicht durch das Hämmern.

An diesem Punkt soll nun nicht über das Wesen des Steins debattiert werden, sondern ein anderes sehr charakteristisches Unterscheidungsmerkmal dieser neuen Philosophie angesprochen werden.

Es charakterisiert Heideggers Ansatz, dass er einer Tradition folgt, die durch J.G. v. Herder und W. Dilthey, aber vielleicht schon durch die französischen Enzyklopädisten und die britischen Experimentalisten aufgerissen wurde. Anders als die zuvor Genannten fokussieren Herder und Dilthey auf das herstellende Tätigsein, den damit verknüpften Sinnbezug solcher Handlungen und ihre Repräsentation in der Sprache durch Verben, die deutsch auch „Tätigkeitswörter" benannt werden. Augenfällig ist dabei nicht nur der Unterschied zur vorherigen Ausrichtung auf

Substanz, sondern auch auf die oben bereits angedeutete soziale Positionierung dieser Handlungen. Die Nachfolger der antiken Thetes wurden offenbar „salonfähig“ und reklamierten eine neue Stellung im sozialen Rahmen. Damit manifestiert sich zugleich der Anstoß zu dem Bedeutungswandel in der Sinnbestimmung und im Wesen.

Waren die antiken Philosophen seit der sokratischen Wende auf den Erhalt der Substanz hin ausgerichtet, so fanden die selbstständigen Handwerker ihren Sinn in jenem tätigen Wandel, den sie selbst bewirken konnten. Das Hämmern und Schustern, Schneidern und Schleifen war ihnen bedeutungsvoller als der Erhalt einer Substanz, über die sie ohnehin nicht in nennenswertem Umfang verfügten. Der Sinn und das Wesen ergab sich für sie aus ihrem Tätigsein. Der „Zeitgeist“, wie Herder dies erstmals bezeichnete, hat sich offensichtlich grundlegend gewandelt und mit ihm Wesen und Sinn von Geist und Materie.

Heidegger hat diesen Wandel schrittweise nachvollzogen und sich damit namhafte Kritik eingehandelt. Ein häufiges Argument wurde oben bereits angedeutet, nämlich, dass die Betrachtungsweise Heideggers in krassem Gegensatz zu wissenschaftlichem Denken stehe und sich durch den Gebrauch vorgeblich unklarer Sprache den Anstrich von Tiefsinnigkeit schaffe. Ein bekannter Proponent dieser Beurteilung war etwa Hans Albert, seines Zeichens Exponent des kritischen Rationalismus und Sprachrohr der Sichtweisen des „Wiener Kreises“.

Es ist hier kaum der Ort, sich mit dessen Urteil detailreich auseinanderzusetzen. Doch zweierlei sollte angemerkt werden: Man mag Wissenschaft unterschiedlich definieren, unbestritten muss wohl bleiben, dass erstens unsere gegenwärtige Wissenschaft nur eine mögliche Ausprägung von Wissenschaft ist, die – ob wir das wünschen oder nicht – aufgrund ihrer Mathematisierung vor allem aristotelisch begründet ist. Wenn jemand wie Heidegger die überlieferte Metaphysik für überholt erachtet und folglich zu jenem Punkt zurückzukehren trachtet, wo Philosophie ihren Ausgang genommen hat, kann er nur „vorwissenschaftlich“ und „ir-rational“ argumentieren, wie H. Albert abschätzig meint. Zweitens, was die „unklare“ Sprache betrifft, so ist wohl jede Sprache unklar und tautologisch. Auch die Mathematik, die Sprache, in der angeblich das Buch der Natur abgefasst ist, kann sich diesem Urteil nicht entziehen. Heidegger hat allerdings absichtsvoll auch daran gearbeitet, eine Terminologie zu entwickeln, die seinen Ansatz unverfälscht zum Ausdruck bringt und nicht dazu verleitet, Rückbezüge zur von ihm abgelehnten Metaphysik herzustellen. Die bereits angedeutete Wende vom Substantiv zum Verb, die mit J.G.v.Herder und W. Dilthey ihren Anfang nahm und für die Bedeutung seiner Aussagen maßgeblich ist, manifestiert sich dann eben in Phrasen, wie der Hammer hämmert, der Koch kocht, der Maler malt, oder das „Nichts nichtet“. Samt und sonders handelt es sich dabei um Tautologien. Ob, wie manche meinen, ein Wort wie „nichten“ ein Neologismus ist, ist ebenfalls keineswegs klar. Es existieren ja immerhin Worte wie „ver-nichten“ und „nichtig“.

Was Heidegger mit solchen Termini aber zum Ausdruck bringen will, ist das Prozesshafte. Es darf hier an die seltsame Eigenheit unserer Sprache erinnert werden, für gewisse Vorgänge Akteure zu erfinden, die es gar nicht gibt. Beispielsweise stößt sich niemand daran zu sagen: „der Wind weht". Tatsächlich gibt es keinen Wind, der weht, so wenig wie es über unseren Häuptern eine kristallene Decke gibt, die blau gestrichen ist. Es fällt uns aber schwer zu sagen: „weht", ohne ein Subjekt anzugeben, auch wenn es nur ein ziemlich unbestimmtes „es" sein sollte, um einen fiktionalen Wind zu vermeiden. Der Ausdruck „das Nichts nichtet" ist folglich nicht minderwertiger als „der Wind weht". Beide verweisen auf ein Geschehen, bei dem der Akteur unbestimmt ist, wobei die Heidegger'sche Replikation nur ein Mittel ist, um diese Offenheit zum Ausdruck zu bringen.

Martin Heidegger bemühte sich darum, derartige Fakten bewusst zu machen. Wenn das Wesen west, dann sagt er Ähnliches wie dass die Katze schnurrt. Sie macht das, was ihr wesensgemäß ist, schnurren, mausen u.ä. Das Wesen ist also ein Geschehen, dies ist sein Wesen, ähnlich wie das Weinen, Lachen oder Fluchen. Das es neuerlich substantiviert wird, hängt damit zusammen, dass es in unserer Sprache unmöglich ist, in einer Aussage ein Verb ohne Subjekt zu verwenden.

Kehren wir an dieser Stelle zu unserem ersten Beispiel, der Familie zurück. Die römische Familie oder der griechische Oikos lieferten ihren Sinn für die Handlungsweisen ihrer Mitglieder. Dieser spezifische Sinn wurde auf ihre gesamte Welt ausgedehnt, die für Heidegger nicht der Globus oder das Universum ist, sondern eine Bezeichnung für die Gesamtheit der Vorstellungen, die in den Köpfen von Zeitgenossen wesen oder hausen. Da diese Vorstellungen aufgrund mannigfacher Institutionen rechtlich fixiert oder mythologisch gestützt werden, sind es Vorstellungen, die in den Köpfen der Mehrheit der Zeitgenossen währen. Und weil sie währen und sich im alltäglichen Handeln bewähren, sind sie wahr. Doch diese Wahrheiten sind, wie schon gezeigt wurde, Töchter ihrer Zeit: „veritas filia temporis"[218], wie Isidor von Sevilla feststellte.

Heidegger wird manchmal dafür kritisiert, dass er keine Kriterien nennt, mithilfe derer es möglich sein soll, die Wahrheit von Aussagen zu überprüfen. Doch wie soll das geschehen? Soll etwa ein Experiment veranstaltet werden, das zeigt, dass substanzlose Familien sich auflösen? Dafür braucht man nur die Sozialgeschichte Roms zu kennen, um diese Wahrheit zu begreifen. Doch solcher Beweis kommt stets zu spät, um etwa die Anliegen der beiden Gracchen als begründet zu akzeptieren. Man hätte es wissen können, doch die Mehrheit der Patrizier war nicht bereit, ihre Grenze zu überschreiten – diese fiel mit der ihrer „familia" zusammen, die ihr Sein, d.h. ihren Verständnishorizont bestimmte. Ganz ähnlich scheint es den kritischen Rationalisten zu gehen, die auch nicht in der Lage zu sein scheinen, die Grenzen, die ihr Horizont zieht, zu durchbrechen. Und so beharren

218 | „Wahrheit ist eine Tochter der Zeit".

sie auf ihrer Wahrheit, die nicht falsch, sondern nur richtig ist. Was ihr fehlt, ist die ergänzende „Un-Wahrheit“, die nicht falsch ist, sondern nur „vergessen“ wurde.

A-Letheia

Das griechische Wort für Wahrheit ist: αληθεια (aletheia) Heidegger übersetzt es mit „entbergen“ und das aus gutem Grund. Denn das Wort ist die Negation von ληθω (letho) oder λανθανω (lanthano)[219], was folgendes heißen kann: 1. verborgen, unbekannt sein, entgehen, 2. vergessen, absichtlich versäumen, unterlassen. A-letheia bezeichnet demnach das, was nicht verborgen ist, oder das, was nicht vergessen wurde. Das griechische Verständnis von Wahrheit meint also alles, was nicht vergessen wurde, oder, um mit Heidegger zu reden, das, was entborgen wurde. Offen bleibt bei dieser Bestimmung, ob das Entborgene auch ein Ganzes ist.

Denn, wie die oben angegebenen Bedeutungen zeigen, kann „letho“ auch das Unbekannte bezeichnen, das aufgrund seiner Unbekanntheit auch nicht vergessen werden kann. Daraus ist zu folgern, dass im griechischen Verständnis Aletheia zwar alles einschließt, was unverborgen ist und somit entborgen wurde, aber zugleich die Option offen lässt, dass es trotzdem unvollständig ist, weil nicht alles entborgen wurde oder werden konnte. Das Nicht-Verborgene oder die Wahrheit ist folglich, wie oben schon angesprochen wurde, nicht ewig, so wie Platons Ideen, sondern eine Tochter der Zeit.

Diese Feststellung behauptet umgekehrt aber keineswegs, dass es nicht möglich ist auch jene „Reste“, die noch im Verborgenen wesen, zum Erscheinen zu bringen. Allerdings gibt es Grenzen, denn das Ganze ist meistens nur schwer zu fassen. Heidegger skizziert einen möglichen Ausweg aus diesem Dilemma. So seltsam es scheinen mag – der Ausweg besteht im Schweigen. Dieses Schweigen soll aber kein Ver-schweigen sein, sondern ein beredtes Schweigen, ein Schweigen, das den Inhalt „erschweigt“ und gerade aufgrund seiner Sprachlosigkeit mehr sagt als viele Worte.

In diesem Geist entwickelte er eine eigene „Sigetik“[220], was mit „Schweigelehre“ übersetzt wird. Diese Schweigelehre steht im Gegensatz zur Logik, die, beim Wort genommen, eine Technik oder Wissenschaft des Wortes ist. Die Sigetik scheint hingegen die Technik der unausgesprochenen Andeutungen, oder, um es im Jargon Heideggers zu sagen, des „Winkens“, des „Wink-gebens“ zu sein. Warum dies? Im Ungesagten wird ein Raum geschaffen, in dem sich alles jenes, was nicht zur Sprache kommen kann, versammelt. Das Ungesagte verschweigt keineswegs, son-

219 | Die Bezeichnung für den Fluss Lethe, der das Diesseits von der Welt der Schatten trennt, bringt diesen Sachverhalt zum Ausdruck. Er wird demnach auch als der „Fluss des Vergessens“ bezeichnet.

220 | σιγαν, schweigen, σιγη, Schweigen, Stille.

dern will mit einer Gestik des beredten Schweigens symbolhaft einbringen, dass das Sein selbst nie unmittelbar gesagt werden kann. Im Ungesagten manifestiert sich alles jenes, das nicht zur Sprache gekommen ist.

Die Sprache spricht

Auch jede Sprache ist eine Tochter der Zeit. Menschen sprechen Sprachen, die nicht ihr Ge-schöpf sind. Die Sterblichen sprechen, indem sie der Sprache ent-sprechen. Sprachen ändern sich und mit ihnen dasjenige, was zur Sprache gebracht werden kann. Wer sagen will, was nicht zur Sprache gebracht werden kann, ist genötigt eine unerhörte Sprache zu entbergen. Er muss Schöpfer werden. Wenn Harnoncourt „Musik als Klangrede“[221] bezeichnet, dann bringt er genau diesen Sachverhalt zum Ausdruck. Manches kann nur in einer neuen oder anderen Sprache gesagt werden, weil die gängige Sprache dazu nicht in die Lage setzt.

Nicht jede schöpferische Tätigkeit hat allerdings das Anliegen, etwas zur Sprache zu bringen. Sehr allgemein bezeichnet Heidegger Hergestelltes, das anderen Ansprüchen folgt, als „Zeug“. Es wird gezeugt für den Gebrauch, um in „Dienlichkeit“ aufzugehen.

Umfassend erscheint diese Dienlichkeit in jenem „Ge-stell“, dem heutige Technik verschrieben ist. Dieses „Ge-stell“ benennt kein „Regal“, das königlich sich vierfüßig dem Stellen schenkt. Trotz der intendierten Vielfältigkeit der mit „Ge-stell“ angesprochenen Bedeutungen, ist vorrangig damit jenes „Stellen“ angesprochen, dem Jäger und Kriminalbeamte ihre Zeit widmen. Es ist ein Stellen des Verfügbar- und des Fügsam-Machens. Kurzum handelt es sich dabei um eine herrschaftliche Betätigung zum Zweck des Fest-stellens von Herrschaft und Macht.

Was hingegen zur Sprache bringt, unabhängig davon zu welcher Sprache, ist in der Sprache Heideggers ein Werk. Ein Werk wirkt. Es bringt zur Wirk-lichkeit – oder um im Jargon zu bleiben: es entbirgt. Das Werk entbirgt das nicht Wahr-genommene aus dem Un-wahren ins Wahre.

Damit verwandelt es das anhaltende Wesen der Wahrheit selbst. Wahrheit ist vor dem Schöpfen eines Werks nicht ident mit jener neuen Wahrheit danach. Und man sollte sich nicht irrtümlich der Vorstellung hingeben, es würde sich bei dieser Metamorphose nur um ein Ergänzen und Hinzufügen handeln. Das ist zwar nicht auszuschließen, doch dann verkommt das Wirken in ein Ge-wirks. Es verwirkte nämlich die Möglichkeit des Entbergens und verwirrt, statt einzuräumen und Einsicht zu gewähren.

Ein Werk schafft hingegen neues Verstehen. Es räumt den Raum der Wahrheit aus und um. Um das Ergebnis dessen mit den Worten Heideggers auszudrücken: „Je wesentlicher der Stoß ins Offene kommt, um so befremdlicher und einsamer

221 | N. Harnoncourt (1982).

wird das Werk.“ (M. Heidegger, 1935/36, S. 53). Damit kommt jene historische Erfahrung zu Wort, dass neue Wahrheit nie gesucht und schon gar nicht gewünscht wird, denn sie befremdet. Auch wird so mit zum Ausdruck gebracht, dass das Erzeugen des Zeugs weder schöpferisches Tätig-sein ist, noch Wahrheit schafft. Es verwirkt vielmehr die Wirk-lichkeit, weil es nicht gewährt, sondern nur Bewährtes hin- und herstellt. Es beugt sich dem Gewohnten und bewahrt das Wahre der Zeit.

Wahrheit geschieht in der Kunst

Nun scheint das Feld bereitet, um die eingangs gestellte Frage einer Antwort zuzuführen. Kann es sein, dass etwa ein Porträt Picassos lügt? In jener Zeit, in der es stand als es entstand, entbarg ein solches Bildnis eine neue Wahrheit. Es war die Wahrheit eines Minkowski-Raums, in dem Zeit als vierte Dimension eingeführt wurde. In illustrativer Facon wird allerdings der dreidimensionale Raum häufig auf eine einzige Dimension reduziert, wobei es Zeit als zweite Dimension gestattet, eine Fläche aufzuspannen, wie sie ein Maler auf seiner Staffelei vorfindet und begehrt. Bewegung gefriert in einer derartigen Repräsentation, sodass Gegenstände an Darstellungsorten aufscheinen können, wo sie in den Momentaufnahmen eines dreidimensionalen Raumes keinen Platz finden sollten. Diese Fixierung auf Momentaufnahmen in bildlicher Repräsentation war ein Verbergen der Un-Wahrheit. Die Welt ist in Bewegung, doch in der Denkgewohnheit des Substanz-Denkens wurde sie fixiert und vergöttlicht. Diese Un-Wahrheit wurde nun belichtet, ans Licht geholt und wahr gemacht. Sie ließ sich wahrnehmen und man konnte so ihrer gewahr werden, weil sie aus dem Verborgenen „entborgen“ wurde.

Der Wahrnehmungshorizont der Mehrheit der Zeitgenossen Picassos gestattet noch nicht die andere Wahrheit. Picasso wurde zum „Lügner“, weil seine Bilder nicht die Sprache sprachen, die das all-gemeine Idiom war. Analoge Reaktionen lösten zu ihrer Zeit auch die Bilder eines Rembrandt oder eines Giotto aus.

Kann also ein Porträt von Picasso oder einem anderen Meister lügen? Nein, aber es kann im Sein der Majorität nicht korrekt, d.h. nicht richtig sein, was meistens auch als „falsch“ bezeichnet wird. Solche Werke richten sich nicht am Sein aus, d.h. dem jeweiligen Bedeutungshorizont. Heidegger würde dabei vermutlich vom „je-meinigen Sein“ sprechen. Werke weisen in ihrer Zeit in neue Richtungen. Sie orientieren sich nicht an der vorgefundenen Einrichtung, sondern räumen sie aus und um. So ist zwar jede Welt richtig und hütet ihre jeweilige Wahrheit, die wohl richtig ist, aber nur für sie wahr zu sein scheint.

Doch nach einigen Dekaden der Angewöhnung lösen einst wahre, be-wahrende Darstellungen, die etwa keine Perspektive oder seltsame, für uns un-wahr-nehmbare Größenverhältnisse aufweisen, wie jene in den Königsgräbern der Pharaonen, Erstaunen und Verwunderung aus. Sie sind nicht länger richtig.

Derartige Beispiele ließen sich multiplizieren. Doch von besonderem Interesse sind Werke, die eines Interpreten bedürfen, wie das am deutlichsten in der Musik zutage tritt. Wiederum darf man auf Nikolaus Harnoncourt verweisen, der es sich zu einem lebenslangen Anliegen machte, die Aussagen älterer Werke zu bewahren und sie nicht dem jeweiligen Zeitgeist zu opfern. Seine bewahrende Kunst entbirgt allerdings im selben Strich des Bewahrens die Un-verschämtheit zeitgemäßer Aneignung von Inhalten durch Verformung ihrer Gestik. Hiermit entbirgt er die kurzsichtige Überzeugung, dass Wahrheit nicht der Historizität unterworfen wäre, und folgt so Heidegger, wissentlich oder nicht.

Wahre Kunst erweist sich im Gegensatz dazu als gewährend. Sie gewährt die Nehmung der Wahrheit und ihre Wahr-nehmung zum Ausdruck zu bringen. Wahrheit umfasst stets auch Widerspruch. Wahrheit ist Ganzheit. „-heit" bezeichnet das Wesen des Wahren. *Das Wesen des Wahren ist Widerspruch gegen den Kanon, der bindet. Wahre Kunst ent-bindet.* Der werkende Künstler vernimmt die Vernunft, verurteilt sie zum Schweigen und setzt so den Verstand des Verstehens frei. Der Verstand ent-bindet die Un-wahrheit und gebiert so Wahrheit. Neugeboren kann sie nie bewährt sein, doch sie gewährt Ein-blick in das ungereimte Grauen.

Die Kunst des Künstlers gewährt diesen Einblick als gereimte[222] An-Schauung und bewirkt durch dessen Wirken, dass sich nicht jeder weg-wenden will. Wahre Kunst gewährt die Wahrheit des Unwahren im Schein eines anseh-lich Schönen[223], wobei sich das Wahre und Un-Wahre als einzig Ganzes im Werk entbirgt.

222 | „Reimen" bedeutet eigentlich: „in Reihen ordnen".

223 | „Wenn sie (MS: die Werkschaffenden) in ihre Werke nur die Schönheit, die uns heute allein etwas bedeutet, hineinlegen hätten wollen, dann hätten sie sich sehr viel Zeit und Herzblut und Kraft sparen können." (N. Harnoncourt ((1982)), S. 31). Was dann nämlich fehlt, ist die Ansage der Wahrheit.

Die Vernunft vernimmt

Begründetes Wissen

Unter „Erkenntnis" versteht man „begründetes Wissen". Das ist die gängige, philosophische Definition (J. Mittelstrass, 1995). Begründet wird Wissen, das zunächst nur aus individueller Erfahrung stammt, durch die Vernunft. Die Vernunft ist folglich die oberste Instanz, die bestimmt was Erkenntnis ist. Was ist allerdings diese „Vernunft"? Häufig wird Vernunft in Philosophie und Erkenntnistheorie mit dem lateinischen Wort „ratio" bezeichnet, von dem sich das englische „reason" oder das französische „raison" herleitet. Die alten Griechen mussten allerdings dafür erst ein Wort erfinden. Aristoteles sprach daher von „episteme" (επιστημη), weil ihm das früher gebräuchliche „logos" zu vieldeutig war. „Episteme" meint wörtlich das „Außen-stehende". Der antike Meister verwendet den Begriff „episteme" in der Nikomachischen Ethik jedoch in einem eingeengten Sinn, nämlich als Bezeichnung für theoretisches Wissen, das gegen „techne", das praktische Können, und „nous" (νους), den Verstand abgegrenzt werden sollte. Wie für Aristoteles charakteristisch, führt er auf diese Weise unausgesprochen zugleich eine Wertigkeit ein. Die Vernunft (episteme) ist höherwertig als der Verstand, der nur aus persönlicher, sinnlicher Erfahrung spricht, und Technik, die Praxis-orientiert ist. Die Vernunft steht also darüber. Sie schafft Erkenntnis durch dieses darüberstehende theoretisierende Außenseitertum.

Doch wie schafft sie das? Sie schafft es, indem sie Begriffe definiert und diese durch einen Diskurs unter Gleichen validieren lässt. Von persönlicher Erfahrung wird auf diese Weise abstrahiert. Das so geschaffene Abstraktum wird durch Versprachlichung kommuniziert und kommun. *Geschaffen werden* auf diese Weise *imaginäre „Scheinwelten"*, wie Friedrich Nietzsche das erzielte Ergebnis bezeichnet hat. Aristoteles stellt diese Art von Wissen über jede andere, besonders jene, die er – so wie Platon – als bloßes „Meinen" oder „Glauben" charakterisiert.

Die Sichtweise, dass auf diese Art durch Definitionen begründetes Wissen geschaffen werden könnte, kann dort Geltung einfordern, wo die Auffassung vorherrscht, dass in einem Diskurs nicht nur Konsens erreicht werden kann, sondern dass dieses Ergebnis auch wahr ist – so wahr ist, wie ein Urteil in einem Gerichtsverfahren wahr wird, weil es exekutiert wird. Damals in Athen wurde es exekutiert und demnach wahr, weil eine Mehrheit von Richtern es als richtig befand. Wurde es hingegen nicht exekutiert, so war das Urteil wertlos, weder wahr noch falsch. Da aber allgemein die meisten Resultate von Diskursen nicht exekutiert werden, sind auch sie weder wahr noch falsch, ihre Wahrheit bleibt un-er-wiesen.

Der aristotelische Weg zu begründetem Wissen wurde im Prozess der intellektuellen Hellenisierung Roms von den Römern übernommen. Dieses Vorgehen zur Erlangung begründeten Wissens wurde als „ratus", „rational" bezeichnet. Das Wort allein verdeutlicht was dahintersteht: „reor", vom dem sich „ratio" herleitet, bedeutet vor allem „meinen, glauben" und dann auch „urteilen". „Ratus" bezeichnet demnach u.a. *„rechtskräftig", „gültig"* oder *„bestätigt"*. Bestätigt wird damit *die Meinung einer Mehrheit von Richtern*, die durch ihren Konsens Wahrheit begründen. Das „Außenstehende" der Episteme, das der bloßen Erfahrung und dem persönlichen Meinen entgegengesetzt wurde, wird durch das Meinen oder den Glauben einer größeren Zahl von Menschen ersetzt[224], die in einem Diskurs *überzeugt wurden* und *dann Wahrheit bezeugten*. Die Episteme gründet und fußt folglich in einer Ekklesia[225].

Das deutsche Wort für „Episteme" ist „Vernunft", ein Wort, dem seit der Aufklärung eine fundamentale, ideologische Rolle zuteil wurde. Das „Zeitalter der Vernunft" wird durch große Namen wie Voltaire oder Kant repräsentiert. Es hat im 18. Jahrhundert seinen Anfang genommen und baut auch heute noch auf die Ekklesia der Gläubigen und Ungläubigen seine Kirche. Dieses Glaubensbekenntnis hat sich, trotz der breiten Masse, die es teilt, allerdings als Irrweg erwiesen. Der „common sense" *richtet richtig* nur aufgrund der *Gerechtigkeit der Richter*. Er beruht auf einer *Tautologie* – „to auton logos" – , dem immer selben Wort.

Analog dazu urteilt die Vernunft über den Verstand. Sie definiert, was als wahr gilt und als falsch. Wie schafft sie das? Sie schafft es, indem sie zulässt, was das Wort meint: sie vernimmt. Wen oder was vernimmt die Vernunft? Sie vernimmt die Stimme der Ekklesia und hört was richtig ist. Martin Heidegger bezeichnete diese Stimme mit dem umgangssprachlichen Wort „man". Das „Man" spricht, und zwar meistens ungefragt. Es wird vernommen, ohne vernommen zu werden. Was sagt das „Man"? Das „Man" teilt den „common sense" mit. „Sense" bezeichnet nach dem Oxford Dictionary of Ethymology „meaning", also das „Meinen" oder eine „Meinung". Das Wort leitet sich aus dem lateinischen „communis sensus" her, was die herrschende Stimmung oder eben Meinung bezeichnet. Analog dazu heißt es

224 | Es darf nicht unerwähnt bleiben, dass diese „ratio" kulturspezifisch ist. Den empirischen Nachweis dafür haben A.R. Lurija (1974) und seine Mitarbeiter bereits in den dreißiger Jahren des vorigen Jahrhunderts erbracht. Vor allem aus ideologischen Gründen wurden aber diese Arbeiten kaum je zitiert.

225 | Die ursprüngliche Bedeutung von „ekklesia" ist „zusammengerufene Versammlung" und nicht „Kirche".

im Griechischen „koine aisthesis“[226], die allgemeine Wahrnehmung, Anschauung, Empfindung. Solche Wahrnehmung oder Anschauung beruht nun keineswegs auf Erfahrung, sondern wurde kommuniziert und kann auch als eben jenes kommune Wissen verstanden werden, das unter-richtet, be-richtet und als richtig beurteilt wird. Solch allgemeines Wissen wird in der deutschen Sprache mit „Ge-Wissen“ bezeichnet, weil die Vorsilbe „ge-“ nach Kluge dem lateinischen „con-“ oder dem griechischen „syn-“ entspricht. Zusammenfassend lässt sich also festhalten, dass die Vernunft die Stimme des Volkes oder der Allgemeinheit vernimmt und unter Berufung darauf die Erfahrung und die Rede des Verstandes (dis-)qualifiziert.

Wenn also das Außenstehende der Episteme den Ton vorgibt, so stimmt dieser Ton deshalb, weil er die Stimmung in der Ekklesia zum Ausdruck bringt und dadurch Eindruck macht.

Diese Stimmung vernimmt, wer zuhört oder zugehört hat und be-eindruckt wurde. Sie resoniert im Zuhörer und macht ihn raisonnieren, bringt ihn zur Vernunft. Was ist aber dann das Rezitativ?

Das Rezitativ berichtet das Richtige, richtet aus, unterrichtet und berichtigt. Doch es *berichtigt nicht nur*, sondern *berechtigt zugleich*. Die Resonanz der Raison oder der Ratio begründet, wie wir schon erfahren durften. Wozu das Rezitativ berechtigt, werden wir gleich erfahren.

Der begründende Grund zur Berechtigung liegt im Ge-fallen, dem allgemeinen wohlgefälligen Fall[227]. Als Fall eines Falles wird er Vorfall und resoniert als jener Fall, wo ein Urteil gesprochen und exekutiert werden konnte. Der Fall des Falles droht so als Ge-fahr, der Gefahr einer Schuld oder einer Un-Treue.

Die Fälle des Falls

Was mag ein derartiger Fall sein? Um solcher Frage entsprechen zu können, muss die Sage der sprechenden Sprache erzählt und ihr Gehör geschenkt werden.

Es ist ein seltsam Ding in der Technik der Zeichen, der Grammatik, dort auch diesem Wort „Fall“ zu begegnen. Nicht unberechtigt stellt sich erneut eine Frage, was da wohl fallen kann? Wie kann man ein Wort zu Fall bringen? Gibt es ein Gefälle der Wörter? Wirkt eine Kraft, die ein Wort zu Fall bringt, so wie ein Ahornblatt im Herbst? Ist der Fall des Wortes die Folge des fallenden Blattes? Ist der Fall des Wortes die Folge des Schwere-bedingten Falls? Wenn dann das Wort auch fällt, auf wen oder was fällt es? Das Wort fällt zusammen mit dem Blatt. Der Fall des Wortes folgt dem Ereignis, imitiert es oder bildet es ab. In unserem Fall fällt das Wort auf den Akkusativ, wenn mir ein Blatt auf den Schoß fällt.

226 | κοινη αισθησις: αισα θησις (koine aisthesis: aisa thesis) ist die verfügte (meist göttliche) Anordnung, Zuteilung und Gabe.

227 | Ich erinnere nochmals an die oben genannte Bedeutung der Vorsilbe „ge-“.

Nun sind die grammatikalischen Fälle in ihrer Zahl beschränkt. Je nach Sprache werden bis zu acht unterschiedliche Fälle genannt, Deutsch hat vier, Latein sechs. Was bilden diese Fälle ab, welche Besonderheit erklärt ihre Auswahl?

Der deutsche grammatikalische Begriff wurde so wie die gesamte Grammatik der deutschen Sprache dem lateinischen „casus“ nachgebildet und dieser wiederum dem griechischen „ptosis“ (πτοσις), was das Fallen eines Würfels bezeichnet. Das dazugehörig Verb „pipto“ (πιπτω) bezeichnet eher ein hartes Stürzen, im Krieg fallen, so wie das lateinische Pendant „peto“ auch eher „angreifen, bedrohen, losgehen“ (auf jemand stürzen) meint. Wenn also das Fallen eines „Kubus“ (κυβος) angesprochen wird, so ist das nicht Ausdruck eines physikalischen Geschehens, bei dem ein geometrischer Gegenstand fällt, sondern Beschreibung eines gefährlichen Sachverhalts, etwa dem bekannten Wort vergleichbar: „alea iacta est“.

Es ist das Geschick, das durch den Fall eines Spielwürfels oder eines Loses, das der Würfel ja ist, entschieden wird, was unter anderem in Übereinstimmung mit der griechischen Schicksals-Mythologie der Moiren steht.

Was der Fall ist

Man mag nun spekulieren, ob die sechs Fälle der lateinischen Grammatik mit den sechs möglichen Ergebnissen eines Würfelwurfs in unmittelbaren Zusammenhang stehen. Ausschließen sollte man diesen Kontext nicht, doch sollte man genauso wenig darauf beharren.

Weniger spekulativ ist allerdings die manifeste Bedeutung, die diese Fälle vermitteln. Schon das lateinische Wort „casus“ bezeugt die unleugbare Relevanz der Fälle im praktischen Lebensvollzug. „Casus“ bezeichnet nämlich keineswegs irgendein beliebiges Fallen, sondern das „Ende“, den „Untergang“, das „Unglück“, auch den „Zufall“.

Es handelt sich demnach um Fälle, die determinierende Ursachen für den Verlauf des Lebenswegs sind. Festgehalten werden muss: Diese „Ur-Sache“, d.h. die anfängliche (Ur-) Sache, ist keine Sache im heutigen Verständnis des Wortes, sondern lässt sich aus Gotisch „sakan“ herleitet und bedeutet „rechten“, also das Streiten um sein Recht. Analog dazu meinte das lateinische Wort „causa“, das gleichfalls mit Ursache übersetzt wurde, den Streitfall oder Rechtsstreit. Da andererseits in der Frühzeit Urteile in Rechtsfällen als Gottesurteile verstanden und folglich über das Werfen eines Loses (oder ähnlicher Zufallsmechanismen) entschieden wurden, wird die ursprüngliche Bedeutung des Fallens eines Würfels klar. Es war das Zeichen eines göttlichen Ent-scheids, der Zuteilung des Ge-schicks, Stellen der Weiche, d.h. jenes Signum, das das von den Göttern Zugeschickte erkennen lässt. Solche Zuteilungen sind aus menschlicher Sicht Zu-fälle. Sie waren in damaliger Sicht aber Un-fälle (συμπιπτω: sympipto, zusammenfallen, einstürzen, ac-cidere, zufallen). Sie entzogen sich menschlicher Vernunft und ihrem Ermessen, denn sie entsprangen dem unergründbaren Ratschluss der Gottheiten.

Geben und Nehmen

Betrachten wir die schicksalhaften Zuteilungen einzeln, so enthüllt sich schnell eine Grundstruktur des Daseins. Die Zuteilungen sind Losungen, sie geschehen durch das Losen, den Fall des Loses.

„Zuteilen" heißt auf Griechisch „nemo" (νεμω) von diesem Wort leitet sich bezeichnender Weise „nomos", das Gesetz her. Das Zuteil-werden geschieht ursprünglich aufgrund eines göttlichen Gesetzes, einem schickenden Ur-teil, das zuteilt. Aus derselben Wurzel „nemo" stammt unser „nehmen", was ja nur die andere Seite des Zuteilungsverfahrens bezeichnet.

Aufgrund der großen Bedeutung dieses Gefüges wurde es in einer eigenen Sprechweise verewigt. In unserer Terminologie bezeichnen wir diesen Fall als Dativ, er bezeichnet den Zu-fall des Schenkens und Nehmens. Die lateinische Bezeichnung dieses Falls als Dativ ist selbst nur Übersetzung der ursprünglich griechischen Diktion: dotike ptosis (δοτικη πτωσις), der Fall des Gebens und Nehmens oder allgemeiner des Zu-teilens und Zuteil-werdens (διδωμι, geben, schenken).

Geben und Nehmen haben ein Objekt: die Gabe, die zugeteilt und die genommen wird. Der Prozess ist selbst einem Gesetz unterstellt, das eines der ältesten in der Menschheit sein dürfte. Es ist nämlich weit verbreitete Sitte: die Annahme von Geschenken erzeugt Verbindlichkeiten (M. Mauss, 1923), die über den Augenblick hinausreichend vereinen. Die Sitte besagt, wer Geschenke nimmt, steht in der Schuld sie zu erwidern. Geschenke (ver-)pflichten.

Nehmen und Geben begründen soziale Beziehungen. Auf die Ab-Gabe folgt die An-Nahme. Die Annahme pflichtet und bindet. Sie stiftet eine Schuld, ein Soll(en), und fügt damit das Gefüge des „Man"[228].

Dieser Schuld aus der Annahme von Gaben waren in den frühen Zeiten auch die Götter verpflichtet. Sie nahmen die Opfer, die Gaben aus der Arbeit, d.h. dem „Operieren" der Menschen, und damit auch die Pflicht an, die Ernte durch ihre Widergabe zu pflegen. Als die olympischen Götter die alten pflegenden Erdgötter vertrieben, wurde aus dieser Verpflichtung der Götter zur Gegengabe ein forderndes Recht einseitigen Nehmens und gnädigen Gebens.

Eine ursprüngliche Bedeutung von „Pflicht" ist „Wagnis". Die durch Geschenke geschaffene Verpflichtung ist zugleich ein Wagnis und eine mögliche Gefahr. Das englische Wort „gift" für „Gabe" transportiert diesen Kontext noch anschau-

228 | Im soziologischen Jargon würde hier von der Herstellung eines Systems oder einer gesellschaftlichen Struktur die Rede sein.

lich. Werden allerdings Geschenke nicht erwidert und die Pflicht nicht erfüllt, so liefert der Umstand einen Grund zur Klage, das Geschenk wurde nun zu Gift. Allerdings wird vermutet, was aber etymologisch nicht gesichert ist, dass auch ein Bezug von „pflichten" zu „flechten" besteht. Wenn diese Vermutung nicht unbegründet ist, so äußert sich dadurch zugleich die grundlegende Bedeutung des Gebens, nämlich als das Flechten sozialer Bande, wie dies B. Malinowski (1922) oder K. Polanyi (1979) in zahlreichen anthropologischen und historischen Studien anschaulich beschrieben haben.

Anklagen

Anklagen heißt lateinisch „accusare" und wird mit „be-schuldigen" übersetzt[229]. Es bedeutet, jemanden vor einem Gericht verklagen. Im Wort „accusare" verbirgt sich noch der „casus". Grammatikalisch wird dann, wenn es sich um den Fall einer Schuldzuweisung handelt, im Akkusativ geredet, der wiederum nur die Übersetzung des griechischen „aitiatike ptosis" (αιτιατικη πτωσις) ist.

Bei einem Ge-richt wird gerichtet und es werden Urteile ge-fällt, die anfänglich göttliche Sprüche waren, später auf der Basis eines „nomos"[230] (νομος) ge-fallen sind.

Dativ und Akkusativ sind bedeutende grammatikalische Fälle. Sie spiegeln grundlegende Vorfälle gesellschaftlichen Lebens, sogar Gesellschaften begründenden Handelns wider. Sie wurden sprachlich kommun und so der theoretisierenden Vernunft nahegebracht.

Auch andere wesentliche Lose fanden ihre eigene Form des Ausdrucks. Die Frage nach der Herkunft wird auch heute noch bei jedem öffentlichen Vorfall gestellt. Allerdings wurde die Antwort auf die simple Angabe des Datums und des Ortes der Geburt reduziert. In dieser Weise hat noch vor gar nicht allzu langer Zeit kaum jemand dieselbe Frage beantworten können und in vielen Teilen der Welt ist es auch heute nicht Sitte. Die Herkunft zu nennen, bedeutete nämlich nicht den Ort zu nennen, sondern das Haus. Welches Haus ist dein Ursprung und somit dein *sozialer Untergrund*, was gleich bedeutend ist mit „*Substanz*"? Ein „genos", eine Sippe ist Träger solcher Substanz. Eine Sippe wurde bekanntlich auch für Schulden eines Zu-gehörigen haftbar gemacht.

Auch dieser Ursprung ist Schickung in ein Los, in das Ge-worfen-sein und Fallen der Existenz. Solcher Stoß, wie Heidegger sagen würde, bestimmt das Wesen und die Weisen des Daseins wesentlich, ist doch das Wesen die Weise des Wohnens, des Bleibens und Weilens und Lebens, somit des Daseins. Das Wesen entäußert sich in seiner Lebens-weise, die im allgemeinen dem „Situs", dem Ort gemäß

229 | Die alte deutsche Bezeichnung dafür wäre „(be-)zichten". Siehe weiter unten!

230 | Nomos leitet sich selbst wieder von „nemo" (nehmen, geben) her.

und schließlich zur Sitte geworden ist. Als harmonisch klingende Weise des Volkes – zu Deutsch des „diot“[231] – oder des „Man“ stimmt die Sitte eine schwebende Stimmung an, welche die losende Vernunft vernimmt und letztlich zur „ultima ratio“ kürt.

Die gestattete „Statt“

„Situs“ als „Niederlassung“ bezeichnet einen Raum. Ein Raum kann eingeräumt sein. Martin Heidegger spricht aber lieber von einer „Statt“ und betont, dass eine solche gestattet ist. Ein gestatteter Raum ist eine Möglichkeit, doch gibt es auch andere Räume, die der Wildnis, dem Apeiron, abgetrotzt und die nicht gestattet wurden. Heidegger bezeichnet sie als „Lichtung“. Sie wurden geräumt und irgendwann eingeräumt. In diesen geräumten Lichtungen wucherte die Freiheit gleich dem Wildwuchs des Dickichts. Es fanden sich dort keine Richter, dafür herrschte das Los. Bis zu diesem Punkt kann man Heidegger folgen.

Ein gestatteter Raum hingegen wurde gewährt und wurde auf Bewährung ein- und ausgerichtet. Die Weise der Statt ist folglich bewahrend. Sie (be-)wahrt und birgt die Ordnung der gestatteten Sitte, reimt deren Sinn und beschränkt die Freiheit.

Nach M. Merlau-Ponty (1945) ist diese in Schranken gewiesene Freiheit Bedingung unserer notwendig gerichteten Wahrnehmung. Die Be-schränkt-heit bestimmt den „Spielraum“ unseres Handelns. Der Spielraum wird einge-engt und eingehegt, so wie die Statt selbst gebotenes und beschränktes Gebiet ist. Die „Statt“ richtet nach ihrem Maß, fasst Messrohr und Richtscheit ins Auge und urteilt innerhalb ihrer beschrankten und gebotenen Grenzen. Eine Grenze heißt „finis“, sie markiert das Ende und das Ziel. Von hier de-finieren sich Maß und Kanon, auf die sich das „begründete Wissen“ der Erkenntnis gründet. Jenseits davon flötet Pan und trinkt uns Dionysos zu.

Die Statt ist gerichtet, gestattet, normiert. Sie ist weder frei noch be-freiend, doch sicher. Das meint, sie sei „secure“[232], frei-von Sorge, doch nicht frei zu allem, was zufällig zu- oder einfällt. Der Zufall west nur noch jenseits des begrenzenden Hag.

Gestattete Freiheit ist, anders als Heidegger meint, unfrei. Sie ist vielmehr gnädige Gabe einer diktierten Schuld. Bei den Römern wurde dies in Unterscheidung zu „concordia“ als „pax“ bezeichnet. Das Wort leitet sich von „pacare“ her, was u.a. „unterwerfen“ bedeutet. In solcher Statt herrscht ein paktierter Friede (pax), gewahrt durch Vertrag-en setzendes Recht und gesatztes Maß.

231 | „diot“ ahd. für Volk. „Deutsch“ leitet sich davon ab, bedeutet also Sprache des Volkes.

232 | „Sicher“ leitet sich so wie „secure“ aus dem lateinischen „sine cura“ her.

Die Statt gewährt somit bestenfalls „Freiheit-von (etwas)", z.B.: die Freiheit von Sorge, von Leibeigenschaft, wie dies sprichwörtlich „Stadtluft macht frei" zum Ausdruck bringt. Hingegen gestattet sie nicht die „Freiheit-zu" einer anderen Weise, wie dies ein abgetrotzter Raum noch ermöglichen würde. Erst jenseits der Statt herrscht wieder „Freiheit-zu" einer eigenen Weise des Verstehens und Äußerns, allerdings auch ohne augenscheinliche Sicher-ung vor Gefahr. Denn auch dabei handelt es sich um Vorstellungen und Vorführungen, um den „Schein des Scheins". Diese Art der Freiheit wird in der Statt nach M. Heidegger nicht einmal der Natur zugebilligt. Sie wird zweckhaft „gestellt" und nur noch in den Dienst genommen. Das bildet für ihn auch die „äußerste Gefahr". Diese Freiheit wird ver-geben und ihr Verlust hinter der so her-gestellten, scheinbaren Gefahrlosigkeit und Sicherheit ver-borgen.

Die „Statt" beschränkt die „Freiheit-zu- etwas". Sie gestattet nicht, die Funde des Stöberns im Apeiron frei zu äußern. Denn die Funde des Gestöbers machen benommen, sie benehmen sich nicht. Sie bleiben un-erhört und ungehörig und daher un-vernommen. Solche Befunde bedrohen die sorglose Existenz der Kommune. Sie treten nur als anrüchiges Gerücht in Erscheinung. Derartiges Geschrei, das „accusare", muss folglich (zu)gerichtet werden, soll das Gefüge bestehen bleiben.

Jede „Statt" weist ihre Richtung, die römischen Stadtgründungen etwa waren alle gerichtet. Das Maß bestimmte, was richtig war und richtete danach. In der Statt definieren Maß und Kanon die Weise und sie ver-(ur)-teilen starr innerhalb ihrer eigenen Grenzen.

Dieses Zu-recht-(ge-)richten kennt mehrere Methoden. Eine richtet das Gerücht durch Reimen und zeugt aus dem Gerücht ein Gedicht. Eine andere bindet es ein in das richtende, richtige und ge-rechte Regelwerk der gebietenden Gebote. Es stellt die Weichen richtig. Eine weitere Methode schlichtet den Streit vor dem und durch das Gericht der Vernunft. Letztlich unter-richtet die Statt und zeugt so die Meinung des „Man", den „common-sense" oder die „koine aisthesis". Die Statt (er-)zeugt auf solche Weisen jene „ratio", die als „Vernunft" bezeichnet wird. Gezeugt wird dabei eine „in der Luft schwingende" Stimmung, die sich den Bürgern der Statt einverleibt; sie wird eingefleischt (Merlau-Ponty), so wie sie auch in der Statt in Stein eingemeißelt wird. Das „Man" wird damit auf eine bestimmende Tonart gestimmt.

Die Vernunft der Statt richtet also die Gerüchte zu, und zwar nach dem Vernehmen der Vernunft des „Man".

Ein Zweck[233] alles Richtens und Rechtens hat zum Ziel, geteiltes All-Wissen zu zeugen, denn das ist notwendige Voraussetzung für erfolgreiches, gemeinsames Handeln und für die gestimmte Teilung von Arbeit (E. Durkheim, 1892). Erst

233 | Ein „Zweck" ist ein Pflock gerammt ins Zentrum der Scheibe des Ziels.

gemeinsames Handeln begründet Geben und Nehmen der Gaben und die Weise der Zu-Teilung[234].

Eine Statt ist begrenzt und ist selbst beschränkt auf das Gebiet ihrer Gebote.[235] Doch damit sind auch die Schranken des Verstehens des „Man" in ureigener Weise ge-setzt. Indem die Statt de-finiert, was begrenzen bedeutet, stimmt sie eine beschränkte Weise des Nehmens und der Sage[236] und schafft die jeweils erwünschte Stimmung. Ihr gebietendes Gebot bestimmt und es bringt über die bedrohliche Botschaft möglicher Scheidung die Vernunft zur Vernunft. Denn Streiten bedeutet ent-zweien und auseinander-gehen. Das aber wäre eine existentielle Gefahr für das gesamte Ge-füge des „Man". Daraus erzwingt sich die Suche nach Ein(ig)ung, nach verordnetem Frieden und Ausgleich.

Die gestattende Statt zeugt also zweckhaft die Enge der Angst. Angst entspringt aus der Stimmung einer Bedrohung[237], die das schwebende Schwingen, das dräuende Drängen des Rechts der Richtigen, des Ge-richts und des Ge-wissens anstimmt. Die Stimmung ähnelt dem Gesang der Sirenen im uralten Mythos aus Hellas.

Obige Erwägungen werden nun an einem historischen Beispiel anschaulich gemacht.

Von Lutetia nach Paris

Für Leser, die auch Asterix Hefte nicht verschmähen, mag diese Überschrift auf einen Blick als das erscheinen, was sie ist: ein Hendiadioyn.

Lutetia ist nämlich nur der keltische, ursprüngliche Name für jene Siedlung, die später Paris genannt wurde. Lutetia wurde von einem keltischen Stamm namens „Parisii" um dreihundert v. Chr. auf jenen zwei Seine-Inseln gegründet, die heute als „Île de la Cité" und "Île St. Louis" bezeichnet werden. Die Inseln waren auf beiden Seiten des Flusses von einer Sumpflandschaft umgeben, aus der gelegentlich feste Hügel ragten, wie z.B. der heutige „Montmartre". In Martin Heideggers Terminologie waren die beiden Inseln eine „Lichtung", ein Raum der Wildnis abgetrotzt und gelichtet. Diese „Lichtung" sollte vielleicht besser als „Trotz-Burg" oder als „Hort" bezeichnet werden, weil sie abgetrotzt und un-gestattet die Bewoh-

234 | Dazu auch: Janich P. (2005).

235 | Das politisch-administrative Merkmal einer Stadt ist nach M. Weber (1922) die Festung oder Garnison, also ein begrenztes Gebiet. Weitere Merkmale sind: ein besonderes, den Stadtbürgern als solches eignendes, materielles oder Prozessrecht [... und] autonom von ihnen bestellte Gerichte, um eine friedliche Streitschlichtung untereinander zu gewährleisten, sowie eine im Interesse aller liegende Rechtspflege.

236 | Gängige Bezeichnung dafür wäre heute wohl „Narrativ".

237 | „dräuen, drohen": nach Kluge (1999): niederdrücken, drängen, nötigen.

ner barg und versteckte. Tatsächlich wurde sie auch bald „bourg“ benannt, eine Stätte in der später die „bourgeois“ [238] lebten.

In jeder Hinsicht hatten diese Inseln eine ideale Lage. Sie wurden auf beiden Seiten durch das Wasser des Flusses geschützt, der selbst nicht nur Wasser und Brot bereitstellte, sondern zugleich eine Verkehrsverbindung per Schiff war. Die Inseln etwa in der Mitte des Stroms ermöglichten zugleich die leichte Passage über den Fluss, denn durch die Teilung waren auch zwei nur kurze Brücken nötig. Sie boten also auch einen idealen Kreuzungspunkt zweier Verkehrswege, von Nord nach Süd und von Ost nach West. In der Diktion von Heidegger waren sie demnach zugleich ein Ort, geschaffen durch jene „Dinge“, die eben Brücken genannt wurden und deren Wirkung auch darin besteht, dass sie zu Treffpunkten werden. Dinge versammeln Menschen und schaffen Orte. Diese Gabe zu sammeln machte wohl die „bourg“ Lutetia zur „Statt“ und diese „Statt“ zu einem Objekt der Begierde.

Unerwünschte Passanten wie die Truppen Cäsars im Jahr 52 v. Chr. stillten ihre Begehrlichkeiten auf ihre traditionelle Weise, indem sie nach mehreren Anläufen den Ort eroberten. Dabei fiel zwar das alte Lutetia samt seinen zwei Brücken dem Feuer zum Opfer, doch das störte die Römer kaum. Sie besiegten die Kelten und „pazifizierten“ den römischen Gepflogenheiten gemäß die ansässige Bevölkerung in einem Diktat, das u.a. die Île de la Cité teilte. Der westliche Teil, der durch die wichtige Durchzugsstraße in Nord-Südrichtung, den „Cardo“ abgetrennt wurde, war nun in römischer Hand. Der östliche blieb den Parisii erhalten.

Zusätzlich errichteten jedoch die Römer am südlichen Ufer der Seine eine römische Stadt. Dort, wo heute der nach der Hl. Genoveva benannte Hügel liegt, war das Forum. In römischer Manier war dieser Ort aus- bzw. eingerichtet. Ein rechtwinkeliges Straßennetz wurde geschaffen, das sich heute noch im Plan des Quartier Latin zeigt und vor allem durch den Boulevard Saint Michel und den von Saint Germain repräsentiert wird. Auch die Île de la Cité zeigt im westlichen, römischen Teil noch immer analoge Strukturen, wogegen der Osten und die zweite Insel eine urwüchsigere Struktur aufweisen.

Den im dritten nachchristlichen Jahrhundert einsetzenden Germaneneinfällen begegneten die Römer zunächst mit einer Stadtmauer, die auf der Cité errichtet wurde. Diese Einfälle bewirkten, dass die nun als „Civitas Parisiorum“ bezeichnete Stadt vor allem an militärischer Bedeutung gewann und zu einem administrativen Zentrum der Römer wurde. Das ist heute noch zu erkennen, weil der westliche, römische Teil der Cité nach wie vor der Justiz und der Verwaltung zugeteilt ist. Der Rest der Insel diente und dient noch heute sakralen Zwecken. Damals stand dort etwa, wo heute Notre Dame aufragt, ein Tempel. Der gesamte Bereich weist auch heute noch eine andere räumliche Struktur als das linksseitige Quartier Latin auf.

238 | Die heutige Assoziation mit dem Wort kam allerdings erst wesentlich später auf.

Nachdem die Römer, aufgrund ihrer inneren Schwäche und der intensiven Germaneneinfälle, nach einer verlorenen Schlacht gegen den Merowinger Chlodwig I. das Gebiet 486 n.Chr. verließen, wurde Paris 508 zur bedeutendsten Residenzstadt desselben Königs, der aus klugem Kalkül inzwischen bereits zum Christentum übergetreten war. Seit jener Schlacht hatte sich nämlich das Frankenreich bis an die Gestade des Mittelmeers ausgeweitet, wodurch der administrative Aufwand so angewachsen war, dass sich Chlodwig der Gefolgschaft der römischen Verwaltung vergewissern musste, die in den Provinzen bereits damals vorrangig von Bischöfen administriert wurde. Der Übertritt Chlodwigs zum Christentum wurde deshalb auch von einer Salbung zum christlichen König begleitet, was ihn zum augenscheinlichen Stellvertreter Gottes auf Erden machte. Auf dieser Basis ließ sich Loyalität einfordern und Herrschaft ausüben. Auf einer Reichssynode (511) setzte er dann durch, als christlicher König bei der Wahl der Bischöfe, die ursprünglich vor allem vom Volk bestimmt wurden, eine wesentliche Mitsprache zu erhalten. Damit konnte er die Herrschaft der Merowinger längerfristig sichern.

Dieser Umschwung wurde in Paris vom Bau von Abteien und Kirchen begleitet, wobei die alten Tempel zerstört oder umgewidmet wurden.

Markant zeigte sich dieser Wandel auch am Nordufer der Seine. Dieser sumpfige Teil besaß ein Pendant zum Hügel, auf dem das Forum errichtet worden war, den heutigen Montmartre. Auf diesem Hügel stand bereits zur Römerzeit ein Tempel, der dem Merkur gewidmet war. Nicht zufällig war er dem Gott der Händler und Diebe geweiht. Denn, wie bereits oben angedeutet, war ja Lutetia bereits früh ein Kreuzungspunkt zweier wichtiger Handelswege. Wo sich Handelswege kreuzen, entstehen Märkte – und der Montmartre war der Ort, an dem sich die Händler trafen. Es muss nicht betont werden, dass zwar auch auf Märkten gewisse Regeln herrschen, die den Marktfrieden sicherstellen sollen, doch ansonsten ist Handel ein ungeregeltes Verfahren, dessen Ergebnisse sich aus der Verhandlungsgeschicklichkeit der Beteiligten einstellen. So gibt es keine festgesetzten Verfahren der Wertbestimmung der Waren. Genauso wenig gibt es dort festgesetzte Verfahren der Straßenführung oder eine Bauordnung für Häuser, Markthallen etc. Hier wird ein- und ausgeräumt nach jeweiligem Bedarf und Gutdünken. So kommt es, dass sich im Lauf der Zeit auf der rechten Seite der Seine nicht nur eine gänzlich andere Raumstruktur als am linken Seineufer ergab, das von den Römern eingerichtet war. Von dieser rechtsseitigen ist heute zwar nicht mehr allzu viel zu erkennen, und zwar nicht nur, weil solche Nutzbauten meistens viel weniger aufwendig errichtet werden, sondern auch aus historischen Gründen.

In Paris trugen die wiederkehrenden Wikingereinfälle im neunten Jahrhundert dazu bei, dass die Stadt mehrmals brannte, wobei die wenig geschützten Teile im Norden am meisten in Mitleidenschaft gezogen wurden. In den Jahren von 885 bis 886 wurde dann sogar die ganze Stadt beidseitig der Seine verwüstet, nur die Cité konnte gehalten werden.

Es ist aber bemerkenswert, dass die einmal begründete unterschiedliche Raumstruktur in den nachfolgenden Jahrhunderten trotzdem erhalten und wieder und wieder wiederholt wurde. R. Sennett (1994) schildert die sich daraus ableitenden Gegebenheiten des Hochmittelalters detailreich und ausführlich. Er schreibt über die Nordseite und die Cité folgendes:

„Die chaotische Form und der traurige Zustand der mittelalterlichen Straße ergab sich aus dem Wachstumsprozess selbst. Die Straßen einer Gemeinde wurden selten so angelegt, dass sie auf die Straßen der Nachbargemeinde trafen, da die Grenzen ursprünglich das Ende einer kleineren, dorfähnlichen, nach innen ausgerichteten Siedlung gewesen waren. Auch die ‚bourgs'[239] waren nicht darauf angelegt gewesen, Verkehrsverbindungen zu anderen Orten zu erleichtern. Der Gebrauch, den die Grundbesitzer von ihrem Land gemacht hatten, diktierte den Straßenverlauf. [...] Diese Bauherrn besaßen das Recht [...] so zu bauen, wie es ihren Interessen entsprach; [...]" (S. 240).

„Es wurde völlig willkürlich und regellos gebaut; ein Nachbar bekämpfte den Bau des anderen in Prozessen, oft auch mit brutaleren Mitteln wie angeheuerten Schlägertrupps, die die Arbeit des Nachbarn niederrissen. Aus dieser Situation entstand die Stadtstruktur von Paris. Die Straßen bildeten ein labyrinthisches Gewirr winziger Gassen und Sackgassen, Durchgänge und Höfe, die Plätze waren klein, und nur selten öffnete sich eine Gebäudeflucht und gab den Ausblick frei; die Verkehrswege waren ständig verstopft." (S. 242)

Diese „eingeräumte Statt" manifestiert sich nicht allein im räumlichen Chaos, sondern auch in einer anderen Lebensweise. Der Zusammenhang von Raumstruktur und Lebensform wird auch in anderer Weise unübersehbar. Im „ge-richteten", lateinischen Stadtteil auf der Südseite entstanden Schulen und später wurde dort die Sorbonne errichtet.

Hingegen begannen am ungeregelten Nordufer der Seine gänzlich andere Aktivitäten zu blühen. Am rechten Seineufer entstanden schon bald wieder Märkte. So fanden dort bereits im achten Jahrhundert jährlich wiederkehrende Messen statt, die von den „nautes", den einflussreichen und wohlorganisierten Schiffern organisiert wurden. Wie Messen auch heute noch, waren diese zeitlich beschränkt und förderten so eine flexible räumliche Ordnung. Es etablierten sich daher dort weniger festgefügte Orte des Zusammentreffens, denn Händler wie auch Kunden

239 | Als „bourg" wird jener Grundbesitz bezeichnet, der nicht von Mauern umgeben war, aber einer großen, klar definierten Macht, wie Kirche oder König gehörte. „Die älteste Burg in Paris war St. Germain. Sie ähnelte einem großen Dorf." (Ibid., S. 238) Im Mittelalter wurden dann auch diese mit Mauern umgeben. Daraus ergab sich für die Cité eine neue Situation, die R. Sennett mit der Bezeichnung „Stadt" charakterisiert.

zogen weiter, sobald die Geschäfte abgeschlossen und die Messen beendet waren. Sie nutzten nur schlicht einen geräumten Raum. Der gerichtete Südteil besaß hingegen Orte, die ver-sammelten, wie Gerichte und Schulen.

Das mittelalterliche Paris war somit gespalten zwischen einem von Wirtschaft, Politik und Religion dominierten rechten Flussufer der Seine, und einem linken Flussufer, das von Beginn ein geregelter Ort war und zu einer Hochburg intellektueller Aktivisten wurde. Diese Schilderungen dürften den wesentlichen Unterschied zwischen einer in der Diktion Heideggers „gestatteten Statt“ und einer „ein-geräumten Lichtung“[240] mehr als deutlich machen.

Auch R. Sennett charakterisiert diese Gegebenheiten indem er sich einer Terminologie befleißigt, die sehr an Heidegger erinnert – ohne ihn allerdings in diesem Kontext namentlich zu nennen. Er spricht vom „Widerstreit zwischen Ort und Raum, zwischen Festgelegt-sein und Opportunität, zwischen Mitleid und Aggression“ (Ibid., S. 236); dieser Widerstreit spiegelte sich in jedem einzelnen Bürger wider. Er wird bei Heidegger mit den Worten „ge-statten“ bzw. „ein-, aus- und zu-richten“ einerseits, mit „räumen“ andererseits benannt.

Die Stimme des „Man“

Die Statt wurde zur Stadt[241] oder zum Staat. Die Statt ist die Stätte, wo die Vernunft west und währt. Das wird am Beispiel von Paris mehr als offensichtlich. Die Vernunft wahrt die gereimte Ordnung und (ge-)horcht auf die Weisen des „Man“. Sie richtet aus-, her-, hin- und unter, und bestellt den festen Stand als begründende Feste zur Fügung des Rechts. Aufgrund dieses Bestandes verfügt sie über den rechten Spruch des herrschenden Rechts.

Das Recht fügt nun jene begründenden Weisen des pflichtigen Gebens und Nehmens. Das Recht (ver-)pflichet zur Pflege der Schuld, griechisch „aitia“, die rückbindend das Ge-füge des „Man“ begründet. Diese Schuld wird in der „bourg“ ge- und verborgen. Vergessen wurde danach das schonende Borgen/Bergen, wobei quasi die rechte Hand nicht wusste, was die linke ver-brauchte und verschuldete[242]. Dies schonende Pflegen wurde nun auch gerichtet und Pflicht; es wurde zur schuldhaften Ur-sache eines möglichen „accusare“.

240 | Es sollte vielleicht betont werden, dass „jemand etwas (z.B.: ein Recht) einräumen“ anderes besagt als jemand etwas „gestatten“. Die Differenz ist analog zu jener zwischen „pax“ und „concordia“ (s.o.).

241 | Etymologisch betrachtet, leiten sich beide Begriffe von „Statt“ her.

242 | Entsprechend handelte z.B. angeblich die königliche Familie Solons, bevor Solon sein Gesetz erfand, das zwar Schuldner entband, doch das schuldlose Geben unterband.

Ver-schrieben dem richtigen Rechten, vernimmt die Vernunft nicht mehr das ver-gessene Wissen, das Un-wissen und die Un-wahrheit jenes verborgenen Gebens. Das „Man" nimmt nur noch das Ent-borgene, das ist das anwesende Seiende, wahr und be-stattet den Blick auf das dahinter Verborgene und verstellte Ganze. Allein nur noch das wahr-genommene Ent-borgene west und währt im Wissen des „Man", im gemeinen Ge-wissen des „common sense". *Das Ent-borgene währt unter der Hut des Gerichts. Bewährt sich dadurch und wird, weil un-vergessen, mit dem Titel „Wahrheit" geadelt.*

Solcherart wird die „ratio" des vereinenden Meinens her- und dann als begründete, wahre Erkenntnis hingestellt. Dies Hingestellte verstellt den Blick und die Wahrnehmung der Gesamtheit. Es unterbindet die Sicht auf das im Verlies der Bourg Verlorene, im Apeiron Verborgene und auf den durch den Verstand erst entborgenen Befund.

Wahrheit ist kein Seiendes

Begründete Erkenntnis wird als bewiesene Wahrheit ausgewiesen. Bewiesene Wahrheit weist, doch worauf?

Sie verweist auf das Richtige, das Ge-richtete der Gerichte der gestatteten, gestattenden Statt. „Weisen" meint hintreiben, drängen auf ein Ziel. Dies Ziel ist der Telos, lateinisch „finis". Der Weg dorthin führt über abstrahierendes, ausgrenzendes De-finieren zur Klärung von Wahrnehmung. Erst geklärte Wahrnehmung stimmt. Sie bestimmt nun und stimmt die Erfahrung ein in den Akkord mit dem Kanon des „Man". Das ist jene Erfahrung, wie sie die traditionelle Philosophie, Psychologie, der Marxismus, Hegelianismus, Strukturalismus oder ein anderer -ismus beschreiben.

Das Ge-Wissen ist das Wissen des „Man". Bewiesene Wahrheit wird im Hag jenes ge-bietenden Ge-biets, das vom Verständnishorizont eingehegt ist, zum gehegten, gültigen Gebot erhoben. Das nur Richtige wird als „bewiesene Wahrheit" bezeichnet, die währt, gewährt, weil sie in den Schranken der Vorführung und Vorstellungen als rechtlich erwiesen erscheint. Dieses Erweisen ist Folge eines „Ausweisens" mithilfe der Abstraktion. Deren Beschränktheit verbirgt sich hinter der Weise ihres jeweiligen Hin- und Herstellens.

Die Weise des Weisens zielt auf ein Ziel. Sie zählt folglich zur Kunst des Apoll, des klärenden, er-klärenden Gottes. Seine Weise des Hinstellens war die Vorführung. In der Fron dieses Gottes stand unter anderen Aristoteles, der Meister abstrakter Definition.

Wahrheit äußert sich aber durch Vorführung allein noch nicht. Das „-heit" des Wahren lässt sich nicht weisen. Denn das „-heit" des Wahren, sein Wesen erfasst stets auch den das Wahre bestimmenden Widerspruch. Der wird in der Dichtung beredt durch schweigendes Aufzeigen und Umschreiten andeutend verborgen.

Verschlüsselt ist er nur mithilfe eines passenden Schlüssels zu bergen. Wahrheit ist Ganzheit, sie ist das Nicht-vergessene samt jenem Vergessenen, das in der Statt nicht stattfindet, weil es nicht statthaft ist. Das Wahre bewahrt und gewährt trotzdem jenes Un-wahre, das in der Statt nicht be-dach-t wurde und dem unbehütet keine Heimstatt zuteil-wurde.

Wahr allein ist die Gesamtheit, das ist die gesammelte Gleich-heit (Ge-samtheit) des Verborgenen und Entborgenen, des Unvergessenen und Vergessenen, das sich nur verschleiert zeigt.

Jenes bereits angesprochene Hin-und Herrichten der Vernunft stellt und hält fest, was richtig ist durch das Richten des Rechts, auch um den Preis des Verlusts der versammelten Wahrheit. Denn Wahrheit ist kein Seiendes, sondern ein Ereignis im Sein, das sich nicht fest-stellen lässt. Wahrheit zeigt sich, und zwar erst nach der Entbergung des jeweiligen, jemeinig verschleierten Seins[243]. Entbergen des Seins, das ist das Verständnis des Sinns, ein Verständnis, welches aus dem Dunkel kam. Doch Verständnis widerfährt stets erst danach. Dann nämlich, wenn sich das Sein selbst bereits ge-wandelt hat.

Wahrheit, so meint das „Man", soll auch in der Statt verstanden werden. Um ein solches Verständnis herzustellen, finden jene genannten Vorstellungen statt. Doch man kann Wahrheit nicht nach- oder be-weisen. Jegliches Weisen ist ja gebietend, belehrend, unter-richtend aufgrund eines ver-meintlich besseren Ge-Wissens. Wahrheit muss erfahren werden.

Die Pflege der Pflicht

Wahr ist, was währt. Was währt, ist be-währt, begründet in der Sage des „Man". Hierin spricht die Stimme der Vernunft, d.i. die Stimme des „Man".

Die Vernunft ist die „ratio" der gerichteten Statt, das ist die Vernunft der Ge-richte[244].

„Ratus", vom dem sich „ratio" herleitet, bedeutet „rechtskräftig", „gültig" oder „bestätigt". Bestätigt wird die Meinung (reor: meinen) von einer Mehrheit von Richtern, die durch diesen Konsens die richtige, wahrende Wahrheit begründen und verkünden.

Das „Man" west, weilt und währt in der befriedeten, der gestatteten Statt. Die gestattete Statt selbst ist gerichtet, ein-, aus- und her-gerichtet. In ihr wird unter-richtet. Ihre Gerichte richten. Sie begründet das Richtige als Erkenntnis. Das Richtige weilt im Ge-hege des Hags der Statt, wird gehegt und gepflegt. Ihre Pfle-

243 | Siehe unten: Das Werk.

244 | Wie sehr „ratio" mit der richtenden Tätigkeit von Gerichten verknüpft ist, wird in manchen alten Städten Italiens, wie etwa in Padua, durch die Bezeichnung „Palazzo de la Ragione", für das mittelalterliche Gerichtsgebäude anschaulich gemacht.

ge ist die Pflicht der Pfleger des Rechts. Damit begründen sie das zweckdienliche Gefüge des „Man".

Jenseits des Hags west das Vergessene und das Unrichtige, das rechtlose Gerücht. Das un-gerichtete Gerücht ist und bleibt un-erhört, weil ungerichtet und un-begründet. Doch es gibt es und es gibt: nämlich Grund zu un-begründetem Miss-trauen. Misstrauen bedeutet „meiden". In diesem Un-trauen west wieder die einschränkende Enge der Angst. Das Gerücht steht hingegen dagegen. Weil dem Fremdgänger jenseits des Hags eine un-zugeteilte (un-gerechte), schuldfreie Wider- und Wieder-Gabe des Trauens widerfuhr, blieb als Er-gebnis wiederkehrender Wid-erfahrung das Meiden der Angst.

Solch wiederkehrende Wid-erfahrung prägt, in-formiert das Innen-wesen des im Draußen abwesend gewesenen Wer[245]. Dessen Wid-erfahrung wurde ihm einverleibt und wurde (In-)Formation. Ein solcher Abwesender ist ein Fortgegangener, was die ursprüngliche Bedeutung von „Fremder" war, ein „Fremd-gänger". Sein Innenwesen wurde durchsetzt und zersetzt. Es zersetzte das unterrichtete Ge-wissen des „Man" im Wer, so wie in der Statt. Der Zersetzte ent-setzt, denn ohne Ge-wissen wird Wer vom Gefährten zur Gefahr, wird „Wilder", gar Wolf, Wer-wolf. Das „Man" (ver)gleicht also das entsetzliche Wer mit den stöbernden Hunden der Nacht.

Folglich wird das Gerücht in der Statt Gegenstand und schafft Widerstand. Solange das ungerichtete Gerücht in der Statt anwest, stößt es an, ist Gegen-stand, schafft Anstoß und be-fremdet das Ge-wissen des „Man". Es wird Ur-sache für entzweienden Streit. Der Streit wird zur Sache eines Ge-richts, zum pflichtigen Pflegfall des Rechts.

Noch ist der Streit ohne Ent-scheid und Be-scheid. Doch schon scheidet der Streit das „Man" und scheidet auch das „Ge-wissen".

Solang der Spruch zum Fall nicht gefallen, vermag möglicherweise auch noch ein ge-reimtes Gerücht eine neu zu begründende Ordnung aufgrund der alt-gefügten Weise des Reims zu zeugen. Ein Reim (ver-)meidet eine Entscheidung zur Scheidung des „Man". Reimen (reihen) heißt ordnen. Und solches Ordnen er-weist sich im Werk. Reimen überträgt die gefügte Ordnung der Sprache und trägt deren Stimmung von Längen und Kürzen, Melodik und Rhythmus in das Gerücht[246].

---

245 | Die ursprüngliche Bedeutung von „Wer" ist: „Mann, Mensch". Anschaulich erhalten blieb dies im lat. „vir" (Mann).

246 | Es ist heute anerkannte Meinung, dass sich die Arten des Reimens aus der Sprachstruktur selbst ergeben. So ergab sich die Melodie griechischen Versmaßes aus der Unterscheidung langer und kurzer Vokale in der täglichen Sprachgepflogenheit. Der Endreim, wie er heute gerne Verwendung findet, ergab sich allerdings aus der fixen Konsonantenstruktur semitischer Sprachen. Aus ihrer tiefen Bewunderung arabischer Kultur und Dichtung übertrugen die Troubadoure diese Methode in die europäischen Sprachen und verdrängten damit den autochthonen Stabreim.

Das Gestammel des Gerüchts wird auf diese Weise akkulturiert und pazifiziert. Das Gerücht wird durch Reimen gerichtet, ein- und ausgerichtet, wird richtig und berechtigt. Der Reim macht es zur als wahrenden Wahrheit und berechtigt es als „koine aisthesis" (κοινη αισθησις), nun auch im Kanon eine Stimme zu erheben. Die gegenständige Un-Wahrheit des Gerüchts wurde ent-fremdet und gestatteter Bestand des Ge-wissens.

Das vernimmt die Vernunft. Sie weist den Verstand an, und indem die Wahr-nehmung des ver-wahrlos-(t)en Gerüchts ge-reimt wurde, begründet sie neue Erkenntnis. Das Gerücht wurde Ge-dicht (dicere), gereimte, diktierte Sage (dictare) des „Man".

Begründete Erkenntnis ist innerhalb des Horizont des jeweiligen Seins verwahrt, d.h. der Grenze oder dem Hag, deren Maß vom Kanon und der Stimmung des „Man" (vor)gegeben wurde.

Das „Man" will letztlich Gerüchte in den Dominantakkord wahrender Erkenntnis fügen. Gelingt diese Erfüllung der Pflicht, wird die alte Stimmung des „Man" einmal mehr errettet; sie verweilt und währt.

Gerichtete, gestattete Wahrheit ist richtig, berichtigt und bewahrt die Sage, aber sie ist noch lange nicht wahr.

Die Enge der Angst

Ent-scheiden hingegen die Pfleger des Rechts den Fall des Vertrauens der einstens Getrauten, dient beschuldigen, zeihen und zichten („accusare") als dienliches Zeug. Sein Zweck (Ziel) ist, das entzweiende Scheiden des gesamten Gefüges des „Man" zu vermeiden. Beschieden wird dann die verweisende Scheidung vom Gabentisch des „Man".

Es ist die gängige Weise des „Man", aus der Tiefe des Untergrunds des Ge-wissens durch Zu-teilen, d.h. mit Geben und Nehmen, den existentiellen Grund (Unter-grund) zu begründen für den wahrenden (Be)Stand und das Wesen der Statt. Dieser Ur-grund begründet zugleich die Angst der Gerechten vor der Ent-Scheidung des Spruchs. Ein Spruch nichtet den An-spruch auf Teil-habe und Teil-nahme.

Erkenntnis ist keine schuldlos zwecklose Gabe, so wie die Erfahrungen und Gerüchte aus dem Apeiron. Sie be-zweckt und sie pflegt die Sorge und dient deren Urahn, der beengenden Angst. Ihr Ziel ist Wahrung des „horos" der gerichteten Statt.

Begründete Erkenntnis gibt nichts schuldlos. Sie entbirgt in der Statt das Ge-wissen um Schuld und (ver-)birgt zugleich in den vergessenen Verliesen der Burg die drohende Gefahr, die im schuldlastigen Nehmen liegt.

So wie das Gerücht ist auch diese verborgene Erkenntnis eine Gefahr für den ver-bindlich gestatteten Verbund des „Man". Es (be-)steht somit auch inmitten der Statt Gefahr für das begründete Gefüge. Der begründende Untergrund dieses Gefüges ist die Pflege der Pflicht zur Widergabe der Gaben. Dieses schuldlastige, schuldtragende Gefüge der Gaben des „Man“ ist Ur-Sache für jedwede begründete Erkenntnis in der Statt. Wird diese in der Burg der Statt verborgene und vergessene Erkenntnis ent-borgen, dann entzweit diese umfassende, vollständige Wahrheit von An-Nahme und Ab-Gabe erneut. Sie scheidet das „Man“. Damit wird diese Wahrheit als Gefahr selbst entborgen. Die Gefahr west dann auch innerhalb der bergenden, behütenden Statt und nicht nur jenseits des hegenden Hags. Es er-gibt sich in diesem Fall ein zerreißender Streit, „eris“ (εριϛ), d.h. ein (ver-)nichtender Riss im „eros“ (εροϛ). Doch „eros“ (Verlangen, Liebe, Vereinigung) ist seit eh und je jene rettende „Arche“[247] des „Man“, der sich das wesende Sein mitnichten verwehren kann.

Die Wissenschaft von den Erscheinungen

Die Wissenschaft von den Erscheinungen, die Phänomenologie, behauptet, dass das „Ding-an-sich“, wie es Immanuel Kant und andere postuliert haben, als solches nie in Erscheinung tritt. Die Aufmerksamkeit der Phänomenologen richtet sich folglich unmittelbar auf die Erscheinung, ohne das Ding-an-sich weiter zu beachten. Der phänomenologische Imperativ lautet daher: Direkt auf die erlebte Wirklichkeit zugreifen! Etwas anders formuliert: Die Phänomenologie sieht hinter einem Phänomen[248] keine Wahrheit, weder eine Substanz noch ein unwandelbares Wesen, von dem aus das Phänomen gedacht werden sollte, sondern bleibt fundamental auf das Phänomen selbst bezogen.

Nur Erscheinungen erscheinen im Bewusstsein. Sie sind zunächst unvermittelte, unbeschiedene Bescherung. Wenn also hinter den Phänomenen keine Wahrheit west, dann gilt auch, dass „Wahrheit eine Tochter der Zeit“ ist, wie dies Isidor von Sevilla bereits vor etwa eineinhalb Millenien feststellte – ohne Phänomenologe zu sein. Dieselbe Einsicht hat Martin Heidegger pointiert im Titel seines umfassenden Werks „Sein und Zeit“ zum Ausdruck gebracht.

Was bezeichnet dann aber das Wort „wahr“? Wahr ist zunächst die Wahr-Nehmung. Diese Nehmung bedarf allerdings einer Deutung und Interpretation, um „wahr“ zu sein. Das Wahre dieser Nehmung beruht in der Treue der Deutung, wobei die Treue sich auf die Sprache des Volkes, des „diot“[249] (ahd.) bezieht und die Deutung in deren Sinn erfolgt. Auch hier spricht demnach die Stimme des „Man“.

---

247 | Kasten, Schrank, doch „arche“ (αρχη) meint auch „Ursprung, Anfang“.

248 | Erscheinung, griech.: phaino (φαινω), ans Licht bringen, erscheinen lassen, glänzen.

249 | Woraus sich u.a. „deuten“, aber auch „deutsch“ herleitet.

Die Fähigkeit, eine Wahrnehmung zu deuten und getreu zu interpretieren, müssen wir erlernen. Wir erlernen das bereits früh, wie Jean Piaget, ein Lehrer von M. Merlau-Ponty mit zahllosen Studien gezeigt hat. So lernen wir etwa einen bunten Haufen auf dem Tisch unmittelbar als eine Tüte Bonbons zu erfassen und nicht als diffuse Ansammlung von Ecken und Kanten, Farben und Schatten, die wir erst entziffern und identifizieren müssen. Oder: Menschen, die auf einem Spielfeld hin-und herrennen, erkennen wir sofort als Fußballmannschaft (Bakewell, 2016, S. 262). Dieses Erfassen in einem Kontext ist zugleich auch der Grund dafür, dass wir etwa auf optische Täuschungen hereinfallen. In diesem Fall hatten wir bereits ein festes Bild, eine Gestalt im Kopf, bevor wir genauer hinschauen und merken, dass wir uns irreführen haben lassen.

Die Wahrnehmung der Erscheinungen ist demnach erlernt. Und wenn J. Piaget (1972/1973) darauf besteht, dass viele dieser erlernten Wahrnehmungen bereits im vorsprachlichem Entwicklungsstadium aufgrund frühkindlicher, physischer Erfahrungen geprägt werden, so lässt sich doch nicht bestreiten, dass die überragende Zahl der Wahrnehmungen im Unterricht durch Lehrer beigebracht werden. Wahrnehmung ist in höchstem Maß geformt und vom überlieferten Sinnhorizont des epochalen Seins geprägt. Wir begegnen hier einmal mehr der Stimme des „Man", dieser unerschöpflichen Quelle begründeter Erkenntnis.

Doch die Vernunft dieses „Man" ist beschränkt. Worauf beschränkt sie sich?

Sie müsse sich auf das beschränken, „was *allen gemeinsam* ist, wie eine Stadt auf ihr Gesetz...", schreibt der Nobelpreisträger der Physik, Ernst Schrödinger (1967, S.61) unter Verweis auf den antiken Philosophen Heraklit. Und Schrödinger vermeidet es nicht, die naheliegende nächste Frage anzuschließen: „Was ist dann diese Gemeinsamkeit?"

Die Antwort Heraklits lautet,

„Die Überschneidung der Bewusstseine bildet die allen gemeinsame Welt. In ihr herrscht ein Gesetz, der λογος, der *allen* gemeinsam ist, von dem alle menschlichen Gesetze Abkömmlinge sind, [...]" (Ibid.)

In Anbetracht dieser Überschneidung der Bewusstseine sollte man nicht außer Acht lassen, dass diese Überschneidung so weit geht, dass Menschen einer solchen „Gemeinsamkeit" sogar gleiche Träume träumen. So weist Schrödinger selbst auf den Umstand hin, dass etwa den antiken Griechen quer durch die Epoche und Stände ihre olympischen Götter auch im Traum erschienen. Es wird umgekehrt keine allzu ungebührliche Verallgemeinerung sein, wenn nun behauptet wird, dass diese Götter heutigen Zeitgenossen kaum noch im Traum erscheinen, um ihnen Anweisungen zu erteilen, wie sie sich in einer bestimmten Situation zu verhalten hätten[250].

250 | Es wäre naheliegend an dieser Stelle auf C.G. Jungs „Archetypen" hinzuweisen. Dieser Fährte zu folgen sei aber den Lesern überlassen.

An diesen winzigen Beispielen lässt sich das Ausmaß erkennen, wie sehr die „Bewusstseine" verein-nahmt sind und wie eindrücklich die oben angeführte „Einverleibung" wirkt.

Umgekehrt herrscht aber auch eine bemerkenswerte Dissonanz zwischen unterschiedlichen Teilen des „Man". Es wäre weltfremd zu behaupten, dass alle Bürger einer Statt dieselben Deutungen der Phänomene vollziehen. Zweifellos werden nicht alle in derselben Weise unterrichtet. Sie sind Mitglieder unterschiedlicher Milieus. Im mittelalterlichen Paris war es nicht einerlei, ob man am linken oder rechten Seineufer lebte. Analoges gilt auch für andere Städte und deren Stände.

Ich kehre zu Schrödingers Publikation zurück. Darin beschreibt er u.a. die Erlebniswelten eines Physikers, der mit seinem eigenen Schreibtisch konfrontiert ist. Dieses Möbel zerfällt unter seinem Blick in zwei Phänomene. Einmal ist er das normale Alltagsmöbel, auf das er sich stützt und worauf er auch seinen eigenen Schatten wahrnimmt. Dann aber löst er sich auf in ein Phänomen, dem alle Sinnesqualitäten fehlen. Der Tisch besteht nun zum überwiegenden Teil aus leerem Raum, in dem winzigkleine Kerne und noch kleinere Elektronen durcheinander wirbeln. Er wird zu einem „Schattentisch", auf dem der Schatten seines Schattens ruht. Und Schrödinger folgert daraus, dass sich die physikalische Wissenschaft mit einer Welt von Schatten auseinandersetzt. (Ibid., S. 66/67)

Man kann analoge Aussagen zu sämtlichen Erscheinungen machen. Was ist z.B. die Wahrheit, d.h. die wahre Wahrnehmung einer Rose? Ist sie das, was die Botanik aus ihr macht, Teil einer systematischen Ordnung, oder die innere Chemie, die sie zum Blühen brachte? Ist sie das, was ein Rosenzüchter an ihr wahrnimmt, oder was ein verliebtes Mädchen, das die Rose als Geschenk empfing, in ihr sieht? Ist sie überhaupt eine Blume oder nur der Rohstoff zur Erzeugung von Rosenöl? Ein Phänomenologe würde keinem der hier aufgelisteten Phänomene den Vorrang einräumen, denn es wird immer etwas vergessen, was trotz allen Vergessens Teil des Phänomens und Teil der gesamten Wahrheit bleibt, auch wenn die „Überschneidung der Bewusstseine" einen epochalen Konsens gefunden haben sollte. Dieser Konsens bleibt beschränkt auf das, was irgendwann als das „Richtige" auserlesen wurde. Dieses Richtige ist eben das Recht oder das Gesetz, wie Heraklit es nannte.

Was ist wahr?

Die alten Ägypter betrachteten z.B. die Erde als Scheibe. Für sie war das richtig und wahr, weil ihre Erfahrung solches nahelegte. Auf dieser flachen Scheibe spannten die „Künstler des Seils" ihre Schnüre und vermaßen die gefluteten Felder. Sie handelten in einem ebenen Raum, dessen Eigenschaften Euklid in seinen theoretischen Arbeiten diktierte. Diese Geometer wussten genau, dass in der Erfahrungswelt ihres Daseins die Summe der Winkel eines Dreiecks immer 180° beträgt.

Euklid war, so wie Claudius Ptolemäus, Anhänger der aristotelischen Physik. In dieser ruhte die Erde als Kugel in der Mitte des kugelförmigen, also gekrümmten Kosmos. Auch das legte ihre Erfahrung nahe und wurde richtige Wahrheit – Unwahrheit hingegen aus unserer Sicht. Auch hier, so meinte man, würde die Regel der Dreiecke gültig sein. Und ihre Messungen im Raum des Firmaments gaben ihnen Recht. Doch als Carl Friedrich Gauß[251] im 19. Jahrhundert nicht-euklidische Geometrien entwickelte, wurde klar, dass es Dreiecke geben könnte, die eine andere Winkelsumme aufweisen. Seine geodätischen Arbeiten, bei denen er Dreiecke mit Seitenlängen von über 100 km vermaß, ließen allerdings keine Abweichungen erkennen. Gauß schloss daraus, dass die euklidische Geometrie doch den faktischen Gegebenheiten entsprechen würde.

Beginnend mit den Michelson-Morley Experimenten, die die Existenz eines Äthers widerlegten und die Gültigkeit des Gesetzes von der Addition von Geschwindigkeiten für Licht außer Kraft setzten, zeigte die Relativitätstheorie die Un-Wahrheit seiner Annahmen. Die Ergebnisse der Michelson-Morley Experimente bewegten Albert Einstein dazu, einen vierdimensionalen Raum zu postulieren, wobei die vierte Dimension die Zeit sein soll. Dieser kosmische Raum entspricht zwar weitgehend der euklidischen Geometrie ist aber um eine "imaginäre" Zeitdimension erweitert.

Was erkennen wir daraus? Die Erfahrung der ägyptischen Geometer leitete ihren Verstand. Diese Erfahrung begründete die euklidische Geometrie. Sie wurde aufgrund der Stimme des „Man" zur begründeten Erkenntnis. Gauß zweifelte an der Richtigkeit dieser Erkenntnis, weil er an einem wesentlichen, schlecht begründeten Teil der euklidischen Geometrie Zweifel hegte, nämlich am Parallelenaxiom.

Man kann diese Zweifel als die Beute seiner stöbernden Hunde der Nacht betrachten. In der Folge begab sich Gauß in die Wildnis des „Brocken" und anderer Berge und fand seine Zweifel unbegründet. Die Stimme der Vernunft veranlasste ihn nun, die „richtige" euklidische Geometrie als wahr anzuerkennen. Doch das ist eben noch nicht die ganze Wahrheit. Die Annahme einer nicht-euklidischen Geometrie erwies sich im Kosmos einer späteren „epoché" doch als wahr. Sie war bis dahin eine „Un-Wahrheit", denn unsere heutige Wahrheit besteht darin, dass z.B. mehrere Geometrien wahr sind, auch wenn diese Annahme in der Tradition Newtons noch als unrichtig galt. Man mag nun argumentieren, dass Geometrien insofern „wahr" sind, als sie widerspruchsfrei sind. In unserer Sicht sind sie nur „richtig", d.h. ge-richtet, aber noch lange nicht wahr.

Um 300 v. Chr. wurde die von Aristoteles aufgrund „man-igfacher" Erfahrungen begründete Erkenntnis, dass die Erde im Zentrum des Kosmos ruhe, von Aristarch von Samos angezweifelt. Er setzte die Sonne ins Zentrum und ließ die

251 | Er war aber weder der Erste noch der Einzige (dazu: Schmutzer M., 2015).

Erde, die Planeten und die Fixsternsphäre um sie rotieren.[252] Aristarch war Grieche und argumentierte griechisch. Er bezog sich zwar auch auf empirische Beobachtungen, doch seine wesentlichen Argumente kamen aus der euklidischen Geometrie. Diese galt als wohl begründete, wahre Erkenntnis. Trotz dieser Ausgangsbasis wurde das heliozentrische System bis zu Kopernikus nicht als begründete Erkenntnis eingestuft. Die Stimme des „Man" mit dessen mannigfacher Erfahrung resonierte heftiger.

Die Mehrzahl unserer Zeitgenossen ist hingegen heute davon überzeugt, dass die Planeten um die Sonne rotieren und die Erde ein Planet ist. Diese Sichtweise ist so richtig wie sie zugleich falsch ist. Begründet wird die gängige Ansicht mit einem mechanistischen Denkmodell, das bereits von Ibn al Haytham im 10. Jahrhundert vorgeschlagen wurde.

Das Modell klingt einfach und genügt sogar der Forderung nach „Parsimonie". Diese Forderung nach Parsimonie geht auf Nicolaus Cusanus zurück. Sie ist einer Art Denkökonomie geschuldet. Aufgrund dieser Forderung soll bei mehreren gleich möglichen Erklärungsthesen die ökonomischste, einfachste bevorzugt werden. Eine derartige Denkökonomie hat solange eine Berechtigung, solange sie nur ein gerichtetes Regelsystem begründet. Man sollte aber daraus nicht schließen, dass auch in der Natur ökonomisches Denken walten würde.

Mit anderen Worten: Die Beschreibung des Planetensystems als heliozentrisch oder als geozentrisch ist gleich richtig oder gleich falsch. Beide Modelle sind denkökonomisch begründet. Dabei bleibt zu bedenken, dass diese Denkökonomie in nichts sonst begründet ist als in einer ideologisch geprägten Stimmung des „Man".

Claudius Ptolemäus ersann aus ähnlichen Gründen ein exzentrisches Rotationsmodell und die Epizyklen[253], um dem bewährten Ge-wissen des „Man" zu entsprechen, dass sich die Himmelskörper um die Erde drehen.

Heute meint man, dass diese Beschreibung nicht sonderlich ökonomisch gewesen wäre und bevorzugt daher die Kepler'sche Erfindung von elliptischen Planetenbahnen um die Sonne. Doch auch diese Erfindung beschreibt die Fakten nur approximativ. Nicht grundlos werden die theoretischen Positionsdaten der Erde jährlich gegenüber ihren faktischen adjustiert. Das prognostizierte Armageddon eines Sturzes der Erde in die Sonne in Millionen Jahren wäre u.a. bei elliptischen Planentenbahnen gar nicht denkmöglich. Man kann nach Gutdünken die Erscheinungen am Firmament geo- oder heliozentrisch beschreiben. Beide Beschreibungen sind nicht wahr, sondern etwa nur gleich richtig. Das hat unter anderem zur Folge, dass in der Raumfahrt aus denkökonomischen Gründen geozentrische Modelle nicht selten bevorzugt und verwendet werden. Beide, das geozentrische und

252 | Was ihn dazu bewegt haben mag, wurde an anderer Stelle ausführlich dargelegt (Schmutzer M.E.A., 2015).

253 | Siehe dazu: Schmutzer M.E.A. (2015), S. 88ff.

das heliozentrische Erkenntnismodell sind nur denkökonomisch begründet und beide sind richtig.

Doch was ist wahr? War das heliozentrische Modell vor Kopernikus Teil der oder gar die Wahrheit? Ist das geozentrische Modell nun die Unwahrheit, nachdem das heliozentrische System davor die Unwahrheit repräsentierte? Oder sind doch beide zugleich wahr und richtig? Mögliche Konklusion wird wohl sein müssen, dass jede noch so begründete Erkenntnis nur Teil einer größeren Wahrheit sein kann, die – so wie dies die Phänomenologen vertreten – in ihrer Gesamtheit nicht erfasst wurde, und vermutlich auch nie begriffen und verstanden wird.

Die oben angeführten Beispiele können den Eindruck erwecken, dass Unwissenheit, Unkenntnisse und Un-wahrheiten früherer Zeiten ihrer mentalen und intellektuellen Rückständigkeit geschuldet würden. Unsere Epoche hingegen, begnadet und begabt vom Füllhorn des Fortschritts, bewege sich dagegen asymptotisch am Pfad zur letztgültigen, begründeten Erkenntnis, auch wenn man sich dieser immer nur annähert, sie aber nie erreichen wird. Diesem Wunschdenken „getaufter" Gläubiger der Ekklesia des „Man" darf in Erinnerung gebracht werden, dass auch unsere Epoche einer Weiche nicht ent-weichen wird.

Noch lange ist das Gerücht, das vor wenigen Dekaden aus dem Dickicht des Apeiron angeschleppt wurde, nicht so wohlgereimt, dass es sich harmonisch in den stimmigen Kanon fügen würde. Doch die Anzeichen mehren sich, dass das tradierte Lied neu gereimt werden wird.

Wovon ist hier die Rede? Die alte Sage be-richtet, dass Raum und Zeit als unabhängige Größen zu betrachten seien. Sie schildert zugleich, dass deshalb Ort und Geschwindigkeit eines Objekts unabhängig messbar wären. Sie beschreibt den Raum als euklidisch strukturiert und die Zeit als linearen Verlauf. Sie beharrt darauf, dass es eine „objektiv konstituierte Realität" gibt, die objektiver Messung zugänglich ist. Und diese Messung schafft den Fall.

In Abhebung dazu legen aber die aus dem Apeiron durch die Quantenphysik angeschleppten Beutestücke nahe, dass physikalische Messungen keine objektiven Daten feststellen, sondern diese erst durch den Akt der Messung her-stellen und das hinstellen, was zuvor nicht be-stand. Dissonanter noch als diese schon sehr aufrüttelnden Erfahrungen klingen jene Gerüchte, die behaupten, dass sogenannte „verschränkte Teilchen", das sind Photonen, die paarweise emittiert werden, selbst dann, wenn sie räumlich weit getrennt sind, instantan interagieren. Dieser noch gänzlich ungereimte Be-Fund hat das „Zeug" dazu, sämtliche Begründungen begründeter Erkenntnis zu zertrümmern. Er verkündet nämlich, dass – ähnlich wie damals, als die Erde als Kugel ent-tarnt wurde – weisende Weichenstellungen zu erwarten sind, sodass, wie damals bei Magellan, eine kontinuierliche Fahrt nach Westen die Archen aus dem Osten zurückbringen kann.

Was der Fall nicht ist

Das Richtige ist eben das Recht oder das Gesetz, wie Heraklit es nannte. Gesetze werden gemacht und sind keine Phänomene, die wahrgenommen werden. Wahrgenommen wird nur die Folgewirkung von Gesetzen, und zwar dann, wenn ein Fall eingetreten ist. Ein Fall ist aber ein „casus", ein Rechtsfall, der aufgrund von Gesetzen entschieden wird.

Die Vorstellung, dass Gesetze in der Natur walten würden, ist ein Beispiel für „Soziomorphismus". Diese Vorstellung ist das Produkt des Unterrichtens, d.h. einer Weisung. Sie suggeriert etwa, dass sich Erkenntnis sukzessive an das annähert, „was der Fall" ist. Dabei wird in Anlehnung an Ludwig Wittgensteins „Traktat" angenommen, dass die „Tatsachen" eines Ereignisses wie bei einem „Unfall" von einem Polizisten exakt protokolliert werden können. Dieses Protokoll stellt, so glaubt man, eine sprachliche eins-zu-eins Abbildung des Ereignisses dar und erfasst alles Wesentliche lückenlos. In der Terminologie Wittgensteins heißt dies „alles":„die Welt". „Die Gesamtheit der Tatsachen bestimmt, was der Fall ist und auch, was alles nicht der Fall ist" (Ibid. 1.12). Nicht vergessen darf man dabei, dass diese „Gesamtheit der Tatsachen" nur die Gesamtheit der protokollierten Tatsachen ist. Diese (be-)stimmen die Grundlage für den Rechtsfall. Erst das Protokoll macht aus dem Un-fall einen Fall[254]. Der Unfall, der Fall und alles, was im Protokoll vergessen wurde, sind erst zusammen das, was als Wahrheit bezeichnet werden kann. Hier besteht eine grundlegende Differenz zur gängigen Übersetzung von Aletheia (αληϑεια, Wahrheit) als Wahrheit. Aletheia bezeichnet ja nur das „Unvergessene".

Analog dazu werden bei Naturgesetzen Protokolle von Messwerten angefertigt. Diese bilden dann gleichfalls die Grundlage zur Fest-stellung der Rechts- oder Gesetzmäßigkeit. Auf dieser Grundlage aufbauend folgert die vorführende Vorstellung, mit deren Hilfe die gemeine Vorstellung erzeugt wird, dass sich Erkenntnis sukzessive an das annähert, was der Fall, also was die Welt ist.

Der Fall existiert aber so nicht, er wird, wie aus Obigem allein schon deutlich wird, hergestellt. Zwar gibt es ein Ereignis, genau so, wie es etwas gibt, das als Rose oder Schreibtisch bezeichnet wird, doch, wie Phänomenologen korrekt bemerken, sind auch Ereignisse subjekt-abhängig und so auch ihre Protokollierungen. Trotzdem gibt es den Fall, der allerdings nicht „die Welt" ist, sondern bestenfalls ein Sonderfall davon. Der Fall ist nicht mehr oder weniger als der zu entscheidende „casus".

Erfreulicherweise hat sich Wittgenstein von der im Traktat praktizierten Korrespondenz- oder Abbildtheorie selbst distanziert und einer Sprachtheorie zuge-

254 | Diese Metamorphose wird schon in der Bezeichnung deutlich: Ein „Un-Fall" ist ein „Nicht-Fall", also (noch) kein Fall.

wandt, die Sprache als kulturelle Leistung und als Spiel versteht[255]. Im Zuge dessen betont er den spielerischen Erwerb von Sprache durch Kinder. Dieser Prozess ist zweckfrei und lustbetont und nicht, wie es die unterrichtenden Erwachsene sehen, zweckhaft.

Auf diese Freiheit-von Zweck bei einem Spiel und auf die Freiheit-zu spielen werden wir noch zurückkommen, denn sie sind nicht für alle Spielformen gegeben. Beispielsweise lässt Platon in seinem Dialog zwischen Protagoras und Sokrates gleichfalls ein Frage- und Antwortspiel aufführen. Die gerühmte Taktik Sokrates' mit scheinbar trivialen Fragen seinen Spielgegner dorthin zu manövrieren, wo er ihn haben möchte, ist sprichwörtlich. In diesem besonderen Fall nötigt er z.B. den berühmten Sophisten Protagoras, der bemüht war die Bedeutungsbreite von Ausdrücken zu demonstrieren, diese auf ein einziges Gegensatzpaar einzuengen. Es handelt sich also um ein „Normierungsspiel" oder, um im obigen Jargon zu bleiben, um ein „Zurichten" der Sprache. Mithilfe dieser zugerichteten Sprache wird dann nicht nur das Anliegen Protagoras', argumentativen Freiraum und damit Verhandlungsraum zu schaffen, zunichte gemacht, sondern zugleich auch dargelegt, wo die richtige Wahrheit liegt. Die richtige Wahrheit liegt für den platonischen Sokrates weder auf der einen noch auf der anderen Seite eines Gegensatzpaares, auch nicht irgendwo in der Mitte dazwischen. Sokrates erfindet vielmehr in diesem Dialog eine imaginäre Waage, also eine Skala, mit deren Hilfe ein exakter Zahlen- oder Messwert jedem „Fall" zugeordnet werden kann. Er schränkt damit die Freizügigkeit des Diskurses auf eine Dimension ein und unterläuft zugleich die traditionelle Beschränkung auf ein Gegensatzpaar, denn seine Skala scheint in beide Richtungen offen, also unbeschränkt zu sein.

In Hinblick auf die Überbrückung der Gegensätze durch Errichten eines Kontinuums stimmt er mit den Forderungen Protagoras' überein, doch dieser hätte ein multidimensionales Kontinuum bevorzugt, sodass sich scheinbar gegenseitig ausschließende Begriffe, wie etwa „angenehm" aber „verwerflich", widerspruchsfrei kombinieren lassen.[256] Beide, Sokrates und Protagoras, gestatten auch – wenn auch mit unterschiedlicher Freizügigkeit – graduelle Übergänge zwischen den bislang strikt getrennten Gegensätzen. Sie gewähren, verkürzt ausgedrückt, dazwischen eine dritte Möglichkeit: Tertium datur (ein Drittes wird gegeben oder zugelassen).

Damit unterscheiden sich beide auffällig von einer späteren Geistesgröße, nämlich Aristoteles. Dieser etablierte in seiner „Metaphysik" (Buch K) historisch erstmalig Argumentationsregeln. Die drei wesentlichen sind: das Gesetz der Widerspruchsfreiheit, das des ausgeschlossenen Dritten und das der Identität. Das

255 | Wittgenstein L. (1958).

256 | Eine mehrdimensionale Dimensionierung erlaubt Widersprüche entlang einer Skala dadurch aufzuheben, dass der Widerspruch auf der zweiten Skala aufgehoben wird.

zweite hebt die anfängliche Möglichkeit, sich diskursiv auf ein Drittes zwischen den Gegensätzen zu verständigen, auf: tertium non datur.

In allen Fällen wo Entscheidungen zu treffen sind, wird von Aristoteles nur mehr die Möglichkeit gewährt, sich positiv oder negativ, dafür oder dagegen zu entscheiden. Aristoteles entwickelte damit einen restriktiven Code (Bernstein B., 1971) oder, um dasselbe anders zu formulieren, eine „präskriptive (vorschreibende) Sprechweise", wie sie etwa auch in den Programmiersprachen der Informatik präferiert wird. Dieser Code gestattet keinen Widerspruch, weil er ja von Anfang an als „Befehlssprache" oder „Vorschrift" angelegt wurde.

Aus der Perspektive sozialer Organisation kann eine derartige Kommunikationsweise nur in einem klaren Über- und Unterordnungsverhältnis, also in dezidierter Ungleichheit praktiziert werden. Bestünde diese ungleiche Ordnung nicht, so wäre die Weigerung, den Befehl zu befolgen, eine leicht durchzuführende Alternative.

Die Weigerung, einem Befehl Folge zu leisten, bedeutet Widerspruch zu leisten; das Gegenteil eines Richtspruchs zu vertreten, ebenfalls. Lautet ein Richtspruch etwa, der Fall des Beklagten ist als „schuldig" zu beurteilen, doch der Verteidiger plädiert auf „nicht-schuldig" und erhebt in höherer Instanz Einspruch, so könnte im Geist Aristoteles die Wahrheit des Falls nur eines von den zwei Urteilen sein. Die höhere Instanz könnte sich aber für „teilweise schuldig" und für ein reduziertes Strafausmaß entscheiden. Was ist demnach der Fall?

Verallgemeinert stellt sich somit die Frage: Sind Urteile nur entweder wahr oder falsch, oder können sie beides zugleich sein? Aristoteles leugnet die zweite Möglichkeit ausdrücklich. Vertreter der Dialektik oder Phänomenologie meinen, dass die Extrempositionen den Tatsachen und Fakten nicht gerecht werden. Für sie liegt die Wahrheit irgendwo in der Mitte. Wo genau, wäre durch einen Diskurs – oder wie Heidegger meint, durch Austragen des Streits – zu ermitteln. Die Fähigkeit diesen Konsens herzustellen wurde etwa in der Scholastik mit Nachdruck an den Universitäten gelehrt, und auch die antiken Sophisten, die islamischen Gelehrten und ihre Mäzene vertraten dieselbe Position.

Wir können demnach am obigen Diskurs anschließen und erneut fragen: Ist das geozentrische System wahr, oder doch das heliozentrische? Die Antwort wird wohl lauten, es ist jedes richtig, aber nur beide sind zusammen wahr. Letztlich ist es nur eine Frage des Standpunkts, ob das eine oder andere präferiert wird. Die Wahrheit ist demnach nicht, dass die eine oder andere Position richtiger wäre, sondern die Wahrheit ist: beide sind wahr. Wahrheit entbirgt sich erst mit Blick auf das Ganze.

Der Nachweis, dass eine Folge von Aussagen, etwa in der Geometrie, deshalb wahr ist, weil er widerspruchsfrei ist, besagt nur, dass ein Diskurs oder Streit vermieden werden soll und alternative Positionen mit einem Bann belegt werden.

Der verständige Verstand

Unrichtige Positionen werden meistens von jemand vorgetragen, der sich dem Chaos des Apeiron ausgesetzt hat und Fremdgänger wurde. Ein Fremdgänger wandelt im ungeklärten, ungelichteten Dickicht des Apeiron. Er steht allein dem Gestöber der schnüffelnden Hunde der Finsternis gegenüber. Was er wahrnimmt, d.h. mit seinen Sinnen erfasst, untersteht einzig dem Entscheid seines ihm eigenen Verstandes. Der Verstand befindet, was die stöbernden Hunde gefunden und was ihm widerfährt. Er erfasst deren Zutrieb, ergreift und begreift. Dieser Befund ist das Ereignis des Entbergens.

Kehrt der befremdete Fremdgänger dann irgendwann in die Statt zurück, wird das Äußern seines Befunds ein Unterfangen. Die gerichtete Statt begehrt den Nachweis der Richtigkeit seiner Äußerungen und postuliert zugleich die be-sagte und bewährte Wahrheit ihrer gestatteten Gerichte. Ihre Wahrheit ist der Sitte der Statt stets treu.

Das Äußern des Befunds verstimmt die Weise des „Man“ in der Statt, weil der Befund un-erhört und unvernommen ist. So muss der Verstand be-weisen, muss sich erweisen, d.h. ausweisen als jemand, der zugehört hat und somit dazu-gehört. Dieses Erweisen benennt Martin Heidegger „Streit“. Im Streit wird eine Vorführung der Vorstellung des Befunds gefordert. In der Statt kann aber die Aufführung stets nur in der gestatteten Weise des „Man“ von-statten gehen.

Der Verstand erweist sich verständig und verständigt sich nun durch Dichtung (dicere) seiner Erfahrung. Seine Dichtung reimt seine Sage und bringt so die Ordnung der gängigen Weise in das unerhörte Gestammel. Das geschieht wegen der beängstigenden Not, die durch die zu-richtende Vernunft kundgetan und versprochen wurde. Denn die richtende Vernunft ist Quelle der Angst.

Wenn im Verfahren der Vorführung die Dichtung vernommen wurde und sich erwiesen hat, dann gehört das fremde Entborgene mit dazu. Es wurde gehört und gehörig und damit seiner Eigentlichkeit enteignet. Trotzdem wandelte sich sogar durch die gehörige Dichtung die Welt, der Sinnhorizont wurde verschoben. Das Sein hat sich verändert und mit diesem die geltende Wahrheit des „Man“.

Wer zugehört hat, gehört dazu. Er wird beteilt, erhält die Gaben samt Schuld der Gemeinschaft. Damit der Verständige kriegt, hatte er im Streit das Los zu er-kriegen. Geschickt hatte er zu be-, zu er-weisen, dass er zu-gehört und folglich mithilfe des Nominativ auch so benannt werden kann. Im Namen dieses erkriegten Namens be-nimmt sich der Verständige verständlich. Vor jedem Nehmen steht nämlich be-nehmen. Auch die un-gesatzten Normen des Be-nehmens sind Quellen der Angst. Denn: Wer das Be-nehmen und die Sitten der Sippe und des „situs“ nicht teilt, wird auch nicht be-teilt. Solch ein „Wer“ gehört nicht (da)zu, ihm wird mangels richtigen Benehmens nicht gestattet zu nehmen. Statt-dessen wird solch ein Wer ge-sondert und verwiesen von der richtenden Statt.

Ein solches verwiesenes, ver-banntes Wer landet wieder im Apeiron und wird Wolf. Oder dieses Wer quert das Niemandsland jenseits der Mark und tritt über die Grenzen einer anderen, einer be-kriegten Statt. Als Feind der Freunde in der alten Statt, wird der Fremdgänger Freund der Feinde in einer neuen Statt. Er weilt in der anderen Statt jedoch als verwaister, verwiesener Fremdling nur.

Zu(m)-Recht-rücken

Wahr ist, was währt und was währt wird bewahrt und bewahrt selbst. „Wahren" bedeutet „achten" im Sinn von Achtung haben, Acht nehmen oder beachten. Der Fremdgänger miss-achtete den Hag und die Sitten der Sippe. Als Verwiesener wird er ver-achtet, doch als reimender Dichter und als Sager (dicere) wahrender Ordnung widerfährt ihm die Achtung der Statt. Er achtet und bewahrt so die gerichtete Wahrheit der Statt und die Fuge des stättischen Lebens. Denn Wahrheit ist ein Mittel oder das wesentliche Instrument der Kooperation im Bann des gehegten Gebiets.[257] Ohne geteilte Wahrheit ist Teilung der geteilten Arbeit nicht machbar. Die mit-geteilte Wahrheit wird verwahrt im Ge-wissen des „Man" und gewahrt durch die Pflege des Rechts.

Und das Recht nimmt die Sorge und gibt die Angst vor dem dräuenden, möglichen Ver-Stoß. Diese Angst zeugt die verwahrte Sorge erneut. Sie nichtet das Werk und das Wirken und zeugt stattdessen das bestellte, zweckhafte Zeug.

Der Ruf nach dem „Akkusare" oder be-zichtigen eines Nicht-Hörigen ist der Ruf nach Nötigung – durch zu-Recht-rücken – eines abwegigen Wer. Hört dieses Wer nicht die Stimme des „Man", so wird es ver-rückt in die Freiheit des Apeiron oder in die Acht, d.h. dorthin, wo die Ver-rückten weilen.

Wenn diese Wahrnehmung der Wahrheit Gehör beanspruchen darf, dann weist und entbirgt sich damit das „-heit" des Wahren. Man könnte vereinfachend sagen: Ge-rechtete Wahrheit entspringt der Treue zur Kultur einer Stätte und ihrer Sippe. Diese Treue blieb in der englischen Sprache bewahrt. Das Wort „true" steht für beides: für das, was wahr ist, und auch für die Treue.

Doch auch die deutsche Sprache hat diesen Konnex noch nicht gänzlich vergessen. Das „wahre Wort", der „wahre Freund", die „wahre Liebe" sind umfassend. Das wahre Wort bringt zum Ausdruck, was aufgrund eines Kanons richtigen Benehmens verschwiegen, d.h. vergessen wird. Wahre Liebe liebt auch die Schattenseiten des Geliebten. Ein wahrer Freund ist unfreundlich, wenn es Umstände erforderlich machen. Sie alle sind „treu", „true", weil sie dem Ganzen sich zugewandt haben und auch die andere Seite jenseits der Wälle wahrnehmen und „rein-ziehen" in ihre Betrachtung.

---

257 | Dazu: P. Janich (1996).

Treue ist das Vermächtnis des Trauens. Wer jemand anderem traut, ist diesem Anderen treu. Vertrauen ist die Quelle der Treue. Sie schafft, um nochmals P. Janich zu bemühen, die Begründung von jeglicher Kooperation.

In dieser Verein-ung ruht zugleich die Begründung von Erkenntnis. Sie folgt nicht nur der dröhnenden Stimme des „Man". Erkenntnis ist eine Gabe, ein Er-gebnis, des Kennens. Und dieses Kennen begründet Vertrauen, das Trauen, die Treue und letztlich jene Wahrheit begründeter Erkenntnis.

Gabe des Trauens: Eris und Eros

Wenn Vertrauen Erkenntnis stiftet, doch dort, wo es mangelt, die Pfleger des Rechts dem Misstrauen entgegen treten, wo beengende Angst die (Dr-)Auf-Gabe sorgloser Sicherung im Übermaß erfüllt, dort kann Vertrauen zu Getrauen umschlagen. Die die „Freiheit-zu" beschränkende Enge veranlasst die Wende vom Vertrauen zum Getrauen. Vertrauen in gelingende Kooperation schwindet und zeugt Vertrauen auf das Können des Wer. Im Vertrauen des entsicherten Selbst zu sich selbst entflieht die Sorge ums Dasein und weist Wege ins Jenseits des Hag. Dort fehlt die Stimme des „Man" und die Flöte des Pan gibt den Ton an. Man hört sie von vorne, von rechts und von links, die gerichtete Richtung vergessend. Der ureigene Verstand übernimmt nun das Weisen.

Der Verstand begegnet am ungerichteten Pfad dem Gegen-stand. Der Verstand steht davor[258]. Er steht und staunt und steht und staunt und steht... Dieses Ge-stehen ist sein Einverständnis, sein Ge-ständnis des Trauens, ist wahres Ver-trauen und treu seinem Trauen.

Verstandene, unverwahrte Wahr-nehmung traut, sie ist „true" und treu, denn sie west als Gabe des Trauens, Ge-trauens und getreuen Vertrauens in die schuld- und zwecklosen Gaben des Apeiron.

Und so steht der Verstand und staunt, und steht und steht ... sprach-los ..., er weilt und wahrt den Abstand, traut dem An-stand, steht. Er verringert den Abstand in Anstand und er-fasst den Zu-stand bedächtig. Er be-greift dessen Umstand und steht und steht. Der Abstand ver-geht. Der Verstand versteht, er-fasst den Gegen-stand, der Gegen-stand um-fasst den Stand des Verstands. Der Verstand versteht. Gegen-stand und Verstand sind ver-eint.

Verstandene Wahrheit ist schuldfrei einsame Gabe ergreifender Er-fahrung. Diese Gabe ist Er-gebnis des Ge-stöbers der schnüffelnden Hunde der Nacht im unübersehbaren Dickicht des Apeiron. Sie ist Her-Gabe wie auch Hin-Gabe, Hin-nahme und Her-nahme. Ausnahme ist sie zugleich als schuld- und zweck-lose Gabe ver-wahrloster[259] (Wahr-)Nehmung.

258 | Kluge setzt „vor-" und „ver-" gleich.

259 | Verwahrlost meint „un-verwahrt", nach Kluge „un-achtsam" Verwahrtes.

Verstandene Wahrheit wid-erfährt, ist zweckloses Ge-schick und Zu-fall. Sie stellt die Weiche zur weiteren Fahrt. Ihr „-heit", das ist ihr Wesen, ist jenes Weichen, das Ab-weichen vom wahrenden Sinn. Verstandene Wahrheit werkt im Entbergen des Un-sinns zum Sinn, zur Wahrung einer anderen, nie gänzlich entborgenen Ganzheit.

Das Sinnen des Verstands ruht im Eros und nicht in Eris und Streit. Sein Streben ist wollen statt sollen, einen statt zwisten und zweien. Nicht rechten noch scheiden sind sein Bestreben, kein Friede nach römischem Muster, sondern Ein-Mut im Einklang pulsierender Herzen. Der staunend dastehende Verstand erstrebt Trauung statt Streit. Kein ge-reimtes Ge-wissen wie in der Statt liegt in seinem Bestreben, sondern wahre erlebte Erfahrung im geteilten Festmahl des vereinenden Rausches.

Das Werk

Der Fremdgänger ist Einzelgänger. Zielt die gerichtete Statt auf den Erhalt der beschränkten Ganzheit durch zu-richten und aus- oder unter-richten, so sucht das vereinzelte Wer seine ureigene, ungeteilte Ganzheit durch Erfahrung des eigenen Selbst.

Das ungeteilte, unbeteilte In-dividuum (ver-)zichtet darum auf (Be-)Zichtigung[260] durch Klage in der gerichteten Statt. Es zichtet auf Gabe und sorglose Sicherung[261] im Gehege des Hag. An die Stelle der Statt stellt das entsagende Wer die Gefahr und die Freiheit-zu: verborgene Un-Wahrheit zu entbergen. Diese birgt sich im ungeregelten Dickicht des Apeiron, doch west auch verborgen in der statthaften Burg.

Zielt etwa der Fremdgänger auch? (Be-)Zweckt er, wie das „Man", in seiner Sorge ums Daseins? Entbirgt er vielleicht sogar die verborgene Un-wahrheit nur zur Ent-sorgung des eigenen Selbst?

Die verborgene Unwahrheit widerfährt. Sie lässt sich nicht weisen, weder be- noch an-. Sie ist schuldlose Gabe und gibt dem Begabten in zwiefacher Weise. Sie gibt die wid-erfahrene Kenntnis und entbirgt so zugleich die eingefleischte Kenntnis des er-wirkenden Selbst.

Die zusätzliche Er-Kenntnis begehrt nun die eigene Entbergung des eigen-erwirkten Selbst durch Entäußerung. Ent-Äußerung fordert ein Äußeres ein, in das sie sich letztens entbergen kann. So stellt die zweite Erkenntnis die Weiche zur Umkehr in die Enge der Statt. Die Statt hingegen ge-stattet das Entäußern der widerfahrenen Kenntnis im Gebiet der gebotenen Weisen.

260 | „zichten" und „zeihen" meint dasselbe wie „accusare" bzw. meint „ver-zichten" und „ver-zeihen" davon Abstand nehmen.

261 | „Sicher", engl.: „secure": bedeutet „sine cura", „ohne Sorge".

So öffnet sich ein weiterer Teil jenes Spiels: das Vermögen zu reimen. Die gereimte Entäußerung wirkt auf die Stimmung des „Man". Dies bewirkt eine Zerrung des Seins und die Streckung des umhegenden Hags. Seine Äußerung zeigt dem entäußernden Wer das nach außen gekehrte, das Er-Innerte des eigenen Selbst. „Wer" steht und staunt und steht stumm beim Erkennen des Selbst im Spiegel des entäußerten Werks. Das entäußerte Werk entbirgt so die Wahrheit des Seins seines ureigenen Schöpfers. Das Werk fasst seinen fassungslosen Verfasser. Und er wispert dem starr staunenden „Man" ins losende Ohr:

„Ich, ich selbst, ich bin das gewirkte, das bewirkende, wirkliche Werk. Darin wird ent-borgen die Ein-ung des währenden Eins von „Man" und von Wer. Ich selbst bin das Werk."

Verworrene Wege wagen

Wege zur Un-wahrheit

Die zu-recht gerichtete Statt ist Hort und Heimat des Man. Sie ist der Hort der Vernunft und der gerichteten Wahrheit. Sie ist Herrin der Norm und der Sicherheit. Sie ver-fügt über dunkle Verliese und die Leuchten der Nacht. Sie ist bergende Burg und borgende Amme. Sie richtet in vielfältiger Weise, an-, aus-, unter-, her-, hin- und zu-. Das Man ist die Frucht ihres Wirkens. Woher aber kommen die Richt-linien und die Normen?

Sie werden geformt durch Verein-nahmung, vereintes Nehmen, Enteignung und Ent- und Um-wenden von berichteten Ereignissen, die berichtigt wurden und folglich berechtigen zum Nehmen der gesicherten, der fest-gestellten Gaben der Statt. Das Richten des Rechts stellt das Ereignis fest, macht es zu Substanz, zum Seienden unter der Hut des Gerichts. Jede Substanz unterbindet die Freiheit, bindet fest und bringt es unter den Hut. Substanz behütet die Stille des abgestillten Man. Denn: Hineingeboren in die Statt, geworfen ins Dasein der Burg, muss sich ein Neophyt die Weise der Statt zwangsweise zu-eigen machen, um zu nehmen und sein Dasein erstreiten zu können. Er nimmt und wird schuldig; begründet wird so die ewige Urschuld. Seine Pflege schafft Pflichten, die Pflicht zum Benehmen und der Wahrung der Regeln und Norm. So wirkt aus dem Dunkel der Kulissen der Gaben die Sitte des „situs" der stättischen Sippen.

Die Sitte bestimmt das Wesen des eingeworfenen Daseins. Die Bestimmung stimmt die zugrundeliegende, die substantielle Stimmung und Schwingung und stimmt die Weisen des Hörens, des Sehens und Sagens. Das Dasein wird Mitsein, verpflichtet dem schuldhaft sündigen Erbe des Man. Diese Stimmung geht von nun an allen Bezügen auf einzelne Dinge voraus. Sie bestimmt die weitere Weltsicht, jenen Sprössling eingesogener Sprache.

Die Passung des Daseins in die Normung des Man formt, doch Inhalt und Form muss nicht passen. Denn früh schon beschränkt wurde „das Seinkönnen des Daseins" (M. Heidegger, G.d.M., S. 216). Die ursprüngliche Freiheit des Daseins wurde verpfändet, das Be-geben ward Widergabe – zur Tilgung der Urschuld.

Die Schranken der Statt beschränken die Freiheit des Daseins. Sie umhegen dessen möglichen Spielraum. Einkehr in den Hag dieses Handlungsraumes hält dadurch eine nichtende Leere. Und das Nichts dieses Spielraums kreiert im Wesen des Daseins eine triefende Leere. Sie zeigt sich im Empfinden von unbegrenzt tiefer Langeweile. Je begrenzter das Spielfeld, desto weiter die Länge dieser weilenden Weile.

Doch manchmal sprengt die sich weitende Leere alle Schranken und Fesseln des Daseins. In den Leerraum hinein wächst nun das Getrauen und es schwindet mit ihm die tägliche Sorge. Die Enge der Angst verwest in der Weite der Leere. Das sichere Sein ohne Sorge entbirgt sich dem Wer als Schein und Betrug, nur als Beitrag zu rechtem Betragen.

Doch das sichere Dasein der Statt zeugt auch die Angst vor dem Stoß, dem Stoß aus vermeintlichem Paradiese. Zugleich aber schuf diese Angst auch die Sorge ums Dasein. Die besorgende Sorge wird so zur Quelle zur Sicherung seines Bestands. Der Bestand besteht im Bestellen von Zeug. Das Zeug wird Gestell, das die Sicht stets verstellt und weiter beschränkt. Es beschränkt die Sicht nicht allein. Es verlangt nach Normen und Passung, die Passung ins Man zur Fügung des Selbst in das Man. Das Dasein wird so zum „Man-selbst“, zum bedrohlichen Mangel an Selbst. Und das Zeug wurde bindender Kram und begründet den Gram der weilenden Weile.

Durch die Sprengkraft der Leere wird das so verborgene Selbst an- und aufgerufen zur Wahrung des eigenen Selbst, zum Entwerfen seines jemeinigen Daseins. Dieses Begehr beunruhigt das sichere Dasein des Man. Es erahnt die Gefahr der Begierden und erhebt das Geschrei und die Klage. Es beschuldigt. Das Wer wird bestellt und gestellt. Gefordert wird in der Klage das zu-Recht-rücken jenes abwegig ungehörigen Wer. Hört dieses Wer nicht die Stimme des Man, so wird es ver-rückt in die Freiheit des Apeiron oder in die verlassene Acht, d.h. dorthin, wo die Ver-rückten weilen, die finstren Verliese der Statt. Dort herrscht die Freiheit der Stummen.

Vernimmt hingegen das Selbst den Anruf zur Wahrung des eigenen Selbst, zum Entwerfen des jemeinigen Daseins, so tritt es heraus aus dem Wurf und über die hegenden Schranken.

Diese die Freiheit beschränkende Enge der Statt ver-anlasst die Wende vom Man. Sie entsichert das Selbst zum Wagen des Wegs aus der Enge der Statt ins Jenseits des Hags. Die Wende erwirkt ein Vertrauen des entsicherten Selbst zu sich selbst und weist Wege ins Jenseits des Hags; es entfleucht die Sorge ums Dasein. Das Selbst wird zum Wer, wird ein Fremdgänger: Kein ge-reimtes Ge-wissen wie in der Statt liegt länger in seinem Bestreben, sondern wahre erlebte Erfahrung im erfahrenen Ereignis, sowie im geteilten Festmahl des vereinenden Rauschs und des witzreichen Traums.

Die Weiten des Apeiron sind Hüter der Freiheit, Hebammen des Verstands und heimliche Heimat des Un-Wahren. Sie sind Heim aller jener, die nicht in der Statt be-dach-t, denen unbehütet keine Heimstatt zuteil wurde. Jenseits des Hag west das Vergessene und das un-richtige Wahre. Das Wer begibt sich ins Apeiron, nicht um das Sein zu bestimmen, sondern um zu verstehen, wie sich dieses Sein im Ereignis zeigt. Der Verstand und nicht länger vernommene Vernunft weist nun seinen Weg und entscheidet die Richtung bei Weiche und Kreuzung.

Der Fremdgänger im Apeiron geht oftmals im Kreise, er verlässt die gerichtete Richtung und bewegt sich im Zirkel. So gewinnt er Verständnis dessen, was er umkreist. Er begreift es von allen Seiten und erkennt es im Ganzen. Er erfährt sich dadurch das Umkreiste, erfährt sich als selbst.

Manchmal erweist sich das Kreisen als Schneckenspirale, die ihn bis ins Zentrum führt. So widerfährt ihm vereinende Einsicht, das Erfassen des „-heit" allen Wissens, die Weisheit. Das Licht, das die Einsicht ermöglicht, ist einfach das So-Sein, es lässt das Seiende erst im Ganzen erscheinen. Wir bezeichnen es schlicht nur als „Sein". Das schneckige Kreisen kann aber auch wegführen vom Zentrum des Seins. Dann verläuft sich der unvollendete Zirkel und der Fremdgänger in den Weiten des Apeiron. Im Ge-fahr durch die Weiten widerfährt ihm so mannigfaltig Erfahrung.

Das entfremdete Wer irrt nun durch die Welten zertrümmernde Wildnis, Reich des Erfahrens. Und manchmal ereignet sich eine Be-gegnung, ereignet sich Wahrheit. Das Gegen erstaunt und erstarrt. Der Fremdgänger steht und staunt und staunt und steht. Die man-hafte Panzerung bröckelt. Da und dort leuchtet das Selbst nun unbedacht durch die Ritzen und reißt auf die wehrhafte Rüstung. Das unbekleidete Selbst lugt durch die Lücken hervor und erfasst verstehend die Wahrheit des „Un-" jenseits des Hag.

Diese Funde machen benommen. Sie gießen den Rausch in die Öffnung. Sie sind un-erhört und un-vernommen und erscheinen dem streifenden Wer nicht selten noch ungehörig. Die Erfahrungen fordern jedoch im Gange der Zeit das Abstreifen des Rüstzeugs aus statthaft übernommenen Sitten und Sichten. Das Manselbst entbirgt sich zum Selbst. Der Fremdgänger wird jetzt ein Fremder der Statt.

Dem Wer wird dadurch die eigne Erfahrung entborgen und sie wird verstandene Wahrheit. Das „-heit" der verstandenen Wahrheit, das ist ihr Wesen, ist jenes Weichen, das Ab-weichen vom wahrenden Sinn. Verstandene Wahrheit west im Entbergen des Un-sinns zum Sinn, der Un-Wahrheit zur Wahrheit zur Wahrung einer anderen, nie gänzlich entborgenen Ganzheit. Verstandene Wahrheit ist untreu.

Das Ereignis stellt auch die Weiche zur weiteren Fahrt. Das sprachlose Staunen bewirkt einen Ruck, ein Rücken zurück in die Kehre. Verworren, benommen wankt Wer zurück in die Statt. Den Rücken kehrt Wer nun dem Apeiron und wagt den Weg zum wahrenden Man. Nackt kehrt er zurück in die Statt der richtig gereimten Weisen, rückt näher dem verlassenen Man.

Doch auch seine Funde fordern Entbergung. Sie fordern das Äußern und drängen zur Sprache. Denn Ereignisse sind un-treu und un-wahr! Ein Ereignis wird zur Treue gebracht dann, wenn es zur Sprache gebracht wird. Doch die Sprache verwehrt sich. Nur mühsam gewährt sie die Rede. Die Rede wird zum Gestammel, das Gestammel zum Be(i)fund des Funds. Erst wenn das Gestammel der Sprache verbunden, wird der Fund selbst entbunden und vom Beifund zum un-wahren Gerücht. Doch auch das Gerücht west noch immer in der Wildnis des Apeiron und weilt dort, weil un-gerichtet. Es bleibt un-erhört und un-begründet. Auch das entborgene Selbst befremdet das Man und es fordert Ver-bergung des nackigen Selbst.

Umwege zur Wahrheit

Wieder kehrt ein im Wer die Gefahr des Ge-fahrs und zeugt neu die Angst der Enge beim Betreten der Statt. Sie west im Nebel des Noch-nicht. Beschränkt ist die Sicht. Dies fordert das Sehen des Sehers. Und erneut zeugt die Angst die im richtigen Rechten verwahrte Sorge.

Das Äußern seines Befunds verstimmt die Weise des Man, weil der Befund des Gefahrs un-erhört und un-vernommen ist. So muss der Verstand be-weisen, muss sich erweisen, ausweisen als jemand der gehört hat und hörig ist und deshalb dazu-gehört.

Das un-gerichtete Gerücht hingegen, das der Heimkehrer mitträgt, ist und bleibt weiterhin un-erhört, weil ungerichtet und un-begründet. Das Gerücht wird so Gegenstand und schafft Widerstand, schafft anstößigen Anstoß in der Statt. Die Erfahrungen des Apeiron im Gerücht zur Sprache gebracht, werden zur Sache gemacht. Die Sache ist der aus-tragende Streit, er gebiert gerichtete Wahrheit. Eine kosmische Ordnung der allseits geteilten Welt des vorherrschenden Man wird nun neu begründet, begründet aufgrund der alt-gefügten Weise des Reims. Das Gerücht wird damit gefügt in die Weise der Statt und gefügig gehörig. Die befremdliche Un-Wahrheit des Gerüchts wird folglich ent-fremdet. Als gereimtes Gerücht wurde es ja zu einem gedichteten Werk und zur namhaften Ordnung der Man-haften Welt gebracht.

So öffnete sich ein weiterer Teil jenes Spiels, das ist: das Vermögen zu reimen. Die gereimte Äußerung des rückkehrenden Wer zeigt dem Entäußerten das, nach außen gekehrte, das Er-Innerte des eigenen Selbst. Die gereimte Entäußerung wirkt aber auch auf die Stimmung des Man. Dies bewirkt eine Zerrung des Seins und die Streckung des umhegenden Hag.

Wird im Verfahren der Vorführung die gereimte Dichtung vernommen und erweist sich damit, dann gehört das fremde Entborgene mit dazu zur Weltsicht des Man. Es wurde gehört und gehörig und so seiner Eigentlichkeit ent-eignet. Es wandelt sich dadurch die Welt des Man, dessen Sinnhorizont wurde verschoben. Die Regeln des Richtens, des Aus-, Ab-, Her-, Hin-, Unter-, Ver- und Zu-richtens passen sich an. Das Sein hat sich geändert und mit diesem die geltende Wahrheit des Man.

Zusammengefasst: Der entschiedene Streit berichtigt die richtigen Rechte der Statt.

Doch damit wird das Werk auch zum Zeug, es zeugt eine andere Stimmung im Man, wirkt am Man, wird wirk-lich. Es rückt das Man ins Vernehmen einer andren Vernunft. Das gedichtete Werk formt so das jeweilige Vernehmen der Vernunft und schafft gestattete Wahrheit. Das Werk verwandelt die Welt seiner Hörer und stimmt ihre Grundstimmung in bislang nie gehörte Ver-Weise. So wirken Dionysos und Apoll zusammen und werden zu eins, im Eros als Ganzes vereint. Das Werk wandelt und (be-)wirkt eine Welt, wird Stimmzeug zur Stimmung des Man. Das Werk wird nun dienlich. Die einstens Geschmähten werden Heroen, Beethovens Neunte wird zum Symbol korrupter Man-schaften stilisiert oder Th. Bernhard zum Kassenmagnet großer staatlicher Bühnen.

Die mit-geteilte Un-Wahrheit wurde nun richtige Wahrheit, verwahrt im Ge-wissen des Man und gewahrt durch die Pflege des Rechts.

Wahre Werke (be-)stimmen die Grundstimmung des Man, wahrende wahren sie. Wahre Werke wandeln sich so zu wahrenden Werken: sie werden verwahrt in der Grundstimmung eines selbst-losen Man. Dichtung gewährt so währende Wahrheit, gibt friedvoll befriedete Heimat, wird lauter, lautre Vernunft und macht vergessen ihr „Un-". Wahrheit ist treu stets der Sitte der Statt.

Der gerichtete Kosmos der Statt ist Hort der Vernunft, birgt die Wahrheit, nichtet die Freiheit und verbirgt die Un-Wahrheit in den Verliesen der Statt. Dort wird sie vergessen. Doch bleibt sie trotz allem zum Trotz Teil der umfassenden Wahrheit, die aus Vergessenem und Un-vergessenem, a-letheia, gefügt ist.

„Im Grunde und zuerst aber hat sich die Fragestellung und die Art des Sehens gewandelt – und demzufolge die Tatsachen. Dieser Wandel des Sehens und Fragens ist immer [auch] das Entscheidende in der Wissenschaft. Die Größe einer Wissenschaft und ihre Lebendigkeit zeigt sich in der Kraft zur Fähigkeit zu diesem Wandel." (M. Heidegger, G.d.M., S.379)

So schmachtet dann etwa das geozentrische System des Claudius Ptolemäus verborgen im vergessenen Verlies – sein Name bewirkt ein verlegen verlogenes Lächeln; das Newton'sche leuchtet hingegen grell im strahlenden Licht seines gegenwärtigen Seins – sein Name wird quittiert mit selbstgefällig grimmigem Grinsen – doch nur beide zusammen sind wahr, wie nur Wenige wissen[262].

Jetzt aber kündet, olympische Musen, die Trauung von Flöte und Laute,
lieblich singende Töchter des Zeus, des Herrschers der Aigis.

Frei nach Hesiod

262 | Siehe: Schukuky, dieser Band.

Eine Werkzeugkiste (Glossar)

Abstraktion Der Begriff geht auf Boethius zurück. Er ist die lateinische Übersetzung des aristotelischen Begriffs τα εξ αφαιρεσεος (ta ex aphaireseos). Er bezeichnete damit die Eigenschaft eines Gegenstands, die allerdings ohne diesen Träger gar nicht in Erscheinung treten kann, daher abgezogen (lat.: abstrahere) oder ignoriert werden kann. Mithilfe der Abstraktion, also eines „Aus- oder Verweisens", wird dann bewiesen, was bewiesen werden sollte.

Acht bedeutet Friedlosigkeit (ächten) aber zugleich auch „(be-)achten" in allen seinen Spielarten, wie „achten", „achtsam" etc.

Aletheia Griechische Bezeichnung für Wahrheit (s. u). Eigentlich bedeutet das Wort das „Un-Vergessene".

Angst Das Wort leitet sich von „Enge" (lat.: angustus, angustia), „Beengtheit" her. Angst ist nicht dasselbe wie „Furcht". Furcht ist konkret auf etwas gerichtet, Angst hingegen ist eine gegenstandslose Befindlichkeit. Angst ist für Heidegger eine Grunderfahrung des Daseins, ja sogar eine allgemeine menschliche Grundstimmung. Diese Sicht lässt sich aus seiner eigenen epochalen Kultur (seinem Verständnishorizont) verstehen. Mir erscheint Angst kein allgemein menschliches Charakteristikum zu sein. Ich leite dies u.a. aus der Tatsache ab, dass nicht einmal alle europäischen Sprachen diesen Begriff kennen. Englisch etwa hat deshalb das deutsche Wort „Angst" als Fremdwort übernommen. Es ist auch indikativ, dass in den meisten Kulturen Angstfreiheit als Zeichen einer hohen menschlichen Entwicklung gilt. Erleuchtete, Weise, Seher oder Propheten kennen keine Angst. M. Heidegger meint allerdings, dass die allgemeine Daseins-Sorge die Angst erzeuge. Ich meine, dass die Angst als kulturelles Spezifikum eine spezifische Art von Sorge zeugt. Diese Sorge zeugt dann das Zeug (s.u.), das Opfer (s.u.) und verwirkt so das Werk (s.u.).

An-spruch Ausgehend davon, dass die Sprache spricht, spricht sie so wie auch das „Sein" (s.u.) ihre Hörer an. Sie teilt etwas mit und verbirgt zugleich anderes, was sich u. U. in einer anderen Sprache mitteilen ließe. Es gibt allerdings unterschiedliche Weisen des Sprechens (Anspruch, Zuspruch, Widerspruch etc.). Man kann von etwas angesprochen werden, etwa von einem Kunstwerk, oder auch Anspruch erheben, etwa auf Teil-habe und Teil-nahme.

Anstoß Entborgene Wahrheit (s.u.) im Werk (s.u.) wirkt wie ein Überfall. Sie gibt einen Anstoss ins „Offene". Es wird das „Ungeheuere aufgestoßen und das bislang geheuer Scheinende umgestoßen". Ein Anstoß ist ein Stoß, der bewirkt. Die Richtung bleibt unbestimmt. Er kann Impetus geben und daher positiv gesehen werden, er kann im Gegenteil aber auch beeinträchtigen und „anstößig" sein. Radikal sein heißt, Andere vor den Kopf stoßen. Ziel dieser Handlungsweise ist es, das eigene Leben oder auch das der Mitmenschen nicht zum Objekt werden zu lassen und so als Ding aufzufassen, sondern zum eigenen Lebensvollzug durchzustoßen. Das lässt sich auch als Befreiung vom „Man" verstehen.

anwesen leitet sich von „wesan" her. Dieses bedeutet „sein" und findet sich noch im heutigen Perfektpartizip von „sein", d.i. „gewesen". Die ursprüngliche Bedeutung ist „leben", „weilen", „wohnen", eine Bedeutung, die sich auch in „(ich) bin" fortsetzt. Auch das bedeutet „wohnen" und „bauen". Anwesendsein meint demnach: hier verweilen. Der Kontext zu „wohnen" und „bauen" entbirgt sich auch noch im „Anwesen", einem „Bauernhof". Dieses entspricht wiederum dem griechischen „ousia", das sich aus demselben Stamm herleitet und in der griechischen Philosophie das „Wesen" bezeichnet.

Apeiron Griechisch. Es bedeutet das Undurchdringliche oder die chaotische Wildnis.

Aufführung/Vorführung Vordergründig handelt es dabei um eine „Demonstration", ein Vorzeigen. Doch, wie das Wort schon sagt, ist es mehr, nämlich eine „Führung" bzw. eine „Weisung". Eine Vorführung kann in der Statt nur in jener gestatteten Weise des „Man" (s.u.) von-statten gehen. Das bedeutet, dass sie „gereimt" sein muss, einen Reim (s.u.) ergeben soll und ermöglichen soll, sich darauf einen Reim zu machen.

Äußern des Befunds verstimmt die Weise des „Man", weil der Befund un-erhört und unvernommen ist. Folglich muss der Verstand (s.u.) beim Äußern des Befunds (s.u.) be-weisen, muss sich erweisen, d.h. ausweisen als jemand der zugehört hat und somit dazu-gehört, dass er die Regeln des Reims (s.u.) kennt.

Befund Ein Be(i)fund ist das, was beim Fund dabei war. Dieses „bei" liefert den Anstoß zur Einsicht, was der Fund sein könnte. Beispiel: Ich finde etwas im Wald. Ob dieses Etwas ein Knollenblätterpilz oder ein Steinpilz ist, muss quasi zusätzlich be- (oder „ge-")funden werden.

Be-nehmen ist synonym mit „Be-tragen". Beide sind Bei-träge zum dialektischen Prozess von „geben-und-nehmen" (s.u.). Nur wer im Rahmen der Sitte (s.u.) durch richtiges Benehmen bei-trägt, ist be(i)rechtigt, beim Nehmen dabei zu sein. Die sich nicht benehmen bleiben un-erhört und un-vernommen.

benommen auch ein (Weg-)Nehmen der Sinne oder des Verstandes, was benommen macht.

Bergen, Burg die ursprüngliche Bedeutung ist „hüten, schonen, wahren". Die Burg ist der Ort, wo etwas verwahrt und behütet wird. Dort wird es verborgen und kann umgekehrt auch „ent-borgen" werden. Dieses Schonen kann dann auch die Bedeutung von (etwas) „borgen" und „bürgen" annehmen.

Bestand wird bei M. Heidegger das genannt, was die moderne Technik zu schaffen beabsichtigt. Damit ist allerdings nicht „Nachhaltigkeit“ gemeint, sondern eher „Vorratshaltung“. Das Wort leitet sich von „stehen“ her. Assoziativ ist der „Stand“ und daher auch „stellen“, „Stall“ naheliegend. M. Heidegger stellt den Bezug zu „stellen“ ausgiebig her.

be-statten meint, einer Sache eine Statt, einen Ort zuweisen. Die Einengung auf „Bestattung“ als Ort der letzten Ruhe ist jüngeren Datums.

be-stimmen meint eigentlich bei-stimmen, zustimmen. Dass dieses Bei-stimmen irgendwann zu einer Form von Befehl abgewandelt wurde, ist wohl eine Folge der „richtenden Statt“.

bestellen „be-stellen“ meint ursprünglich „hegen, pflegen, den Acker bestellen“. M. Heidegger bezieht sich aber auch auf jüngere Bedeutungen, wie z.B. „stellen“ (etwa einen Dieb) oder eine Bestellung aufgeben, was eine Anordnung oder eine Forderung und ein Verlangen zum Ausdruck bringt.

beteilen Wer dazugehört wird beteilt, erhält die Gaben samt Schuld der Gemeinschaft. Damit der verständige Fremdgänger (s.u.) auch etwas „kriegt“ (s.u.) d.h. beteilt wird, hat er zu be-, zu er-weisen, dass er zu-gehört und folglich mithilfe des Nominativ auch „Zu-gehöriger“ genannt werden kann. Im Namen dieses Namens be-nimmt sich daher der verständige Verstand verständlich. Vor jedem Nehmen steht nämlich „be-nehmen“ (s.o.). Gerade die un-gesatzten, ausrichtenden Normen des Be-nehmens sind gängige Quellen der Angst, weil un-gewiss (s.u., Gewissen).

be-zwecken in seiner Sorge (s.u.) ums Dasein (s.u.) denkt und handelt das „Man“ ziel-, d.h. zweck-orientiert, man bezweckt. (s.u., Zweck)

Dasein M. Heidegger wählte diesen Begriff als Ersatz für ihm vorbelastet erscheinende Begriffe wie „Subjekt“, „Individuum“ oder „Person“. Das Dasein ist Existenz (s.u.). Es ist bestimmt durch Geworfenheit, das Fallen (eines Loses) und das Geschick. Heidegger richtet sich hiermit gegen eine Auffassung des Menschen als etwas bloß Vorhandenes: der Mensch, den M. Heidegger mit „Dasein“ bezeichnet, hat ein Leben zu führen, er ist nicht statisch oder Objekt, sondern dynamischer Prozess im Lebensvollzug. Er muss Entscheidungen treffen, Weichen (s.u.) stellen und Möglichkeiten verwirklichen oder fahren lassen. Sein Dasein existiert nicht „in der Zeit“, sondern ist selbst Vergehen, Dasein und Zukommen (z.B. auf den Tod), d.h. Zeitlichkeit.

Wie es ist, Dasein zu sein, also dessen phänomenologische Beschreibung, bezeichnet Heidegger als „In-der-Welt-sein“ (s.u.), was Dasein ist, also die ontologische Bestimmung, bezeichnet er als „Sorge“ (s.u.). Das „Mit-dasein“ anderer Menschen heißt bei ihm „Mit-einander sein“. Dass der Mensch selbst durch die Zeitlichkeit seines Daseins unmöglich alle Ansprüche erfüllen kann, bewirkt ein Schuldig-Sein.

Der Begriff „Dasein“ dient ihm dazu, die Vorstellung von einem unveränderlichen Wesenskern (etwa: „ich selbst“) einer Sache zu unterbinden. Stattdessen versteht sich der Begriff darauf anzuzeigen, von woher etwas sein Wesen hat. Das heißt, was wesentlich für die Bestimmung einer Sache ist (s.u.). Das Dasein ist als Existenz bestimmt durch Geworfenheit und Entwurf.

Definition Eine Form der Wesensbestimmung einer Sache bei Aristoteles (s.u., Ziel). Daneben gibt es allerdings zahlreiche andere Methoden als die von Aristoteles festgelegten.

Dichtung Das Wort leitet sich vom lateinischen dicere, bzw. dictare her. Unabhängig davon existiert das Wort „dichten" im Sinn von „dicht" oder „dick". M. Heidegger vermengt, was in diesem Fall naheliegend ist, die beiden voneinander unabhängigen Worte und deren Bedeutung in „dichterischer" Freizügigkeit. In seinen späteren Schriften wurde diese Vorgehensweise häufig verwendet.

Wenn im Verfahren einer Vorführung Dichtung vernommen wurde und sich dadurch als zugehörig erwiesen hat, dann gehört das fremde Entborgene mit dazu (-gehören). Es wurde gehört und gehörig, doch zugleich dadurch seiner Eigentlichkeit enteignet. Trotzdem wandelt sich durch diesen Einlass des Fremden die Welt, denn dadurch wurde der Sinnhorizont verschoben. Das Sein hat sich verändert und mit diesem die geltende, d.h. richtige Wahrheit des „Man". *Da das dichterische Wort die sinnhaften Bezüge in der Welt zur Sprache bringt, stiftet es Welt* (s.u.). Dabei lässt die Dichtung, anders als propositionale Aussagen, offene Stellen. Im Ungesagten bleibt Raum für die nicht zur Sprache gekommenen Bezüge.

Eigentlichkeit meint das je Eigene. „Jemand/etwas seiner Eigentlichkeit enteignen" bezeichnet einen Prozess, den man als „Akkulturation" oder auch „Selbstentfremdung" verstehen kann.

einen bedeutet „eins machen".

einverleibt oder eingefleischt sind Verhaltensweisen und soziale Verhältnisse, die nicht länger reflektiert werden und als „natürlich" oder „selbstverständlich" betrachtet werden.

Entbergung Etwas aus dem Verborgenen hervorbringen und erscheinen lassen. „Alles Entbergen kommt aus dem Freien, geht ins Freie und bringt ins Freie" (F.n.T., S. 25). Da M. Heidegger die Ansicht vertritt, dass die gestattete Statt auch ein Ort der Freiheit sei – eine Auffassung, der ich nicht zustimme –, mag diese verallgemeinernde Sicht akzeptabel erscheinen. Aus meiner Sicht ist die „Freiheit-zu-etwas" (s.u.) nur im Apeiron angesiedelt. Allerdings befinden sich auch in der gerichteten Statt verborgene und verstellte Wahrheiten. Sie zu entbergen ist nahezu nicht möglich. Geschieht es doch, so nur um einen Preis, der über den Reim (s.u.) entrichtet wird. Die zweite Möglichkeit geschieht um den Preis des Wandels der „Welt" der geordneten, gerichteten Statt.

ent-fremden Ein gängiger Begriff, der meistens einen Vorgang bezeichnet, wo ein Einzelner sich seiner sozialen Gruppe entfremdet. Im gegebenen Kontext wird jedoch die Möglichkeit angesprochen, dass ein Fremdgänger sich selbst, also seiner errungenen Eigentlichkeit entfremdet und erneut in das gängige Sein und den Verständnishorizont des „Man" eintaucht.

Ent-sorgung Entbirgt der Fremdgänger (s.u.) vielleicht die verborgene Unwahrheit zur Ent-sorgung des eigenen Selbst? Entsorgen heißt sich trennen von der Sorge ums eigene Dasein. Diese Befreiung wäre aber tatsächlich ihr eigenes Gegenteil. Sie befreit zwar von der Sorge (s.u., Sicherheit), doch nur gegen Ab-Gabe der Freiheit-zu.

Entscheidung Der Mensch (das ist das Dasein) steht zeit seines Lebens vor Entscheidungen und Möglichkeiten, von denen er meist nur eine ergreifen kann und sich zugleich durch Missachtung der anderen an diesen schuldig macht, indem er sich ent-scheidet d.h. von ihnen scheidet.

Entwurf Dasein ist Geworfen-sein (s.u., Wurf). Die Vorsilbe „ent-" vermittelt auch hier eine Trennung und Loslösung. Der „Ent-wurf" meint daher eine Befreiung vom Wurf, d.h. vom Geworfen-sein. Die Geworfenheit ist die Seinsart eines Seienden, das jeweils Möglichkeiten in sich selbst trägt, so dass es sich aus ihnen versteht (sich selbst auf sie hin entwirft). Das Dasein hat jedoch nicht die Möglichkeit eines voraussetzungslosen Entwurfs; die Möglichkeiten des Entwurfs sind ihm durch seine Geworfenheit in eine Epoche geschichtlich vorgegeben. Banal gesprochen, kann ein antiker Grieche seinen Lebensentwurf nur im Rahmen des antiken Seins entfalten.

Ereignis Anders als man meinen würde, leitet sich das Wort nicht von „eigen" ab, sondern von „Auge". Es bezeichnet somit etwas „Augenscheinliches" bzw. etwas, was „vor das Auge" tritt, also erscheint.

Erfahrung ist, so könnte man sagen, der Lohn des „Gefahrs" (s.u., Gefahr).

Erkenntnis Begründete Erkenntnis wird als bewiesene, d.h. richtige Wahrheit ausgewiesen. Die Begründung ist der Ausweis ihrer Geltung und Rechtmäßigkeit. „Begründen ist immer ein Stiften von Einheit". Erkenntnis be-zweckt die Geltung und zielt auf den Zuspruch des „Man" und letztlich auf die Zuteil-werdung. Erkenntnis pflegt die Sorge um das „Richtig-sein" und das „Zugehören". Sie dient damit deren Urahn, der beengenden Angst. Ihr Ziel ist Wahrung des „horos" (s.u.). Begründete Erkenntnis gibt nichts schuldlos. Sie entbirgt vielmehr in der Statt die lastende Schuld und (ver-)birgt im gleichen Zug in den vergessenen Verliesen der Burg die Gefahr, die im schuldlastigen Nehmen west.

Er-Klärung „Klären" ist das eingedeutschte „clarus". Es bedeutet „hell", aber auch „schreiend", denn es leitet sich von „clamare" (ausrufen, schreien) her. Eine Erklärung wird zwar meistens als Erläuterung (Reinigung, von „lauter", rein, „läutern", reinigen), Erleuchtung oder im Jargon von M. Heidegger als „Lichtung" verstanden. Erklären ist die bevorzugte Weise des „Apollo clarus", Erkenntnis und Klarheit durch „läutern" zu schaffen. Die bevorzugte Vorgehensweise ist dabei die Abstraktion (s.o.), die Methode des Aussonderns bzw. „Läuterns". Bedenkt man allerdings die ursprüngliche Ausgangsbasis „clamare", dann begreift man, dass der Erfolg dieser Methode vor allem darin besteht, durch lautes Geschrei alles andere zu übertönen bzw. die schallende Stimme des „Man" zu resonieren. Die Phänome der eigenen Wahrnehmung benötigen selbst eine Klärung. Sie manifestiert sich im Befund (s.o.). Die Dinge der Wahrnehmung selbst sind gedichtet.

Erscheinung Etwas erscheint, wenn es beschienen wird, dann tritt es heraus – etwa aus dem Dunkeln. Dieses „Heraustreten" heißt lateinisch „exsisto", was sowohl „erscheinen" wie auch „heraustreten" bezeichnet (s.u., Existenz). Verschulden bringt etwas ins Erscheinen und lässt es in das An-wesen hervorkommen. „Jede Veranlassung für das, was immer aus dem Nicht-Anwesenden über- und vorgeht in das Anwesen, ist ποιησις (poesis), ist Her-vor-bringen." (205b)

Existenz Das „Exsistieren" ist das Ergebnis – oder die Gabe des Geworfenseins (s.u., Wurf). Das Wort leitet sich von lat. „exsistere", erscheinen, heraustreten, her. Dieses kommt selbst von „stare" „stehen", weshalb M. Heidegger auch häufig vom „Herausstehen" in die Offenheit spricht. Allerdings ging das „s" nach dem „x" verloren. So wurde daraus „Existenz". Existenz könnte auch von „existimo" abstammen, was „entscheiden" etc. bedeutet. Diese Vermutung entspricht allerdings nicht den Gegebenheiten. Aus dieser Möglichkeit ergibt sich aber scheinbar für M. Heidegger, dass der Mensch in seinem Dasein durch „Entscheidungen" geprägt ist und sich dadurch von anderen geworfenen Lebewesen unterscheidet. Die getroffenen oder auch nicht getroffenen Entscheidungen entbergen sich und erscheinen im Ent-wurf, der eine Trennung vom schicksalhaften Wurf ist, so wie die Entscheidung eine von der Scheide oder der Weiche ist. Es ist dieser Lebensvollzug, der für den Menschen als Mensch charakteristisch ist. Das Wesen des Daseins liegt in seiner Existenz. M. Heidegger richtet sich damit gegen eine Auffassung des Menschen als etwas bloß Vorhandenes: der Mensch hat ein Leben zu führen, er ist wesentlich dieser Lebensvollzug. Er muss Entscheidungen treffen und Möglichkeiten verwirklichen oder fahren lassen. M. Heidegger unterscheidet unterschiedliche Modi der Bezugnahme auf die „Welt" (s.u.), die er mit „Existenziale" bezeichnet.

Fall Das lateinische Wort „casus" stammt von „cadere", „fallen". Casus bezeichnet kein beliebiges Fallen, sondern das „Ende", den „Untergang", das „Unglück", auch den „Zufall", doch vor allem den „Rechts- oder Gerichtsfall". Bei Übernahme des römischen Rechts wurde der „casus" in naheliegender Weise als „Fall" übersetzt. Das grammatikalische Gefälle der Wörter wird in „Die Vernunft vernimmt" erklärt. „Ge-fallen"-finden leitet sich vom günstigen Zufall, „Wohl-gefallen" (guter Wurf) her, wobei irgendwann das „wohl" verloren wurde.

Freiheit-von/Freiheit-zu M. Heidegger unterscheidet zwischen „negativer" und „positiver Freiheit". Negative Freiheit bezeichnet dasselbe, was hier als „Freiheit-von" bezeichnet wurde. Gemeint ist die völlige Ungebundenheit. Naheliegend ist es, „positive Freiheit" als dessen Widerspruch zu bestimmen. M. Heidegger bezeichnet sie auch als „libertas determinationis", was eine Freiheit zur Selbstbegrenzung meint. Diese Selbstbegrenzung ergibt sich notwendig daraus, dass der Mensch ein „zoon politicon" ist und auch sein will. Im Unterschied zum Zwang, der das Zusammenleben regelt, regelt nach dieser Auffassung freiwillige Selbstbeschränkung das „Miteinander-sein". Diese Freiheit wird von M. Heidegger auch als „Freiheit-zu“ bezeichnet. Im Unterschied dazu bezeichnet Isaiah Berlin (1969) mit denselben Begriffen folgendes: „Freiheit-von“ deckt sich etwa mit den obigen Vorstellungen von frei von Zwang sein. „Freiheit-zu“ unterscheidet sich aber insofern, als hier betont wird, dass Freiheit von Zwang noch lange nicht bedeutet, dass jemand auch frei-zu etwas sei. Das Recht auf freie Meinungsäußerung wäre ein Beispiel für „frei-von“ Zensur zu sein. Das bedeutet aber noch lange nicht, dass man seine Meinung auch tatsächlich frei und öffentlich äußern kann. (Dieser Auffassung von „Freiheit-zu“ habe ich mich in diesem Aufsatz angeschlossen.) In London wurde deshalb ein „speakers’ corner“ eingerichtet. Er bietet, wenn auch nur in sehr beschränktem Maß die Möglichkeit zu einer freien Meinungsäußerung. Die gegenwärtigen „social media“ offerieren Ähnliches. Sie werden aber aus verschiedenen Gründen zunehmend unter Kuratel stellt.

M. Heidegger versteht auch das Ereignis der Entbergung oder des In-Erscheinung-Tretens der Wahrheit (s.u.) als Befreiung. „Die Freiheit ist der Bereich des Geschicks, das jeweils eine Entbergung auf ihren Weg bringt.“ Bei dieser Entbergung ist aber gleichzeitig die ganze Wahrheit verhüllt, sie ist wie durch einen Schleier verborgen. Wir ahnen bestenfalls nur ihre Gestalt.

Fremdgänger ist die Bezeichnung für jemand, der die Grenzen des Hags (s.u.) überschreitet und sich ins Apeiron (s.o.) begibt.

Friede meint ‚Frei sein‘, vor Schaden bewahrt und geschont sein. Friede und Schonen bezeichnet dasselbe: etwas in seinem Wesen belassen (einfrieden, zum Frieden gebracht sein). Wer nicht „wohnend“ auf der Erde ist, ist in diesem Denkmodus „vogel-frei“, also nicht wirklich „Mensch“.

Fügung, fügen, verfügen, Ge-füge Vermutlich aus dem indogermanischen Stamm pak, „befestigen“, „binden“ oder „rta“ hergeleitet. Dessen Bedeutung ist „fügen“, „Gelenk“, „Fuge“, oder „Ritus“. „Rithmos“ (griech., ριϑμος) verbindet und fügt z.B. natürliche Zahlen in eine geordnete Reihe mit einer Fuge dazwischen. Nach M. Heidegger bricht durch solche Fugen das klärende Licht und erleuchtet. Das Wort „Ritus“ hat gleichfalls eine vielsagende Genealogie. Es leitet sich ebenfalls aus dem Indogermanischen „rta“ her, welches jene „Ordnung“ bezeichnet, die unterschiedliche, ungleiche Glieder und Organe „ein-renkt“ und zu einem funktionsfähigen Ganzen fügt. „Rta“ ist zugleich die Urform von „ars“, zu Deutsch „Kunst“ und von „artus“, das „Gelenk“.

Gabe Eine Gabe ist ein Geschenk. Weit verbreitete, doch irrtümliche Meinung ist, dass Gaben Freigaben wären. M. Mauss , K. Polanyi, P. Bourdieu u.a. haben aber gezeigt, dass Schenken eine herausragende, uralte Weise ist, soziale Bindungen zu erzeugen. Die An-Nahme von Gaben verpflichtet zur Widergabe und bindet somit, statt zu befreien. Dadurch wird ein Schuld- und Abhängigkeitsverhältnis geschaffen, das zumindest solange währt bis die Gegengabe erfolgte. Aus diesem Grund ist auch sofortige Widergabe nicht statthaft. Ein derartiger Vollzug wäre ein Tauschgeschäft und kein Geschenk. Jede Beteilung bezweckt diese Bindung und damit die Beschränkung der Freiheit der Beteilten. Die mit jeder Abgabe verschränkte Annahme zeugt Schuld. Die Schuld pflegt die Pflicht. Sie zeugt die Sorge und die beengende Angst. Das ist die vergessene und verborgene Un-Wahrheit von An-Nahme und Ab-Gabe, die sicher verwahrt wird und folglich immer wieder neu entborgen werden muss.

geben/nehmen, wie im Text bereits ausführlich besprochen, leiten sich beide vom griech. „νεμω(nemo)“ her, das ursprünglich den gesamten Prozess „geben-nehmen“ bezeichnete. Es benannte somit eine dialektische Einheit, die erst später in die uns selbstverständlich scheinende Opposition aufgelöst wurde. (s.u., Gnade)

Ge-biet Das ist jener Bereich, in dem ein Gebot oder ein Gebieter gebietet.

Gedicht Eine umfassende Zusammenfügung wird oft durch die Vorsilbe „ge-“ ausgedrückt. So ist etwa die Sammlung von Bergen ein Ge-birge. Ein Gedicht ist demnach eine Sammlung von Dichtem. Dieses Dichte hat einen Rhythmus oder Reim, der fügt und durch die Fügung ein Ganzes schafft.

Ge-fahr Das ist ein reichlich reiches Wort. Seine Wiege liegt diesmal nicht im Schwarzwald. Wo sie stand vermag ich nicht zu sagen. Doch sicher ist, dass sich das Wort von „fahren“ herleitet. Was es so faszinierend macht, sind die weit gestreuten Abkömmlinge und Verwandten (s.o., Erfahrung). Eine umfassende zusammenfügende Sammlung wird oft durch die Vorsilbe „ge-“ ausgedrückt. Eine Vielzahl von Fahrten sind folglich das „Ge-fahr“. Das Gefahr ist nicht ohne Gefahr, die Gefahr ist eine intrinsische Eigenheit des Gefahrs. Wer solche teilt, ist demnach „Gefährte“. Gefahr lauert im Gestrüpp jenseits des Hags. Doch M. Heidegger ortet sie auch anderswo. Im Kult des richtigen Ritus in der Statt lauert für ihn – und ich behaupte nicht nur für ihn – die „Gefahr, dass sich in allem Richtigen das Wahre entzieht“ (F.n.T.). Es sieht für M. Heidegger so aus, als begegnete der Mensch nur mehr überall sich selbst. Das schafft u.a. die zwanghafte Enge der Angst (s.o.).

Gegenstand Wir verstehen unter „Gegenstand“ irgendein „Objekt“. Allerdings macht das wenig Sinn, wenn nicht zugleich ein Subjekt angenommen wird, dem der Gegenstand oder das Objekt entgegen-geworfen (lat.: iacere, werfen) wird bzw. ihm entgegensteht. Ein Gegenstand ist folglich kein belangloses Ding für sich, sondern belangt („langen“ bedeutet „ergreifen“) und (be-)trifft das Subjekt unmittelbar.

Ge-hege Das ist der gesamte umzäunte Bereich (s.u., Hag). Zugleich ist es auch die Gesamtheit allen Hegens und Pflegens.

Gerücht ist ursprünglich das Geschrei, das öffentlich angestimmt wird, wenn jemand bezichtigt werden soll. Daher ist es noch un-gerichtet. Gerücht ist und bleibt deshalb un-begründet und un-erhört. Es wird aber in der gerichteten Statt zum Gegenstand und schafft Widerstand. Es soll folglich zur Ordnung gebracht werden, indem es mithilfe der alt-gefügten Weise des Reims eingefügt werden kann. Dadurch wurde die Un-Wahrheit des Gerüchts ent-fremdet (s.o.) und vertraut (s.u.,Trauen). Es verliert so seine Anrüchigkeit, d.h. den üblen Ruf und auch denselben Geruch.

Ge-samt-heit das (An-)Wesen versammelter Gleich-heit.

Geschick ist ein Ereignis, das auf „den Weg geschickt", d.h. eben „geschickt" wurde. Es entspricht wohl dem Geworfensein in das Dasein oder einer göttlichen Fügung. Geschick ist auch die ποιησις (poesis), d.i. das „ge-schickte" Her-vor-bringen oder Entbergen des Verborgenen durch Menschen. Es kann sich dabei sowohl um materielles Zeug (s.u.) handeln, wie auch um Werke (s.u.), wie etwa Gedichte. In beiden Fällen handelt es sich um Entbergung. Dieses Ereignis ist Geschick. Immer durchwaltet den Menschen das Geschick (s.u.) der Entbergung (s.o.), das Teil des Wesens (s.u.) des Menschen ist.

Gestell Ge-stell heißt jene Weise des Entbergens, die im Wesen der modernen Technik waltet und selbst nichts Technisches ist. Nichts wäre naheliegender als zu vermuten, dass sich dahinter ein reichlich naives Konzept von Technik verbirgt, das annähernd dem entspricht, was man sich darunter vorstellt, ein Gestell. Doch analog zu dem, was oben bereits für „Ge-fahr" festgestellt wurde, ist auch hier das Ge-stell die Versammlung allen Stellens. Und Stellen meint vieles, u.a. auch das Stellen eines Diebs, das Bestellen eines Getränks, doch auch das Auf-, Hin- oder Her-stellen eines Gestells, sei es ein Kran oder eine Saturnrakete. Charakteristisch für dieses Gestelle ist seine Zweckhaftigkeit und die dahinter stehende Absicht dienlich zu machen: heute, morgen oder übermorgen. Das Ge-stell verstellt daher das originäre (Er-) Scheinen und Walten der Wahrheit.

Ge-wissen M. Heidegger verbindet mit diesem Begriff u.a. auch das, was man sich üblicherweise dabei denkt, etwa wenn von „gutem" oder „schlechtem" Gewissen die Rede ist. Diese Darstellung ist allerdings eine grobe Vereinfachung, die Behandlung des Begriffs ist bei ihm umfassender und langwierig. Ich betrachte folglich den Begriff analog zu Ge-fahr, Ge-stell etc.. Ge-wissen meint hier die Versammlung allen vom „Man" insgesamt geteilten gemeinsamen Wissens. Das deckt mehr ab als das, was mit begründeter Erkenntnis bezeichnet wird: Werthaltungen, Mythen, Aberglauben etc. Ge-reimtes Ge-wissen ist Wissen, das der gängigen Ordnung des „Man" gefügig gemacht wurde.

Geworfenheit siehe auch „Existenz" und „Wurf". Die Bedeutung, die dieser Vorstellung eines Wurfs in das Dasein zugemessen wurde, zeigt sich bereits in den Begriffen „Objekt" (s.o. „Gegenstand") oder „Subjekt", die ab dem 16. Jhdt. verwendet wurden. R. Descartes (gest. 1651) macht von diesem Muster reichlich Gebrauch. Die Befreiung von dieser schicksalhaften Zuweisung wird bei M. Heidegger im „Ent-wurf" (s.o.) angeboten. J.P. Sartre entwickelte diese Sicht detailreich weiter.

Gnade bezeichnet eine Hulderweisung und ist Ausdruck für: jemandem hold sein. Die Gnade ist eine Gabe, die außerhalb des uralten Gesetzes der Pflicht zur Widergabe zu stehen scheint. Dieses alte Gebot wurde einstens durchbrochen, als etwa in Griechenland das neue Göttergeschlecht der Olympier eine einseitige Gabe von Opfern einzufordern begann, ohne sich zur Widergabe verpflichtet zu fühlen. Damit begann die Herrschaft der Ge-walt, was die Gesamtheit allen Waltens zum Ausdruck bringt. Unter diesen Vorgaben wird Widergabe zur willkürlich frei gewählten Gnade, so wie jedes andere gegebene Gottesurteil auch. Die Gnade lässt sich ohne ihr dialektisches Pendant der „Un-gnade" nicht verstehen. In Ungnade fallen Unholde. Das sind diejenigen, die die einseitige Opfergabe verweigern und dafür Tadel ernten.

Grenze Das Wort ist vergleichsweise jung. M. Luther benutzte es, um sich von dem unscharfen Begriff „Mark" abzuheben und an deren Stelle eine scharfe Trennlinie zu ziehen, um sich vom Niemandsland einer Mark abzugrenzen. Ihrer Bedeutung nach bezeichnen aber beide etwa dasselbe wie das lateinische „finis" (Ende und Ziel).

Eine Grenze lässt sich auch so verstehen, dass sie das „sowohl-als-auch" zwischen den Gegensätzen eliminiert und so das dialektische Kontinuum vernichtet. Nach M. Heidegger schafft eine Grenze die notwendige Differenz und markiert das „woher etwas *sein Wesen beginnt.*" Von einer Grenze weg bestimmen – d.h. de-finieren – sich Maß und Kanon (s.u.).

Hag Umzäunung zugleich auch jener umzäunte Bereich selbst. Jenseits beginnt entweder ein anderer Bereich oder die Wildnis des Apeiron. Dort west das Vergessene und das Unrichtige, und von dort kommt das rechtlose Gerücht.

Heim die Wohnung, Siedlung, das Anwesen oder sogar das Dorf, wie das in zahllosen Ortsnamen noch erhalten ist. Der Begriff signalisiert zugleich einen Zustand der Ruhe und des Friedens und des „Behütet-seins".

-heit Die Nachsilbe war ursprünglich ein eigener Begriff, der die Beschaffenheit, die Art und Weise bzw. das Wesen einer Sache charakterisierte. Daher bezeichnet z.B. „Geworfenheit" (s.o.) das Wesen oder die Art des Geworfenseins, die „Wahrheit", die Art und Weise des Wahren.

hören ursprünglich ein allgemeines Vernehmen, Wahrnehmen. „Auf jemand hören" ergibt dann „gehorchen", gehörig und daraus wird „zugehörig" und „gehören" in der Bedeutung von besitzen. Ursprünglich gehörten also Menschen jemandem(-zu) und erst später gehörten jemandem auch Dinge und Sachen. Deutlich wird so die große Bedeutung der Zugehörigkeit (Familie, Stamm etc.) und folglich auch die „Un-gehörigkeit" eines Betragens, das diese Zugehörigkeit in Frage stellt. Aufgrund der ursprünglichen Bedeutung benutzt M. Heidegger den Begriff umfassend, sodass auch das „Auge" hören kann oder Seher Unerhörtes hören können.

horos Griech.: Grenze, Maß, Richtschnur, Schranke, Ziel, Ende.

Hort ist ein Versteck, eine Höhle, wo etwas verborgen wird.

Hut, hüten Dass ein Hut behütet, ist einsichtig. Dass „die Hut" eben diese Tätigkeit des „Behütens" bezeichnet, ist naheliegend. Etwas das behütet ist eine „Hütte" oder eine „Hut". Dass der Begriff in enger Beziehung zu „Heim", „wohnen" und „Friede" steht, ist offensichtlich. Folglich gilt etwa, dass „dem Unbehüteten keine Heimstatt zuteil-wurde".

In-der-Welt-sein Damit wird die phänomenologische Beschreibung des Daseins (s.o.), also die Weise des Daseins, bezeichnet. Was hingegen das Dasein ist, bezeichnet M. Heidegger mit „Sorge" (s.u.). Da „Welt" (s.u.) die Gesamtheit der sinnhaften Bezüge bezeichnet, wird mit „In-der-Welt-sein" u.a. der Umstand angesprochen, dass Dasein stets ein gleichzeitiges „Zusammen-vorhanden-sein" von „Geistesdingen" und „Körperdingen" ist. „Das Sein des so zusammengesetzten Seienden bleibt [...] dunkel." (S. & Z., S. 56), weil es stets nur durch die „Brille" des jeweiligen Daseins wahrgenommen wird.

In-dividuum Das ist die wörtliche Übertragung des griech. Wortes ατομος (atomos) ins Lateinische. Es bedeutet „unteilbar".

In-Formation Wir wurden darauf konditioniert, in „Informationsatomen" zu denken. Doch die Bedeutung des Wortes ist „Einprägung" und „Formung". Es ist vielsagend, dass in der heutigen Welt eine Technik der „Einprägung" entwickelt wurde, die „Informatik", und noch entlarvender ist das verbreitete Bestreben, diese Technik vorrangig dort zu installieren, wo Pädagogik, die Technik des Erziehens und Unterrichtens, vorherrschen sollte. Die Informatik formt das Innenwesen.

Kanon Bezeichnet ursprünglich ein „Meßrohr" oder einen „Maßstab". „Kanon" wurde daher zu einer allgemeinen Regel umgedeutet. Offensichtlich wird dies etwa im Begriff des „kanonischen Rechts". Ein Kanon in der Musik ist ein mehrstimmiger Gesang, der streng geregelt abläuft. Die frühere Bezeichnung dafür war „Fuge" (s.o. Fügung), was anzeigt, dass die Einsätze der diversen Stimmen exakt gefügt wurden.

kriegen Das Wort meint „beteilt werden". Es leitet sich bezeichnenderweise von „kriegen" d.h. „Krieg-führen" her und bezieht sich auf die Verteilung der Kriegsbeute.

Kunst ist Können. Das lateinische Wort dafür ist „ars", was ursprünglich „fügen", „Fügung" (s.o.) bedeutete. So gesehen ist eben nicht jedes Können eine Kunst. So wird etwa die Herstellung eines Autos, das sicher auch Können erfordert, niemand als Kunst bezeichnen. Zur Wurzel des Wortes tec, das sich von griech. „tikto" (τικτω) herleitet, gehört das Wort τεχνη (techne). Es bedeutet weder Kunst noch Handwerk, wie oft behauptet wird, sondern „gebären, etwas als dieses oder jenes erscheinen lassen". In der Antike wurde allerdings handwerkliche Herstellung auch als „ars" oder griech. „ποιησις" (poesis, hervorbringen) bezeichnet. Diese Tätigkeit wurde als inferior betrachtet, weshalb die Tätigkeiten der freien, gehobenen Schicht „artes liberales" hießen. Das Spezifische dessen, was wir als Kunst bezeichnen, wird bei M. Heidegger „Werk" (s.u.) oder „wahre Kunst" bezeichnet und von „Zeug" (s.u.) abgehoben. Kurz gefasst: Das Spezifische, das alle Kunst durchwaltet, ist die Poesie, das Dichterische. Dieses Dichterische versteht M. Heidegger als Entbergen (s.o.) und zum Erscheinen bringen von Wahrheit (s.u.). Kunst ist ein einziges, vielfältiges Entbergen. τεχνη hieß allerdings auch jener Teil der ποιησις, d.h. des Her-vor-bringens, den wir als Technik oder Praxis bezeichnen. Das Wesen der Technik ist dem der Kunst verwandt und doch grundverschieden. Das was alle Kunst durchwaltet und der Technik fehlt, ist die Poesie, das Dichterische.

Lichtung M. Heidegger benutzt diesen Begriff in seiner eigenen Weise. Lichtung ist quasi eine „Erleuchtung" oder ein „Beleuchten" und das Gegenteil von Verbergen (s.u., Recht). Er schreibt, dass das „Sein" (s.u., Verständnishorizont) auf das Seiende erst jenes Licht wirft, das es uns als jenes Seiende erscheinen lässt, als das wir es wahrnehmen. Was zuvor im Dunkeln lag, wird sichtbar. Das lässt sich vielleicht veranschaulichen, wenn als mögliches Beispiel die Tatsache genommen wird, dass bei weißem Licht ein roter Gegenstand rot, in rotem Licht hingegen weiß erscheint.

Die Lichtung des Seins ist der Mensch, der jedoch nicht darüber verfügen kann, ob und wie im geschichtlichen Prozess das Licht des Seins in seine Lichtung fällt und dort das Seiende sein lässt. Er kann sich nur offen halten für das einfallende Licht.

In der Umgangssprache bezeichnet „Lichtung" allerdings einen geräumten, d.h. „gelichteten" Platz etwa in einem Forst. Diese Lichtung ist frei von Bewuchs und anderen Gegenständen. Da ich mit M. Heidegger nicht darin übereinstimmen kann, dass eine „gestattete Statt" ein Ort der Freiheit wäre, benutze ich den Begriff dieser Lichtung als Bezeichnung für einen geräumten Raum, der eingeräumt, aber nicht gestattet oder gerichtet wurde.

Logik Logik ist ein durch Systematisierung und Abstraktion (s.o.) hervorgebrachtes Regelsystem. Diesem vorgelagert ist aber eine nie ganz explizit zu machende, sprachlich strukturierte Welt (s.u.), deren Reichtum sich eben nicht allein durch logische Beschreibung einholen lässt.

Man Heideggers „Man" ist hautnäher als „Gesellschaft", „Gemeinschaft" oder „Kultur", weist aber in dieselbe Richtung. Als Kind habe ich öfter gefragt, warum muss ich das oder jenes tun? Die Antwort war, weil man das so macht, oder weil es sich so gehört. Die Botschaft ist, wenn du zum „man" dazu gehören willst, dann fragst du nicht länger, sondern machst es so, wie „man" es macht. Daraus ergibt das, was M. Heidegger mit „Man-selbst" bezeichnet, Identifikation und Übereinstimmung des Selbst mit dem Man. Ich denke, dass so ziemlich jeder zahllose Erfahrungen dieser Art gemacht hat, um aus der Wildnis des natalen Geworfenseins in die gerichtete Statt zu gelangen und dort dazu zu gehören. M. Heidegger sagt explizit: „Das Man ist das Niemand, dem alles Dasein im Untereinandersein sich je schon ausgeliefert hat." (S. & Z., S. 128) Das „Man" bezeichnet ein un-eigentliches „Mit-einander-sein", was besagt, dass man dabei sein Selbst verbirgt, verliert oder vergisst. Das Selbst wird so zur verborgenen „Un-wahrheit" (s.u., Wahrheit).

Maß „Maß halten" sagt bereits alles, was zu sagen wäre. Dass dieses „halten" ein „hüten" mithilfe des „Messens" ist, ist weniger bekannt. Dass „Messen" aber zugleich ein „Zu-teilen" inkludiert – es ist ja der Sinn allen Messens, dass etwas passt –, wird selten bedacht. Noch weniger kommt zu Bewusstsein, dass sich „müssen" von „messen" herleitet, ein Kontext, der naheliegt und trotzdem kaum beachtet wird.

misstrauen bedeutet „meiden". In diesem Un-trauen west wieder die beschränkende Enge der Angst. Das Gerücht (s.o.) steht hingegen dagegen: dagegen, weil dem Fremdgänger (s.o.) jenseits des Hag (s.o.) eine un-zugeteilte (un-gerechte), schuldfreie Wider- und Wieder-Gabe des Trauens (s.u., die wiederholte Gabe des Trauens ist das „Getrauen") widerfuhr. Dies lässt sich als die Gabe, d.h. als Er-gebnis wiederkehrenden Wid-erfahrens bezeichnen.

nehmen (s.o., Gabe, geben/nehmen) Was oben noch nicht steht, das ist die Tatsache, dass „nehmen" „be-nehmen" einfordert. Geben und nehmen ist eine Weise des Fügens sozialer Gefüge. Um daran teilnehmen zu können, ist ein Bei-trag zu leisten, der in *richtigem* Be(i)-tragen besteht. Die Teil-nahme erfordert Benehmen, was ein (klein) Bei-geben und Nach-geben als Bei-gabe zur Teilnahme ist. Ein anschauliches (in doppeltem Sinn) Exempel liefern Bekleidungs-vor-gaben anlässlich von Bescherungen (d.i. eine Zuteilung!).

Opfer, Opus Das Wort leitet sich von „operari" (arbeiten, operieren) her. Der Zusammenhang ist vielsagend genug, besagt er doch, dass hier Arbeit ohne Gegengabe geleistet wird. Zwei Motivationen können hinter solcher Handlung stehen; Liebe oder Angst (s.o.). Die zweite dürfte die häufigere sein.

pflegen, Pflicht Die Herkunft dieser beiden Wörter ist nicht klar. Sie scheinen aber irgendwie zusammenzugehören. Pflegen bedeutet soviel wie einsetzen, u. zw. sowohl „für jemand" als auch in einem Spiel einsetzen. Es meint daher einerseits Für-sorge und (Ver-)Pflichtung, wie M. Heidegger es hauptsächlich nutzt, andererseits aber auch, sich einem „Wagnis" und einer Gefahr aussetzen.

ratio „reor", vom dem sich „ratio" herleitet, bedeutet vor allem „meinen, glauben" und dann auch „urteilen". „Ratus", das Partizip Perfekt, bezeichnet demnach u.a. „rechtskräftig", „gültig" oder „bestätigt". Vom selben Wort leitet sich das englische „reason" oder das französische „raison" her. Diese „ratio" des vereinenden Meinens von „Richtern" wird her-gestellt und dann als begründete, wahre Erkenntnis hingestellt. Die so geschaffene Erkenntnis ist aufgrund richterlichen Urteils richtig, doch nicht wahr. Sie ist kein „Entbergen", sondern eher ein „Verbergen". Das so Hingestellte verstellt nämlich zugleich den Blick und die Wahr-nehmung der Gesamtheit, will sagen der Wahrheit. Sie schafft die „Gefahr, dass sich in allem Richtigen das Wahre entzieht." (F.n.T.)

Raum Raum entsteht durch „räumen", aus-räumen. Raum wird ein-geräumt, d.h. freigegeben für etwas innerhalb einer Grenze. Raum ist also Freigegebenes innerhalb einer Grenze. Durch diese Grenze (s.o.) entsteht erst sein Wesen. Raum ist wesenhaft das, was in seine Grenze eingelassen ist. Das Eingeräumte fügt (fügsam) so einen Ort durch das Anwesen von Dingen, die versammeln (s.u., thing).

Rausch Rausch wird mithilfe unterschiedlichster Substanzen erzeugt: Cannabis, Mescalin, Stechapfel, Fliegenpilze, Bilsenkraut, Weihrauch, Tanz etc.. Allgemein wird als „Rausch" ein Zustand gesteigerten Glücksgefühls und von Ekstase bezeichnet. Schlussendlich sei auch noch angemerkt, dass sich der Gebrauch solcher Substanzen bis tief in das Paläolithikum zurückverfolgen lässt. Die Ächtung solcher Substanzen erfolgte in Europa erst ab dem 17. Jahrhundert, offenbar im Gefolge eines um sich greifenden Puritanismus und einer zunehmenden Disziplinierung der Arbeiter. Die Oberschicht rauchte auch im 19. Jahrhundert noch ihre Opiumpfeifchen. Kein ge-reimtes Ge-wissen wie in der Statt liegt in seinem Bestreben, sondern wahre erlebte Erfahrung im geteilten Festmahl des vereinenden Rauschs.

Recht, richten Ursprüngliche Bedeutung ist „lenken, richten, leiten"; Lat. „ius". Es gibt Vermutungen, dass sich „ius" von „iovis" herleitet, was der Genetiv (Fall des Ursprungs) von Jupiter wäre. „-piter" meint ja eigentlich „pater", also „Vater Zeus". Damit wäre die ursprüngliche Bedeutung von „lenken" etc. nachvollziehbar, das „Richten" ist ein „Lenken" der Menschen nach göttlichen Regeln. Der göttliche Ratschluss wird durch das Fallen eines Loses oder aus dem Mund eines sanktifizierten, d.h. gottgeweihten Richterkönigs kund gemacht. Im römischen Kulturkreis spielte allerdings der „pater familias" und dessen uneingeschränktes Recht, über Leben und Tod in seiner „Familie" zu verfügen, eine bedeutende Rolle. Das stellt obige Titulierung von Jove sogleich in ein anderes Licht (s.o., Lichtung).

Griech. „nomos" (νομος, Recht) leitet sich von „nemo" (νεμω) her (s.o., Gabe). Damit wird der bereits mehrfach angesprochene Kontext von Zuteilung/Geben und Recht einmal mehr angesprochen. Das Recht regelt demnach zunächst das richtige Geben und Nehmen und bestimmt in der Folge alles, was aus-, ein-, ver- oder zu-gerichtet, also richtig ist. Es nimmt die Sorge (s.u.) und gibt („nemo"! – s.o.: Geben) die Angst vor einem möglichen Ver-Stoß. Diese Angst (s.o.) zeugt damit die anfänglich durch das Recht verwahrte Sorge erneut. Die Sorge zeugt dann das zweckhafte Zeug als Ziel und als Zweck. Das Besorgen des Rechts nichtet dadurch das Werk (s.u.) und das Wirken.

„Richten" ist ein zum Recht (zurecht)-Machen. Das geschieht nicht allein durch „berichtigen", „berechtigen", sondern auch mittels aus-, be-, zu- und unter-richten. Das Richtige „stellt an dem, was vorliegt, jedesmal irgend etwas Zutreffendes fest". Wir müssen „durch das Richtige hindurch das Wahre (s.u.) suchen". (T. & K.)

Rede Für M. Heidegger ist das der Begriff für eine konkrete Sprache wie Deutsch, Englisch, Französisch etc. Die Rede strukturiert den Welt- und Selbstbezug. Augenscheinlich gemacht wurde solche Strukturierung bereits durch J.G. Herder und W. Dilthey. Diese lenkten die Aufmerksamkeit auf das herstellende Tätigsein. Mit diesem Wechsel von einem Objektdenken zum Prozessdenken ändert sich der damit verknüpfte Sinnbezug von Handlungen und dessen Repräsentation in der Sprache. Herder, Dilthey und M. Heidegger lenken daher die Aufmerksamkeit auf Verben, die deutsch auch „Tätigkeitswörter" benannt werden. Sie verschieben damit den „Lichtkegel" und stellen dadurch Unterbelichtetes ins Licht. Damit geht zugleich der platonische Horror vor dem Wandel verloren, weil Tun stets ein zeitlicher Verlauf ist. Zeitlichkeit ist daher bei M. Heidegger von zentraler Bedeutung. Sie findet auch in der Rede ihre Ausdrucksweise. „Gewesenheit", Gegenwart und Zukunft finden dort auch ihren Ausdruck. Allerdings gilt das selbst in Deutsch nicht für alle Epochen gleichermaßen und schon gar nicht für alle Sprachen. M. Heidegger verallgemeinert hier in ähnlich großzügiger Weise, wie beim Begriff der „Angst" (s.o.).

Rede ist kein bloßes Attribut des Seienden. Sie bildet zusammen mit der Geworfenheit und dem Verstehen die existenziale Grundstruktur des Seienden. Der vollzogene Lebensentwurf, der das Dasein auf seine seinsverstehende Existenz entwirft, hält sein Entworfenes in einer durch Rede gegliederten Verständlichkeit. Allerdings ist auch diese in hohem Maß durch das „Man" bestimmt, weshalb auch die Rede zunächst und zumeist uneigentlich ist. Das Ergebnis dieser Abhängigkeit ist Zweideutigkeit und das Gerede.

reimen bedeutet eine Ordnung herstellen, wie ja der Spruch „sich einen Reim auf etwas machen" explizit macht. Reimen hat somit nicht nur mit Dichtung zu tun.

Rhythmus Griech.: das Fließen, leitet sich von ρεω (rheo, fließen, abfallen) her.

Riss Warum M. Heidegger das Wort bemüht, ist nicht unmittelbar einsichtig. Naheliegender schiene es, stattdessen „Stoß" zu verwenden, was M. Heidegger in vergleichbaren Zusammenhängen auch macht. Die ursprüngliche Bedeutung von Riss war die „Ritze" bzw. das Verb „ritzen", das auch „schreiben" oder „zeichnen" meinte. Ich hege die Vermutung, dass es sich hier um eine dichterische Freiheit handelt, wodurch die beiden griechischen Worte „eris" (ερις) und „eros" (ερος) in einem Wurf ins Deutsch übertragbar wurden. Dieser geniale Streich gestattet außerdem, auf deren Dialektik Bezug zu nehmen. Daher betont M. Heidegger auch, dass ein „Streit" kein Riss sei, sondern im Gegenteil die Innigkeit des Zusammengehörens der Streitenden zum Ausdruck bringe. Ein Riss reiße nämlich in dieser Sichtweise die Gegensätze zurück in ihre ursprüngliche Einheit. Er sei jener Aufriss, der den Grundriss zum Erscheinen bringe. Der Riss lasse die „Gegenwendigen" (die gegeneinander Gewandten) nicht auseinanderbersten. Er setze vielmehr das gegeneinander Gewandte in eine Grenze, die den einigenden Umriss schaffe, der wohl als „horos" (s.o.) gedacht ist. Der bestrittene Riss vereint also. Er lässt erst die ganze Wahrheit im Licht, das durch die Ritze dringt, erscheinen. Diese verlangt Verstehen und schafft den ersehnten Frieden, denn: der Riss vereint.

Ruf des Gewissens. Erst durch den „Ruf des Gewissens" wird dem Dasein klar, dass es sich meist durch seine sozio-kulturellen Bestimmungen lenken (s.o., richten) lässt und die öffentlichen Sinnangebote unreflektiert annimmt. Das Selbst im Man-selbst, das so angerufen wird, wird „zum eigensten Selbstseinkönnen" aufgerufen (S. & Z., S. 274). Die Frage, wer hier ruft, wird zunächst tautologisch beantwortet: Das „Dasein ruft im Gewissen sich selbst" (Ibid., S. 275). Das Dasein offenbart sich als Ruf der Sorge: der Rufer ist das Dasein, sich „ängstigend in der Geworfenheit um sein Seinkönnen seiner selbst." Aufgerufen wird es dazu, sich dem Verfallensein in das „Man" zu stellen.

Sache ist keine Sache im heutigen Verständnis des Wortes, sondern meint dasselbe wie „causa" (s.u.: Schuld). Das lateinische Wort „causa" bezeichnet auch einen Streitfall. Dieser Streit wird zum Ausgangspunkt, von dem sich Folgewirkungen verstehen lassen. Es handelt sich also um eine erste Veranlassung. Sie ist folglich jene „Ur-Sache", die verursachte. Sache lässt sich aus Gotisch „sakan" herleiten und bedeutet „rechten", d.h. um sein Recht streiten.

Sage der sprechenden Sprache. Das meint mehr, als gewöhnlich unter „Sage" verstanden wird. Es handelt sich dabei um Ausdrucksmöglichkeiten, die eine gesprochene Sprache (s.o.: Rede) bietet. Bekanntlich lassen sich manche Dinge in einer Fremdsprache besser ausdrücken als in der eigenen, weil diese manche Ausdrucksmöglichkeiten erst gar nicht anbietet. In dieser Diskrepanz liegt das prinzipielle Dilemma aller Übersetzungen. Das bedeutet aber nicht, dass das, was sich nicht sagen lässt, unausgesprochen bleiben muss. M. Heidegger betont stets die Bedeutung dessen, was ich als „beredtes Schweigen" charakterisieren möchte. Die Sage und der Mythos stellen in meinem Verständnis Weisen dar, etwas zum Ausdruck zu bringen, was nicht zu sagen ist.

Scheide Scheiden meint trennen. Anschaulich erhalten ist diese Bedeutung in „Wegscheide", jener Stelle, wo ein Weg sich gabelt. Scheide wird in den vorliegenden Essays synonym zu Weiche verwendet, die bei Schienenfahrzeugen Fahrtrichtungen trennt. Beide bezeichnen demnach eine Gabelung. „Ent-scheiden" (s.o., Entscheidung) bezeichnet somit einen Vorgang, durch den die Scheidung abgeschlossen wird und ein möglicher Weg gewählt wurde.

Schranken markieren begrenzte Bereiche. Das Ergebnis sind Einschränkungen bzw. Beschränktheit, die u.a. den „Spielraum" unseres Handelns bestimmt. Es ist im Übrigen ein Charakteristikum jedes Spiels, dass es räumlich und zeitlich beschränkt ist.

Schuld, Griech. heißt Schuld αιτια (aitia), bedeutet aber auch „Anklage, Beschuldigung". „Schuld ist die Schuld", sie ist Ursache einer Anklage. So kommt es, dass aitia auch „Ursache" heißt. Ein vergleichbares Muster findet sich auch in „causa". Auch dieses Wort meint sowohl den Gerichtsfall (s.u., Zweck) wie auch eine Ursache (s.u.). Gelegentlich wird es auch für „Schuld" verwendet. Schuld entsteht aus der oben beschriebenen Pflicht, Gaben zu erwidern. Es handelt sich um ein „Soll(en)", was ursprünglich gleichfalls „schulden" heißt. Ich erinnere an die gängigen Termini in der Buchhaltung. Schulden entstehen also aus einer Ver-Pflichtung. M. Heidegger leitet aus der Sorge des „Miteinanderseins" auch die Pflicht zur gegenseitigen „Verantwortung" und Sorge ab. Persönliche Entscheidungen verändern und beeinträchtigen dieses Miteinandersein. Sie erfordern ein „Für-etwas-sein" oder „Dagegen-sein". Daraus ergibt sich ein „Verschulden" als unabweisbare Wahl-Möglichkeit des jeweiligen Daseins. Das eigene Dasein bleibt gleichfalls ständig auch hinter seinen Möglichkeiten zurück. Zugleich aber macht es sich durch seinen eigenen Lebensentwurf schon im Mit-sein mit Anderen an ihnen schuldig. Das Dasein wird demnach in zweifacher Weise schuldig: es verursacht das nicht (So-)Sein-können seiner Selbst (nicht wahrnehmen der eigenen Möglichkeiten), wie auch das von Anderen in deren Mit-sein (durch wahrnehmen der eigenen Möglichkeiten).

schweigen ist eine Möglichkeit des Redens. Im Miteinanderreden schweigen kann oft mehr zu verstehen geben als viele-Worte-machen. Um schweigen zu können, muss der Sprecher (das Dasein) etwas zu sagen haben, d.h. über eine reiche Erschlossenheit seiner selbst verfügen. Dieses Schweigen ist jedoch kein Verschweigen, sondern im Gegenteil eine spezifische, vielsagende Weise des Mitteilens. Schweigen und Sagen steht zueinander in einem ähnlichen Bezug wie „Entbergen" und „Verbergen". Unfähig diesem symbolträchtigen, beredten Schweigen zuzuhören, nimmt das „Man" nur noch das Ent-borgene wahr und be-stattet damit den Blick auf das Verborgene und Ganze.

Sein nennt Heidegger – vereinfacht gesagt – den ‚Verständnishorizont', auf dessen Grundlage erst die Dinge in der Welt, das „Seiende", dem Dasein (dem Ich) begegnen. Heidegger versucht also nicht länger, das Sein objektiv zu bestimmen (z.B. als platonische Idee u.ä.), sondern zu verstehen, wie sich dieses im Ereignis erst zeigt. Die sich daraus ergebende Unterscheidung von Sein und Seiendem heißt die „ontologische Differenz". Dabei vertritt Heidegger den Standpunkt, dass das Sein bis in seine Gegenwart hinein nicht explizit thematisiert worden sei. Nach Heidegger führt dies seit der klassischen Ontologie der Antike zu einer Verwechslung von Sein und Seiendem. Diese Verwechslung führt zur „Seinsvergessenheit".

Das Sein ist jedoch nicht nur der in früherer Zeit nicht thematisierte ‚Verständnishorizont', sondern bezeichnet auch das, was ist, hat also zusätzlich eine ontologische Dimension (z.B.: Hier ist ein Hund.) Man könnte sagen, Heidegger setzt Verstehen mit Sein gleich, was bedeutet: Nur was verstanden wird, ist auch, und das, was ist, ist immer schon verstanden, da Seiendes nur gegen diesen Verständnis-Hintergrund (des Seins) erscheint.

Dass etwas ist und was etwas ist, geht also stets miteinander einher. Ein möglicher Gegensatz von Sein und Seiendem wird im Streit ausgetragen und kann sich so historisch wandeln. Beispiel dafür wäre die Bestimmung eines Geschwürs. Manchmal wird eine bestimmte Art davon als bösartiges oder gutmütiges Krebsgeschwür betrachtet, ein anderes Mal nicht. Diese Betrachtungsweise hat Folgen bei der Therapie.

Selbst Durch den „Ruf des Gewissens" (s.o.) wird dem Dasein klar, dass es sich meist durch seine sozio-kulturellen Bestimmungen lenken lässt und die öffentlichen Sinnangebote unreflektiert annimmt. Das Selbst des Daseins wird anfänglich durch das „Man" bestimmt, weshalb Befindlichkeit, Verstehen und Rede zunächst und zumeist uneigentlich sind. Sie sind also nicht die eigenen Empfindungen oder die eigene Ausdrucksweise.

Das Selbst ist also zunächst uneigentlich, was M. Heidegger als das „Manselbst" bezeichnet.

„Wenn das Dasein die Welt eigens entdeckt und sich nahebringt, wenn es ihm selbst sein eigentliches Sein erschließt, dann vollzieht sich dieses Entdecken von ‚Welt' und Erschließen von Dasein immer als Wegräumen der Verdeckungen und Verdunkelungen, als Zerbrechen der Verstellungen, mit denen sich das Dasein gegen es selbst abgeriegelt hat." (S. & Z., S. 129)

Der Ruf des Gewissens (s.o.) modifiziert nun die drei Momente des In-seins zu Angst, Entwerfen und Verschwiegenheit, die Oppositionen zu Befindlichkeit, Verstehen und Rede. Diese ermöglichen es dem Dasein eigentlich zu sein, d.h. es kann sich nun bewusst zu seinen sozio-kulturellen Bestimmungen und den öffentlichen Sinnangeboten verhalten und wählen, welche es davon innerhalb seines Lebenskontextes verwirklichen möchte. M. Heidegger nennt diese „eigentliche Erschlossenheit" auch die „Entschlossenheit". Diese führt zur Selbsterfahrung des Menschen in seiner Entscheidung.

Sicherheit, sicher Das englische Wort „secure" vermittelt die Bedeutung am anschaulichsten. Es leitet sich so wie das deutsche Wort aus lat. „sine cura" her, was „ohne Sorge" heißt. Wer Sicherheit sucht, will also ohne Sorge leben. Das bedeutet aber, sich der „Uneigentlichkeit" des Man-selbst zu überantworten.

Sinn Von der Feststellung allein, dass etwas ist, lässt sich noch nicht verstehen, was etwas ist. Was etwas ist, das ist der Sinn eines Begriffs; er ergibt sich nur aus dem strukturellen Zusammenhang mit anderen Begriffen. M. Heidegger fragt daher nach dem „Sein", also nach dem, was etwas ist. Obiger struktureller Zusammenhang besteht aus den praktischen und sinnvollen Bezügen und Bewandtnissen in der Lebenswelt. Diese Bewandtnisse muss das Dasein verstehen. Sie sind mit Dingen verbunden. Die Gesamtheit der Bewandtnisse bezeichnet M. Heidegger als die „Welt" (s.u.). Diese „Welt" ist keine amorphe Masse, sondern sie besteht aus sinnhaften Bezügen, also einem Relationennetz.

Die Frage nach dem Sinn des Seins wurde vor M. Heidegger nie so gestellt, dass sie dessen Sinn nachfragte, d.h. die dem Sein eingeschriebenen Beziehungen untersuchte. Aus dieser Untersuchung ergibt sich erst das Verständnis seiner Struktur. Daraus leitet sich dann jener Horizont ab, innerhalb dessen das Sein existiert und verständlich ist.

Es gilt also phänomenologisch zu beschreiben, woher etwas sein Wesen hat, d.h. was für die Bestimmung einer Sache wesentlich ist. Ein oft zitiertes Beispiel wäre das Wesen eines Hammers, das eben im Hämmern besteht und nicht in der Tatsache, dass es sich um ein Gefüge aus Eisen und Holz handelt. Dieses Hämmern selbst erhält seinen Sinn aus dem Vorhandensein von Nägeln, die wieder ihren Sinn dadurch erhalten, dass sie etwa Dachschindeln befestigen sollen. Sinn ergibt sich also aus der praktischen Struktur der Lebenswelt.

Sitte ist die alltägliche Ordnung oder der Brauch in einem „situs". Situs (lat.) bezeichnet eine gestattete (lat.: sino, zulassen etc.) Niederlassung oder einen Wohnsitz (s.u., Statt). Manche vermuten, dass sich auch „Sippe" aus derselben Wurzel herleitet. Die Sitte bezeichnet demnach das „Ge-wohnte", das, was das dort an-sässige „Man" praktiziert. Sitte meint demnach die gereimte Ordnung eines Ortes. Es scheint erwähnenswert, dass sich auch „Ethos" (εϑος, Sitz, Wohnsitz) aus derselben Wurzel herleitet.

Sorge Für M. Heidegger ist „Sorge" ein „Existential", d.h. eine charakteristische Weise, sich auf die je eigene „Welt" (s.u.) zu beziehen. Ihr Fundament ruht in der

Selbsterfahrung des Menschen. Sorge ist „ein sorgendes Aussein auf etwas". Die Sorge ist dabei für Heidegger vor allem Sorge um das Selbst, was er mit „praktischem Besorgen" bezeichnet, und in Form der „Fürsorge" Sorge für den Anderen. In den späteren Schriften fasst er diese zwei Weisen zu einer zusammen, nämlich zur „Sorge um das Sein." Diese Sorge entwächst dem Umstand, dass M. Heidegger im zweckhaften Stellen (s. o.: das Gestell) moderner Technik – mir scheint es hier treffender von moderner Ökonomie zu sprechen – die Gefahr ortet, dass Selbstentbergung von Wahrheit verhindert wird. Der Mensch wird deshalb „zur Wächterschaft des Seins" aufgerufen. (Heidegger M., GA 9, S. 343)

Etymologisch bedeutet „sorgen" hüten, bewahren, retten. Alle diese Begriffe sind charakteristische Bestandteile von M. Heidegger's Ausdrucksweise. Be-hüten und Be-wahren ermöglichen das friedvolle Wohnen, frei von Angst und Sorge um das Selbst. Es kreiert ein Gefühl von Sicherheit (s.o.), das aber unbegründet ist. Dieses Gefühl vermittelt die gerichtete Statt. Vergessen wird dabei alles , was im selben Zug verstellt und in Verliesen verborgen wurde. Verstellt wird auch, dass die Sorge um die jeweilige Sicherheit die Freiheit-zu beschränkt und die Pflicht zeugt, der Weise der Statt mit ihrem zweckhaften Treiben pflichtig zu bleiben.

Sprache M. Heidegger bezeichnet Sprache auch als das „Haus des Seins". Das will besagen, dass unser Verständnis des Seienden in der Sprache geborgen ist. Das Wesen einer Sache kommt zu uns durch die Sprache. Weil das so ist, redet er u.a. auch von „Sprachnot", die dann offensichtlich wird, wenn der Versuch gemacht wird, Dinge oder Verhältnisse „zur Sprache" zu bringen, die im gegenwärtigen Sein noch nicht beheimatet sind. Diese Sprachnot beschreibe ich mit „Gestammel". Er selbst, der sich von der überlieferten Metaphysik lossagte, sah sich daher genötigt eine „neue Sprechweise" zu entwickeln. Das macht seine Texte manchmal schwierig zu lesen, weil die neue Sprache und ihr Bezug zum Seienden erst erlernt werden muss. Verhalten und Verhältnisse müssen aber zur Sprache gebracht werden, weil sie nicht geändert werden können, wenn sie nicht vorher bewusst gemacht wurden. Sie müssen daher ausgedrückt werden, und zwar verdichtet, um erlebbar zu sein. Die Sprache sollte deshalb den Menschen „angehen", d.h. sie muss zu den Menschen sprechen, nicht umgekehrt. Dem, der bereit ist ihr Gehör zu schenken, dem schenkt sie dafür bislang verborgene Einsichten. Sprache ist ein historisch gewordenes Gesamtkunstwerk. Die Sprache ist, wie M. Heidegger meint, die Herrin des Menschen.

Statt ist ein gestatteter Raum. Statt ist ein gebotenes und beschränktes Gebiet, in dem Gebote und Sitten (s.o.) herrschen. M. Heidegger meint, dass in diesem Raum Freiheit (s.o.) herrsche, weil dort Friede west. Ich vermag mich dieser Sicht nicht anzuschließen.

Stimmung Stimmung ist das Ergebnis eines „Gestimmt-seins". Sie geht allem Bezug auf einzelne Dinge in der Welt voraus. Ich denke, der Begriff „Zeitgeist" kommt dieser Stimmung nahe. Alles was uns im Umgang mit der Welt grundlegend be*stimmt*, bezeichnet M. Heidegger als „Grundstimmung". Sie geht jeglichem Einzelerlebnis voraus. Epochale Beispiele dafür wären etwa die Romantik, die Aufklärung oder die mittelalterliche „Imitatio Christi". Sie ragt ihrem Ursprung nach in unseren kulturellen und geschichtlichen Hintergrund hinein. Diese Gestimmtheit überfällt quasi das Dasein (den Menschen) aus dessen sozio-kulturellem Hintergrund, in den er hineingeboren wurde und den er sich zwangsweise zu eigen machen muss. Besondere Bedeutung kommt dabei in „Sein und Zeit" jener Grundstimmung zu, die mit „*Angst*" (s.o.) bezeichnet wurde. Es fällt schwer, gerade diese Grundstimmung als allgemein menschliche „conditio humana" zu betrachten.

Streit Es fällt schwer den Heidegger'schen „Streit" nicht als Erbe Heraklits zu betrachten, der ja den „Krieg als Vater aller Dinge" bezeichnet hat. Dieser „Krieg" darf nicht zu wörtlich verstanden werden. Streit (griech.: eris, εριϛ) ist schon bei Heraklit das unvermeidbare Resultat des dialektischen Verhältnisses der Begriffe oder des „logos". Heraklit besteht darauf, dass aufgrund dieser prinzipiellen Widerständigkeit aus dem Streit schließlich Gesetze (nomoi, νομοι) und Ordnung entstehen. Analog dazu gilt auch für Heidegger eine ursprüngliche Zusammengehörigkeit von Verbergung und Entbergung im Wahrheitsgeschehnis des Ereignisses. Die unverborgene Wahrheit erscheint bei ihm als Ergebnis eines Streits zwischen den Gegensätzen. Allerdings kann daher auch dieses Ergebnis im stets möglichen Heraklit'schen Wiederaufflammen des Streits situationsbedingt auch anders ausfallen. Das Ergebnis ist eben letztlich eine Gabe des jeweiligen Geschicks. Nur durch den Streit kann also der geschichtliche Wandel des Seins verstanden werden. Er ist die Bedingung der Seinsgeschichte.

Symbol „Symbolon" (συμβολον: Vertrag, Zeichen, Zusammentreffen) ist das dazugehörende griechische Wort und bedeutet eigentlich „Zusammengeworfenes". Ein Symbol vereint Getrenntes und Widersprüchliches. Es abstrahiert nicht so wie Definitionen, sondern „re-duziert", d.h. es führt zurück und fügt das zerstückelte Ganze[263], das durch Abstraktion und Analyse ausgesondert wurde. Symbole vereinen und fügen neu, was Klärungen und Definitionen (ab)trennten. Ein Symbol „re-generiert" eine kollektive Erfahrung, lässt sie zur Wiedergeburt zu.

Teilung der Arbeit Dass Teilung der Arbeit eine unübersehbare Tatsache ist, ist eine Binsenwahrheit. Dass diese Teilung auch eine wesentliche Rolle für den Zusammenhalt einer sozialen Entität ist, ist schon etwas weniger bekannt. Dass aber Wahrheit eine wesentliche Bedingung für die Umsetzung der Arbeitsteilung ist, wird nur selten gesagt. Ohne geteilte Wahrheit ist Teilung der Arbeit nicht machbar. Damit ist nicht gesagt, dass diese „geteilte Wahrheit" auch in einem absoluten Sinn „wahr" sein muss. Sie muss aber „währen" und sich bewähren. Denn ohne

263 | F. Nietzsche meint, dass das Apollinische die Welt in scheinhaften Ausdeutungen verdoppelt und abbildet, wogegen das Dionysische den Untergrund wegreißt und eine Art Verschmelzung mit dem Einen, dem Urgrund des Seins darstellt. Jene Zerstückelung ist im Übrigen ein Thema, das schon im ägyptischen Osirismythos eine zentrale Rolle spielte.

eine derartige Konsensbasis ist Kooperation nicht möglich. Wahrheit ist demnach notwendig geteilte Wahrheit. Sie ist mit-geteilte Wahrheit und wird ver-wahrt im Ge-wissen des „Man" und ge-wahrt durch die Pflege des Rechts.

Telos Das τελος ist Ziel und Zweck. Wer zielt bezweckt. Die Gaben der Statt bezwecken die Wahrung des „Man". Das Telos ist eine der vier Ursachen bei Aristoteles. Da jede Ursache etwas verschuldet, verschulden Ziele und Zwecke auch.

Thing Ein Thing ist eine Versammlung. Manchmal wird es auch „Ding" geschrieben. Versammlungen sammeln zum Zweck des Vertragens. Sie verhandeln daher auch „Sachen" (s.o.), also Rechtsstreitigkeiten. Am Ende stehen Verträge. Manche davon regeln das „Dingen" und damit das Recht über etwas oder jemand zu verfügen: d.h. ihn, sie oder es einzufügen in den eigenen Bestand.

trauen Die grundlegende Bedeutung dürfte am besten mit „zu-trauen" beschrieben werden: jemand oder sich selbst Zutrauen schenken. Der erste Fall wird durch „Vertrauen" spezifiziert, der zweite durch „sich getrauen". Wird Vertrauen enttäuscht, so schlägt der eine Modus in den anderen um. Die die Freiheit-zu beschränkende Enge der Statt ver-anlasst bei manchen die Wende vom Vertrauen zum Getrauen.

Treue ist das Vermächtnis des Trauens. Wer jemand anderem traut, ist diesem Anderen treu. Vertrauen ist Quelle der Treue. Und diese Quelle liegt in der Bewährung währender Treue. Treue meint „wahr-sein", sie schafft damit die Begründung für jegliche Kooperation (s.o., Teilung der Arbeit).

Un-Fall Ein Un-fall ist die Negation eines „Falls" (s.o.). Es handelt sich also um keinen Gerichtsfall. Er steht außerhalb des Rechts. Er wird erst durch Protokolle zu-recht-gerückt und so zum rechtmäßigen Fall erklärt.

Un-wahrheit Die Vorsilbe „un-" ist Ausdruck einer Negation. Demnach bezeichnet Unwahrheit das Gegenteil von Wahrheit (s.u., Wahrheit). Wird allerdings Wahrheit, so wie bei M. Heidegger, als ein dialektisches Verhältnis begriffen, dann ist Un-Wahrheit zwar noch immer das Gegenteil des „Unvergessenen", aber trotzdem ein essentieller Bestandteil der Wahrheit. Es wird dann sinnvoll, „Unwahrheit" als „un-richtige Wahrheit" oder „verborgene Wahrheit" zu verstehen und folglich von der „unrichtigen" Unwahrheit zu sprechen. Die scheinbar doppelte Verneinung meint also, dass es sich dabei um eine ungerichtete Wahrheit handelt. Unter Bezug auf „Aletheia" (s. o) bezeichnet „Un-wahrheit" einen „vergessenen" Teil der ganzen Wahrheit.

Ursache d.h. die anfängliche (Ur-)Sache. Sache (s.o.) bezeichnet einen Rechtsstreit. Dieser wird zum Ausgangspunkt für etwas, woher sich Folgewirkungen „kausal" (s.o., Sache, Schuld) verstehen lassen. Es handelt sich also um eine erste Veranlassung. Diese ist folglich jene „Ur-Sache", die verursachte.

Un-wissen, ver-gessenes Wissen. Wenn Wahrheit das „Nicht-Vergessene" (s.o., Aletheia) bezeichnet, so kann es sich dabei nur um nicht-vergessenes Wissen handeln. Wird dann das „vergessene Wissen" zur „Un-wahrheit", dann ist dieses Wissen analog dazu Un-Wissen. Zahllose Beispiele finden sich dafür in jeder „Volksmedizin“ (Ethnomedizin).

Ur-teil im Hintergrund steht das Teilen. Dabei handelt es sich meistens um ein Zuteilen. Ein Urteil ist demnach der anfängliche Zuspruch, der zuteilt. Es ist vielleicht von Interesse anzumerken, dass sich unser „Dämon“ aus dem griech. „daimon“ (δαιμων) und „daiomai“ (δαιομαι) herleitet. „Daimon“ bezeichnete anfänglich den Geist eines Verstorbenen und meinte den „Zuteiler“. Das Verb „daiomai“ bedeutet u.a. „bewirten“, „teilen“.

verbrechen bedeutet: das Recht brechen.

Verein-nahme in den Verein (herein)nehmen.

vergessen bedeutet: verlieren. Das Vergessene ist das Verlorene (s.u., Wahrheit).

Verlies ein Ort, wo jemand oder etwas vergessen wird, bzw. verloren geht (s.o., Hort).

Vernunft Die Vernunft ist das Ergebnis des Vernehmens. Was, wer, wann und wie vernommen wird, bleibt unbestimmt. Sie wirkt über eine eigene Art von Gerichtsbarkeit und über Richter, die feststellen, was richtig ist. Vernunft erfüllt somit eine Legitimierungsaufgabe. Ihr Zweck ist das Begründen, doch nicht von Erkenntnis, sondern von Kooperationsfähigkeit (s.o., Teilung der Arbeit). Diese richtende Vernunft ist zugleich eine Quelle der Angst (s.o.), die aus gesellschaftlicher Sicht eine Integrationsfunktion zu erfüllen hat.

Ver-rückte sind Personen, Sachen oder Verhaltensweisen, die zu-recht-zu-rücken wären, sich aber diesem Zu-recht-rücken (s.u.) verweigern. Daher bleiben sie Ver-rückte.

ver-schrieben Ver-schrieben ist man einer Sache (s.o.). Meistens wurde eine solche mithilfe einer Vorschrift verschrieben. Dem richtigen Rechten verschrieben, vernimmt die Vernunft nicht länger den Ruf des ver-gessenen Wissens. Der Vorschrift und Verordnung hingegeben, bleibt sie ihrer Sache, dem An-spruch des Rechts verschrieben.

Verstand Der Verstand versteht. Verstehen meint, verstehen was etwas ist. Dieses Verständnis ist die schuldlose Gabe der Erfahrung (s.o.). Verstehen ist kein Mit-teilen, sondern ein Teil-haben und Ver-einen. Verstandene Wahrheit (s.u.) wid-erfährt im Gefahr (s.o., Gefahr). Sie ist zweckloses Ge-schick und Zu-fall (s.o., Un-Fall). Sie stellt die Weiche zur weiteren Fahrt. Ihr „-heit“ (s.o.) ist ihr Wesen, ist jenes Weichen, das Ab-weichen vom wahrenden Sinn. Verstandene Wahrheit west im Entbergen des Un-sinns zum Sinn, zur Wahrung einer anderen, nie gänzlich entborgenen Ganzheit.

Verständnishorizont In der traditionellen Metaphysik stellt das „Sein“ quasi die höchste Abstraktionsstufe des Seienden dar. Demnach besteht zwischen „Sein und Seiendem“ kein wesentlicher Unterschied. Nach M. Heidegger denken und handeln die Metaphysiker in dieser Tradition. Sie fragen daher nie nach dem Ganzen, sondern nur nach dem Seienden. Auf der phänomenologischen Ebene lässt sich das Seiende aber nie „als Ding an sich“ erfahren, sondern stets nur gegen einen

Hintergrund, der bereits bestimmt, was etwas ist. Dieser Hintergrund wird als „Verständnishorizont" bezeichnet. Er stellt die Grundlage dar, auf der die Dinge der „Welt" (s.u.) wesen und die Beziehungen der Dinge zueinander, die erst deren Sinn ausmachen, vermerkt sind. Es ist ein Geflecht, das einerseits erlernt, andererseits auch durch eigene Erfahrung gewirkt wird. Dieses Geflecht wird das „Sein" genannt. Es wird historisch kulturell geprägt. Es geht aus dem Verstehen hervor, das bedeutet: verstehen was etwas ist. Dieses neuartige Verständnis des Seins ist selbst Ergebnis eines historischen Prozesses.

Ver-Stoß Stoß ist bei M. Heidegger eine beliebte Ausdrucksweise, um das plötzliche, unvorhergesehene Ereignis zu charakterisieren. Er spricht dann vom „Stoß" ins Offene, d.h. vom In-Erscheinung-treten der Wahrheit, etwa in einem künstlerischen Werk (U. d. K.). Häufig wird der Begriff auch im Sinn von „anstoßen" verwendet. Ich bevorzuge es, „Stoß" im Sinn von „ver-stoßen" zu gebrauchen. Gemeint ist, „Verstoßen gegen etwas" oder „verstoßen werden" als Folge eines Verstoßes. „Das Recht nimmt die Sorge und gibt die Angst vor einem dräuenden, möglichen Ver-Stoß." So sollen beide Seiten von „verstoßen" auf einmal ins Bewusstsein gestoßen werden und die darin verborgene Dialektik offenbar werden.

Vertrauen Das durch die Enge der Statt ent-sicherte Selbst gewinnt Vertrauen zu sich, verliert das Vertrauen in die gerichtete, gesicherte Statt und zu anderen und entflieht der Sorge ums Dasein. Der Umschlag von Vertrauen (s.o.) in Getrauen weist dann Wege ins Jenseits des Hag.

Wahr, wahren, währen Etymologisch betrachtet leitet sich „wahr" von der indogermanischen Wurzel „wer" her, die „Vertrauen, Treue, Zustimmung" bedeutete. Dieser Zusammenhang ist im engl. „true" (wahr, treu) noch sehr präsent, doch auch in der deutschen Sprache ist dieser Konnex noch nicht völlig in Vergessenheit geraten. Von der gleichen Wurzel stammt auch „wahren" ab, was „bewahren, beachten" meint. Was „wahrt" (bewahrt, verwahrt ist), „währt". „Währen" wird als grammatikalische Ableitung von „wesan" verstanden, was „sein, bleiben, wohnen, weilen" heißt und zugleich auf das „Wesen" (s.o., Anwesen) verweist. „Gewähren" als Bezeichnung für „zulassen", „währen lassen" leitet sich aus einer anderen Wurzel her, wird aber quasi in dichterischer Freiheit in diesen Kontext einbezogen.

Wahre Kunst erweist sich als gewährend. Sie gewährt die (Hin-)Nehmung der Wahrheit und deren Wahr-nehmung zum Ausdruck zu bringen. Wahrheit umfasst stets den intrinsischen Widerspruch, der im Werk seinen Ausdruck findet.

Wahrheit „Wahrheit" bezeichnet zunächst das Wesen des Wahren, denn das heute zur Nachsilbe degradierte Wort „-heit", das ursprünglich ein eigenständiges Substantiv „haidu" war, bezeichnete eine „Erscheinung", d.h. ein Wesen.

Das griechische Wort für Wahrheit ist: αληθεια (aletheia) Heidegger übersetzt es mit „Entbergung". A-letheia ist die Verneinung von „letheia", das Vergessene, das ist etwas Nicht-Seiendes. Aletheia negiert dieses Nicht-Seiende und bezeichnet somit das, was nicht vergessen wurde. Es handelt sich demnach um eine doppelte Negation. M. Heidegger spricht daher von einer „zwiefachen Verbergung".

Das griechische Verständnis von Aletheia meint also alles, was nicht vergessen wurde oder, um mit Heidegger zu reden, das, was entborgen wurde. Bei dieser Bestimmung wird offensichtlich, dass dieses Entborgene kein Ganzes ist. Es fehlt das Vergessene. Die entborgene Wahrheit ist unvollständig, weil nicht alles entborgen wurde oder werden konnte. Da für M. Heidegger Wahrheit aber stets nur das Ganze sein kann, ergibt sich ein definitorisches Problem: Soll αληθεια (aletheia) der griechischen Tradition gemäß als Wahrheit übersetzt werden oder handelt es sich nur um eine „richtige Teilwahrheit"?

Wird hingegen dieses Ganze zur Sprache gebracht, unabhängig davon zu welcher Sprache, dann bezeichnet es Heidegger als „Werk". Er unterscheidet dabei mehrere Weisen, wie dieses Ganze zum Erscheinen kommen kann. Dieses Erscheinen ist ein Ereignis. Eine Weise dieses Erscheinens ereignet sich im Kunstwerk. Ein Werk wirkt. Es bringt den dialektischen Widerspruch von Verbergen und Entbergen zur Sprache und stellt ihn in die Wirklichkeit der Welt. Um im Jargon Heideggers zu bleiben: es entbirgt. Das Werk entbirgt das nicht Wahr-genommene (Vergessene) aus dem „Un-wahren" ins Wahre. Das „Un-Wahre" ist das Vergessene, ist „letheia". Das Nicht-Verborgene oder die unvergessene Wahrheit ist folglich, wie oben schon angesprochen wurde, nicht ewig. Sie wandelt sich durch das Erscheinen des Vergessenen.

Weiche Der Lebensvollzug des Daseins folgt einem Pfad, der aus zahllosen Gabelungen und Querungen besteht. An jeder dieser Stellen sind Entscheidungen (s.o.) zu fällen, denen das Dasein nicht ent-weichen kann. Die irrige Meinung, man könnte durch Schließen der Augen der Entscheidung entweichen, ist ein Placebo zur Betäubung der Angst (s.o.) vor der Entscheidung. Auch die Annahme dieser Gabe scheinbarer Sicherheit fußt in einer Entscheidung. Die zeugt in der Statt die Pflicht, ist schuldbringende Zuteilung. Der (ab-, er-)wägende Entscheid des Getrauens (s.o., Trauen) wid-erfährt, ist zweckloses Ge-schick und Zu-fall. Er richtet sich nur nach dem gewährenden Nichts und stellt so die Weiche zur weiteren Fahrt. Das „-heit" des Gefahrs (s.o.), das ist dessen Wesen, ist jenes Weichen, das (ent-) scheidende Ab-weichen vom wahrenden Sinn (s.o.). Die Erfahrungen des Gefahrs begehren jedoch Ent-Äußerung. Diese fordert ein Äußeres ein, in das sie sich letztens entbergen kann. So stellt sie die Weiche zur Umkehr in die Enge der Statt.

Weise Es ist anzunehmen, dass sich das Wort von „wissen" herleitet. Es bezeichnet eine Gewohnheit, Sitte oder auch das „Aussehen" und die „Erscheinung". Das Verb „weisen" ergibt sich aus obiger Bedeutung. „Weisen" bezeichnet die Tätigkeit eines Wissenden, der Weisungen erteilt. Die Weise des Volkes oder des „Man" ergibt sich aus deren „Ge-Wissen" (s.o.). Musikalisch gesehen, bringt eine Weise die gewohnte Sitte einprägend zum Ausdruck.

Welt Hat etwa L. Wittgenstein die Gesamtheit der Fakten als „Welt" bezeichnet, so versteht M. Heidegger darunter die Gesamtheit der sinnhaften Bezüge und Bewandtnisse, die das jeweilge Sein konstituieren. Selbstredend unterscheiden sich die Welten der einzelnen Menschen (s.u., Wer), doch im „Man-selbst" sind diese

Differenzen gering. Die jeweilige Welt ist sprachlich strukturiert und steht so der „Erde“ gegenüber, die unerschlossen, wesentlich verschlossen bleibt. M. Heidegger durchbricht mit dieser Sicht die tradierte Auffassung von Welt, wie sie etwa bei Wittgenstein noch vorherrschte und welche die Gesamtheit des Seienden bezeichnete. Dafür benutzt M. Heidegger den Begriff „Erde“. Der Mensch ist bei M. Heidegger „weltbildend“ im Unterschied zum Tier, das „weltarm“ ist.

Wer ist die got. Bezeichnung für „Mensch, Mann“. Die Wurzel ist zweifellos älter, findet sie sich doch etwa in lat. „vir“ wieder. Erwähnenswert scheint, dass sich „Welt“ gleichfalls von „Wer“ herleitet. Das untermalt die auf das Welt-Verständnis eines einzelnen Menschen abzielende, obige Darstellung zusätzlich (s.o., Welt).

Werk M. Heidegger unterscheidet zwei Weisen des Entbergens. Die eine ist zweckorientiert. Sie bringt Dinge hervor, die dienlich sind. Die andere bringt die Wahrheit zum Erscheinen. Das eine, das dabei entsteht, heißt das „Zeug“ (s.u.), das andere, das die Wahrheit zum Scheinen bringt, nennt er „das Werk“. Das Werk wirkt, es verwirkt die nur richtige Wahrheit des Zeugs und bewirkt neue Wirklichkeit (neuen Sinn) durch gewähren der Un-Wahrheit. Das Werk bringt so die Vernunft, die Stimme des „Man“ zum Schweigen. Es setzt den Verstand frei und ent-bindet ihn, damit er die Unwahrheit entbirgt und entbindet. Ein Werk gebiert und gewährt so eine neue Welt. Der freigesetzte Verstand gewährt Wahres, entbirgt es aus der Un-Wahrheit und macht gewahr. Er gebiert im Werk eine Sage. Ich setzte diese dem Mythos gleich. Mythos und Sage machen die in ihnen verborgene Wahrheit gewahr und gewähren damit den Stoß (s.o.) in eine andere Welt (s.o.).

Ein Werk schafft neues Verstehen. Es räumt den Raum der derzeitigen Wahrheit aus und um. Um das Ergebnis mit den Worten Heideggers auszudrücken: „Je wesentlicher der Stoß ins Offene kommt, um so befremdlicher und einsamer wird das Werk.“ (U. d. K., S. 53). Diese Einsicht erfahren alle Werkschaffenden oft genug leidvoll.

Wesen „Wesen“ leitet sich vom Verb „wesan“ her, d.h. „währen“. Das Wesen der Wahrheit des Unvergessenen (s.o., Wahrheit) ist dieses „Währen“. Sie vertritt das „Bewährte“. Wesen ist die Weise des Seins und des „Ge-Wesen-en“ (s.o., Gefahr).

„Wesentlich“ ist für M. Heidegger, dass „Wesen“ nicht wie bei den Metaphysikern den unveränderlichen Wesenskern einer Sache anzeigt. Stattdessen bringt der Begriff das zum Ausdruck, von woher etwas sein Wesen hat. Das, was wesentlich für die Bestimmung einer Sache ist, ist ihr Sinn (s.o.). „Wesen“ ist demnach nicht im Sinne einer statischen Essenz gemeint, sondern ist verbal-prozessual zu lesen. Das Sein „west“, es fließt. Wieder glaube ich hier die Stimme Heraklits zu vernehmen. Der Fluß ist kein stabiles Objekt, er wandelt sich und wandert. Ein Anwesen (s. o). ist jenes Währende, das Bewährte und Gewährte. Das Wesen einer Sache vermittelt uns die Sprache. Sie weist uns ein in das Gewirk des Seins.

Wissenschaft beschäftigt sich im Gegensatz zum künstlerischen Werk (s.o.) nur mit dem Seienden und nicht mit dem Nicht-Seienden. Sie bringt das Verborgene nicht zur Sprache und entbirgt so immer nur das Richtige (W.M.). Widerspricht sie diesem Prinzip und bringt über das Richtige hinaus eine wesentliche Enthüllung des Seienden auf den Weg, so wird sie zur Philosophie (U.d.K., S. 50). Anschaulich wird etwa dieser Umschlag in den Schriften von W. Heisenberg, E. Schrödinger, etc.

Wohnen Die „Art wie wir Menschen auf der Erde sind", ist das Wohnen (B.W.D.). Es ist das „Gewohnte", das, was wir gewöhnt sind, und was gewöhnlich ist[264]. Wohnen ist Sein und „wohnen" ist „bauen". Dieser Zusammenhang wird deutlich in Sprachformeln wie „ich bin", „du bist", was u.a. „wohnen" meint, sich jedoch von „buan", bauen, herleitet. Dieses Bauen findet sich auch im Zusammenhang „pflegen, hegen" (Bauer) und „errichten" wieder. „Wuon", „wunian", woher sich unser „wohnen" ableitet, heißt „bleiben", „sich aufhalten", zugleich auch ‚zufrieden sein", „in Frieden sein".

Wurf In der Philosophie von M. Heidegger und im daraus entstanden Existentialismus ist der Begriff des „Geworfen-seins" zentral. Es ist anzunehmen, dass sich dieser Begriff von „Wurf" herleitet, der eine Geburt bezeichnet. (Noch gegenwärtig etwa in der Geburt von Hundewelpen.) Der Wurf in die Existenz (s.o.) ist eine Entbergung und Ent-bindung, d.h. Befreiung. Es ist ein in „Erscheinung-treten".

zeihen beschuldigen. Die Negation „verzeihen" bedeutet „nicht beschuldigen".

Zeitlichkeit Zunächst ist das „Zeitliche" als das dialektische Gegenstück zur Ewigkeit zu verstehen. Das bedeutet also, dass es beschränkt ist und dass es dem Heraklit'schen Wandel unterworfen ist. Das Wesen des Zeitlichen, das durch die Nachsilbe „-keit", einer leichten phonetischen Abwandlung von „-heit" (s.o.), angesprochen wird, wird also dadurch bestimmt. Das Wesen des Zeitlichen ist somit dem der Zeit ähnlich, was sich aus „-lich" ergibt. Englisch würde es „time-like" ausgedrückt. Es ist aber nicht die Zeit selbst. M. Heidegger legt Wert auf diesen Unterschied, denn die Zeitlichkeit des Seins und des Daseins ähnelt zwar jener des Seienden, da aber das Sein kein „Seiendes" ist wie im metaphysischen Verständnis (ontologische Differenz!), ist es anderen Strömen ausgesetzt als das Seiende. Der Heraklit'sche Fluss wird quasi von einem anderen begleitet. Um dasselbe mit anderen Worten zu wiederholen: Die phänomenologische Erscheinung eines bestimmten Seienden oder „Dings" ändert sich nicht in derselben Weise wie sich das „Ding" selbst im Lauf der Zeit wandelt.

Zeug wird im Unterschied zum „Werk" (s.o.) hergestellt, um „dienlich" zur „Hand zu sein". Es ist kein Gebilde, um Wahrheit in Erscheinung treten zu lassen, sondern nur Ergebnis zweckhaften Bestellens.

zichten anzeigen, beschuldigen, bezichtigen. Die Negation „verzichten" bedeutet wie oben (s.o., zeihen): nicht „beschuldigen". Vermutlich kommen beide Wörter von derselben Wurzel, was die Redewendung „verzichten und verzeihen" zumindest nahelegt.

---

264 | Kommentar: Dieses „gewöhnliche Gewohnte" wird quasi Hintergrund und somit meist übersehen und vergessen.

Ziel ist der Telos, lateinisch „finis", Ende und Zweck zugleich. Es scheint nützlich darauf hinzuweisen, dass sich „Definition" (s. o) davon ableitet. Das macht die unübersehbare „Zweckhaftigkeit" dieses Vorgehens deutlich. Es schafft konsensuale Erkenntnis, aber kein Verstehen.

zu-Recht-rücken ist – wie das Wort schon deutlich macht – das Verfahren, Dinge, Kenntnisse oder ein abwegiges „Wer" fügsam zu machen, d.h. dem Recht zuzurücken. Hört dieses Wer diese Stimme des „Man" nicht, so wird es als ver-rückt erklärt und entweder in die unbeschützte Freiheit des Apeiron oder in die „Acht" (s.o.), d.h. dorthin gerückt, wo die Ver-rückten weilen.

Zu-fall Das Wort ist die deutsche Übersetzung von „ac-cidere", „zufallen" bzw. „hinfallen", „niederfallen". Es bezeichnet einen unvorhergesehenen Fall, also einen Un-fall (s.o.), der nicht rechtens, also noch kein „casus" (s.o., Fall) ist.

Zweck Wo Zwecke verfolgt, Mittel verwendet werden, wo das Instrumentale herrscht, waltet teleologische Ursächlichkeit (s.o., Telos), d.h. Kausalität. Dieses Denken ist ein Denken im Geist des „Verschuldens" (s.o., Schuld). Eine ursprüngliche Bedeutung von „Zweck" war u.a. „Ziel".

zwecken ist das Verb zu „Zweck". Meistens wird es mit der Vorsilbe „be-" verknüpft.

zweckloses Ge-schick betont das Geworfensein eines Ereignisses, das ohne Schuld und Zweck widerfährt.

zweien, zwisten durch einen Zwist aus einem zwei machen.

Abkürzungen

der zitierten Werke von Martin Heidegger:

B.W.D.: Bauen, Wohnen, Denken
F.n.T.: Die Frage nach der Technik
GA : Gesamtausgabe
G.d.M.: Die Grundbegriffe der Metaphysik
S. & Z.: Sein und Zeit
T. & K.: Die Frage nach der Technik und die Kehre
U.d.K.: Der Ursprung des Kunstwerks
W.M.: Was ist Metaphysik?

Literaturverzeichnis

Agamben G. (2004), Ausnahmezustand. Suhrkamp, Frankfurt am Main, 2004

Al-Talbi A. (1993), Al-Farabi's Doctrine of Education: Between Philosophy and Sociological Theory Prospects: The Quarterly Review of Comparative Education, Paris, UNESCO: International Bureau of Education, vol. XXIII, no. 1/2, 1993, S. 353 ff.

Arden B.W. (ed., 1980), What can be automated? The Computer Science & Engineering Research Study, Cambridge, MIT-Press 1983

Arendt H. (1958), Vita Activa oder vom tätigen Leben, Piper, München, 2007

Aristoteles, Die Poetik, Reclam 7828, Stuttgart, 1984

Atkin R.H. (1972), From Cohomology in Physics to Q-connectivity in Social Science, I.J. Man-Machine Studies, IV, S. 139 ff.

Bacon F. (1627), Sylva Sylvarum, publ. zus. mit: New Atlantis in: Three Early Modern Utopias – Utopia, New Atlantis, The Isle of Pines, (ed., S. Bruce), Oxford U.P., 1999

Baeyer H.Ch. v. (2013), Quantum Weirdness? – It's All in Your Mind, Scientific American, June 2013

Bakewell S. (2016), Das Café der Existentialisten – Freiheit, Sein und Aprikosencocktails, C.H. Beck, München, 2016

Beck U. (1986), Risikogesellschaft – Auf dem Weg in eine andere Moderne, Suhrkamp, Fft./M., 1986

Beck U. (1988), Gegengifte: Die organisierte Unverantwortlichkeit, Suhrkamp, Fft./M., 1988

Berlin I. (1969), Two Concepts of Liberty, in: ds., Four Essays on Liberty, Oxford UP.

Bernstein B.(1971), Class, Codes and Control, vol.I, Theoretical Studies Towards a Sociology of Language, Routledge & Kegan, London, 1971

Braunbeck J. (2003), Der andere Physiker. Das Leben von Felix Ehrenhaft, Wien, Leykam, Graz

Bruce S. (Hg., 1999), Three Early Modern Utopias – Utopia, New Atlantis, The Isle of Pines, Oxford U.P., 1999

Brunner O. (1968), Das „ganze" Haus, und die alteuropäische „Ökonomik", in: ds., Neue Wege der Verfassungs- und Sozialgeschichte, Göttingen, 1968, Ibid.: Bemerkungen zu den Begriffen „Herrschaft" und „Legitimität"

Bullock A. (1991), Hitler und Stalin – Parallele Leben. Siedler, Berlin, 1991

Clagett M. (1964–1984), Archimedes in the Middle Ages, 5 Bände, 1964–1984 (Band 1), U.P. of Wisconsin, Madison, 1964

Collin F., Pisier E., Varikas E., (ed. 2011) Les Femmes de Platon à Derrida – Anthologie Critique, Dalloz, Paris 2011

Crombie A.C. (1961), Quantification in Medieval Physics, in: Woolf H. (ed., 1969), Quantification – A History of the Meaning of Measurement in the Natural and Social Sciences, Bobbs-Merrill, Publ., Indianapolis – N.Y., 1969

d'Espanat B. (2006), On physics and philosophy („Traité de physique et de philosophie"). Princeton U. P., Princeton, N.J., 2006

de St. Exupery A. (1943), Der kleine Prinz, Insel Verlag, Berlin

Debroer T.J. (1901), History of Philosophy in Islam, (Hg. u. übersetzt: Jones E.R.), Kessinger Publ., Rare Mystical Reprints, Hertford, G.B.

Defoe D. (1719), The Life and Strange Surprising Adventures of Robinson Crusoe, Aitken, London 1902

Dickens Ch. (1849), David Copperfield, dtv, München, 2011

Dijkstra, E.W. (1968), Go-To-Statement Considered Harmful, Communications of Assoc. Computing Machines, Vol. 11/3, pp. 147–148.

Dilthey W. (1900), Die Entstehung der Hermeneutik, in: G. Reiß, Materialien zur Ideologiegeschichte der deutschen Literaturwissenschaft, Bd. I, (S. 55–68), Max Niemeyer Verlag, Tübingen, 1973.

Dingler H. (1928), Das Experiment – Sein Wesen und seine Geschichte, E. Reinhardt, München, 1928

Dingler H. (1933), Die Grundlagen der Geometrie, F. Enke, Stuttgart, 1933

Dingler H. (1938), Die Methode der Physik, E. Reinhardt, München, 1938

Dreyfus H.L./Dreyfus St.E. (1988), Making a Mind versus Modelling the Brain: Artificial Intelligence Back at a Branchpoint, Daedalus, Winter 1988

Duby G., (1979), Der hl. Bernhard und die Kunst der Zisterzienser, Klett-Cotta, Stuttgart, 1981

Dumas A. (1844), Die Drei Musketiere, Fischer Klassik, 2011

Durkheim E. (1893), De la Division du Travail Social; Über soziale Arbeitsteilung, Suhrkamp, Fft./M. 1988

Durkheim E. (1912), Les formes élémentaires de la vie religieuse, Presses Univ. de France, Paris, 1968

Eco U. (1980), Der Name der Rose (Übers.: B. Kroeber), Hanser, München, 1982

Ekardt H.-P. (1994), Unter-Gestell, Die bautechnischen Fundamente großer technischer Systeme, in: Braun I., Jörges B. (Hg., 1994), Technik ohne Grenzen, Suhrkamp, Fft./M., 1994

Elias N. (1969), Die höfische Gesellschaft H.Luchterhand, Dortmund, 1975

Elias N. (1970), Was ist Soziologie, Juventa, München, 1971

Engels F. (1877), Herrn Eugen Dührings Umwälzung der Wissenschaft, Dietz Verlag, Berlin, 1971

Finke P. (2014), Citizen Science – Das unterschätzte Wissen der Laien, oekom-Verlag, München, 2014

Forman P.L. (1971), Weimar Culture, Causality and Quantum Theory, 1918–1927; Adaptation by German Physicists and Mathematicians to a Holistic Intellectual Environment, Hist. Studies of Phys. Science, III, S. 1 ff.

Foucault M. (1975), Überwachen und Strafen – Die Geburt des Gefängnisses, Suhrkamp, Fft./M. 1977

Foucault M. (1978), Dispositive der Macht – Über Sexualität, Wissen und Wahrheit, Merve, Berlin, 1978

Freyer H. (1987), Herrschaft, Planung und Technik, VCH, Acta Humaniora, Weinheim, 1987

Georgescu-Roegen N. (1971), The Entropy Law and the Economic Process, Harvard U.P., Cambridge, 1974

Giesecke M. (1991), Der Buchdruck in der frühen Neuzeit – Eine historische Fallstudie über die Durchsetzung neuer Informations- und Kommunikationstechnologien, Suhrkamp, Fft./M., 1991

Grimm, J. u. W. (1935), Deutsches Wörterbuch, Bd. XI, SI. Abtlg. I. Tl. (T-TrettigS); bearb. v. Lexer, M. Kralik, D., 1935

Grimmelshausen H.J.Ch. v. (1668/1669), Der abenteuerliche Simplicissimus Teutsch, Aufbau-Verlag, Berlin/Weimar 1984

Gross B.M. (1980), Friendly Fascism, M. Evans, NY, 1980

Gutas D. (1998), Greek Thought, Arabic Culture: the Graeco-Arabic Translation Movement in Baghdad and early Society (2nd–4th/8th–10th centuries), Routledge, London, 1998

Hägerstrand T. (1970), What about People in Regional Science? Papers of the Regional Science Assoc. 24, S. 7–21

Harnoncourt N. (1982), Die Musik als Klangrede – Wege zu einem neuen Musikverständnis, Bärenreiter, Kassel, 2016

Harnoncourt N. (1995), Was ist Wahrheit?, Residenz Verlag, Salzburg-Wien, 1995

Harrison J. (1911), Themis – A Study of the Social Origins of Greek Religion, Merlin press, London, 1977

Heidegger M. (1926), Sein und Zeit, M. Niemeyer, Tübingen, 1986

Heidegger M. (1935/36), Der Ursprung des Kunstwerks, in: Holzwege, V. Klostermann, Fft./M., 2005

Heidegger M. (1954), Was heißt Denken? Bauen, Wohnen, Denken, Das Ding. In: Vorträge und Aufsätze, Neske, Pfullingen, 1967

Heidegger M. (1955), Die Frage nach der Technik, in ds. (1962): Die Technik und die Kehre, G. Neske Verlag, Pfullingen, 1985.

Heidegger M. (1962), Die Technik und die Kehre, G. Neske Verlag, Pfullingen, 1985

Heidegger M. (1976) Brief über den Humanismus, in GA Bd. 9 Wegmarken (Hrsg.: F.W. von Herrmann), 3. Auflage, 2004

Heidegger M. (1984) GA Bd. 53 Hölderlins Hymne „Der Ister“ (Hrsg.: W. Bliemel), 2. Auflage, 1993

Heidegger M. GA = Gesamtausgabe (102 Bände), V. Klostermann, Fft./M.

Heintz B. (1993), Die Herrschaft der Regel – Zur Grundlagengeschichte des Computers, Campus, Fft./M. 1993

Heisenberg W. (1959), Physik und Philosophie, Ullstein Tb., Berlin, 1959

Hessel St. (2010), Empört Euch!, Ullstein, Berlin, 2011

Hetman F. (1973), Society and the Assessment of Technology, OECD, Paris, 1973.

Hobbes T.H. (1651), Leviathan or the Matter, Forms, and Power of a Commonwealth, Ecclesiastical and Civil, Fontana, Collins, London, 1962

Hofstadter D.R. (1979), Gödel, Escher, Bach: An Eternal Golden Braid, Basic Books, N.Y., 1979

Holton G. (1978), The Scientific Imagination, Cambridge UP., Cambridge, 1978

Horkheimer M., Adorno T. W. (1944), Dialektik der Aufklärung, Fischer, Fft./M., 1980. Ibid.: Appendix I: The Notion of Western Science: „Science as a Western Phenomenon“, S. 332 ff.

Jäger W. (1933/1944/1947), Paideia – Die Formung des griechischen Menschen, W. de Gruyter, Berlin, N.Y., 1989

Janich P. (1996), Was ist Wahrheit? – Eine philosophische Einführung, C.H. Beck, München, 2005

Joerges B. (1989), Technische Normen – Soziale Normen, in: Soziale Welt XL, 1/2

Johnson J.H. (1990), Expert Q-Analysis, Planning and Machine Design, XVII, S. 221 ff., 1990

Johnson J.H. (1990), The Rules of Q-Analysis, Planning and Machine Design, XVII, S. 475 ff., 1990

Johnson J.H. (1991), The Mathematics of Complex Systems, in: The Mathematical Revolution Inspired by Computing, J.H. Johnson, M. Loomes (ed. s, 1991), Oxford U.P., S. 165 ff., 1991

Kaldewey D. (2013), Wahrheit und Nützlichkeit, transcript-Verlag, Bielefeld, 2013

Kant I. (1781/1787), Kritik der reinen Vernunft, Werkausg. Bd.3, (Hg.: Weischedel W.), Suhrkamp, Fft./M., 1988

Kant I. (1798), Der Streit der Fakultäten, Werke Bd. 9, Darmstadt, 1964

Keen St. (2011), Debunking Economics – The Naked Emperor Dethroned?, ZED Books, London – N.Y., 2011

Kluge F. (1883), Etymologisches Wörterbuch der deutschen Sprache, de Gruyter, Berlin/N.Y., 1999

Kohr L. (1957), Das Ende der Großen – Zurück zum menschlichen Maß, O. Müller, Salzburg, 2002

König W. (1985), Wissenschaft und Praxis, Schlüsselkategorien für die Entwicklung des deutschen technischen Ausbildungssystems, Mitteilungen d. Techn. Univ. Carolo Wilhelmina zu Braunschweig, Jg. XX/2

Krämer, S. (1988), Symbolische Maschinen – Die Idee der Formalisierung in geschichtlichem Abriss, Wissenschaftliche Buchgesellschaft, Darmstadt, 1988

Kronecker L. (1887), Über den Zahlbegriff. [Crelle's] Journal für die reine und angewandte Mathematik, 101, S. 337 ff; Nachdruck in: Leopold Kronecker's Werke. Herausgegeben auf Veranlassung der Königlich Preussischen Akademie der Wissenschaften von K. Hensel. Leipzig, B.G. Teubner 1892, Bd. 3/1, S. 250 ff.

Kuhn T.S. (1961), The Function of Measurement in Modern Physical Science, in: Woolf H. (Hg., 1961), Quantification, A History of the Meaning of Measurement in the Natural and Social Sciences, Bobbs-Merrill, Indianapolis, 1961

Kuhn T.S. (1967), The Structure of Scientific Revolutions, Univ. of Chicago Press, 1970

La Mettrie J.O. (1748), L' Homme Machine, Dt: Der Mensch eine Maschine, (übersetzt: A. Ritter), Leipzig, 1875

Lakatos, I., Musgrave A. (Hg., 1970), Criticism and the Growth of Knowledge, Cambridge Univ. Press, 1970.

Laughlin R. B. (2007), Abschied von der Weltformel – die Neuerfindung der Physik, Piper, München, 2007

Leach E. (1970), Lévi-Strauss, Fontana, London, 1970

Leach E. (1976), Culture and Communication – The Logic by which Symbols are Connected, Cambridge Univ. Press, 1976

Lèvi-Strauss C. (1962), La Pensée Sauvage – The Savage Mind, Weidenfeld & Nicolson, London, 1976

Linde H. (1972), Sachdominanz in Sozialstrukturen, Mohr, Tübingen, 1972

Locke J. (1689), Two Treatises of Government, Suhrkamp, Fft./M., 2008.

Lühe I. v. d. (2015), Über Hannah Arendts Gedichte, in: Arendt H. (2015), Ich selbst, auch ich tanze – Die Gedichte, Piper, München, 2015

Luhmann N. (1969), Legitimation durch Verfahren, Suhrkamp, Fft./M., 1969

Lurija A.R. (1974), Die historische Bedingtheit individueller Erkenntnisprozesse, VCH Verlag, 1974

Mahdi M. (ed., 1969), Attainment of Happiness, in: Alfarabi's Philosophy of Plato and Aristoteles, Cornell U.P., N.Y., 1981

Malinowski B. (1922), Argonauts of the Western Pacific – An Account of Native Enterprise and Adventure in the Archipelagoes of Melanesian New Guinea, Dutton, New York, 1922

Marx K. (1859), Zur Kritik der politischen Ökonomie, Franz Duncker, MEW Bd. 13, Dietz Verlag, 1971

Mauss M. (1923), Die Gabe, Suhrkamp, Fft./M. 1968.

Merlau-Ponty M. (1945), Phänomologie der Wahrnehmung, de Gruyter, Berlin, 1966

Mittelstraß J. (1995), in: ds. (Hg.) Enzyklopädie Philosophie und Wissenschaftstheorie, Sonderausgabe, Bd. I, WBG, Stuttgart, 2004

More (= Morus) Th. (1516/1517), Utopia in: Three Early Modern Utopias – Utopia, New Atlantis, The Isle of Pines, (ed., S. Bruce), Oxford U.P., 1999

Moskowitz C. (2013), In a „Rainbow" Universe Time May Have no Beginning, http://www.scientific American.com/article. Cmf?id=rainbow-gravity-universe-beginning

Mumford L. (1964), Authoritarian and Democratic Technics, in: Technology and Culture, V, S. 1–8,

Murakami, Y.P. (1993), Scientization of Science, Annals of the Japan Ass. for the Phil. of Science, March 1993

Neiman S. (2016), Die Quelle Allen Unglücks, Die Zeit, 27. Okt. 2016

Nietzsche F. (1871), Die Geburt der Tragödie, oder: Griechentum und Pessimismus, Werke (3 Bde., Hg.: K. Schlechta), Hanser, München, 1954

Nietzsche F. (1873), Die Geburt der Tragödie aus dem Geiste der Musik, Goldmann Klassiker (7555), München

Nietzsche F. (1885), Jenseits von Gut und Böse, Goldmann Klassiker (7530), München

Nietzsche F. (1887), Zur Genealogie der Moral, Werke (3 Bde., Hg.: K. Schlechta), Hanser, München, 1954

Noble D.F. (1977), America by Design – Science, Technology and the Rise of Corporate Capitalism, A.A. Knopf, N.Y., 1979

Northrop F.S.C. (1959), Einführung in die Probleme der Naturphilosophie, in: Heisenberg W. (1959), op.cit., S. 175 ff.

Owen R. (1813), Eine neue Auffassung von der Gesellschaft: Ausgewählte Texte. Hg.: Lola Zahn, Akademie-Verlag, Berlin, 1989

Oxford Dictionary of English Etymology (1966), Ed.: C.T. Onions, Clarendon Pr., Oxford, 1966

Perrow C. (1984), Normale Katastrophen. Die unvermeidbaren Risken der Großtechnik, Campus, Fft. M., 1987

Petty W. (1662), A Treatise of Taxes and Contributions, 1662

Petty W. (1676), Political Arithmetic, posthum pub. 1690

Pfammatter U. (1997), Die Erfindung des modernen Architekten, Birkhäuser, Basel–Berlin, 1997

Piaget, J. (1972, 1973), Die Entwicklung des Erkennens, Klett-Cotta, Stuttgart, 1972/73

Platon Politeia, Platon Werke (1981), Bd. IV, WBG, Darmstadt, 2005

Poincaré H. (1902), Wissenschaft und Hypothese, (Original: La science et l'hypothèse, Paris 1902), Xenomos Verlag, Berlin, 2003

Polanyi K. (1944), The Great Transformation – Politische und ökonomische Ursprünge von Gesellschaften und Wirtschaftssystemen, Suhrkamp, Fft/M., 1973

Polanyi K. (1979), Ökonomie und Gesellschaft, Suhrkamp, Fft./M., 1979
Popper K.R. (1935), Logik der Forschung, Wien, 1935
Popper K.R. (1963), Conjectures and Refutations – The Growth of Knowledge, Routledge & Kegan, London, 1965
Radkau J. (1989), Technik in Deutschland. Vom 18. Jahrhundert bis zur Gegenwart, Suhrkamp, Fft./M, 1989
Randell B. (1973), The Origin of Digital Computers, Springer, Berlin-N.Y., 1982
Rashed R. (1984), The Development of Arabic Mathematics: Between Arithmetic and Algebra,Kluwer Acad. Publ., Dordrecht, 1994;
Reuleaux F. (1875/1904), Theoretische Kinematik, Lehrbuch der Kinematik, (2 Bde.), Vieweg, Braunschweig, 1875, 1904
Rodi F. (2003), Das strukturierte Ganze. Studien zum Werk von Wilhelm Dilthey. Velbrück Wissenschaft, Weilerswist, 2003
Roe Smith siehe: Smith M. Roe
Rosenberg N. (1982), Inside the Black Box: Technology and Economics, Cambridge U.P., Mass., 1982
Rousseau J.J. (1762), Emile oder Über die Erziehung, Reclam, Stuttgart, 1963
Schmitt C. (1921) Die Diktatur, Duncker & Humblot, Berlin, 1994
Schmutzer M.E.A. (1994), Ingenium und Individuum – Eine sozialwissenschaftliche Theorie von Wissenschaft und Technik, Springer Verlag, Wien-New York, 1994
Schmutzer M.E.A. (2003), Zeitgemäße Zeiträume – Stellwerk und Spielraum, in: Funken C., Löw M. (2003, Hrsg.), Raum – Zeit – Medialität, Leske-Budrich, Opladen, 2003
Schmutzer M.E.A. (2006), Gesellschaft per Entwurf, in: Technik- und Wissenschaftssoziologie in Österreich – Stand und Perspektiven" ÖZS Sonderband, S. 255 ff. Westdeutscher Verlag, 2006
Schmutzer M.E.A. (2011), Die Geburt der Wissenschaften – Panta Rhei, Velbrück, Weilerswist, 2011
Schmutzer M.E.A. (2015), Die Wiedergeburt der Wissenschaft im Islam – Konsens und Widerspruch – idschma wa khilaf, transcript-Verlag, Bielefeld, 2013
Schramm F. (1963), Ibn al-Haythams Weg zur Physik, F. Steiner, Wiesbaden, 1963
Schrödinger E. (1932), Über Indeterminismus in der Physik; Ist Naturwissenschaft Milieu bedingt, beide in: Zwei Vorträge zur Kritik der naturwissenschaftlichen Erkenntnis, J.A. Barth Verlag, Leipzig, 1932
Schrödinger E. (1962), Was ist ein Naturgesetz? – Beiträge zum naturwissenschaftlichen Weltbild, Oldenbourg, München, 1962.
Schumpeter J.A. (1947), Kapitalismus, Sozialismus und Demokratie, UTB, A. Francke, Tübingen, 1993
Seneca, Vom glückseligen Leben, Kröner, Stuttgartt, 1978, S. 80
Sennett R. (1994), Fleisch und Stein – Der Körper und die Stadt in der westlichen Zivilisation, Suhrkamp, Fft/M., 1997

Simon H.A. (1979), From Substantive to Procedural Rationality, Oxford Univ. Press, Oxford, 1979

Smith A. (1776/1789), The Wealth of Nations, dt.: Der Reichtum der Nationen – Eine Untersuchung seiner Natur und seiner Ursachen, Dt. Taschenbuch Verlag, München, 1990

Smith M. Roe (1985), Military Enterprise and Technological Change, MIT- Press, Mass., 1985

Snow C.P. (1959/1963), Die zwei Kulturen, in: H. Kreuzer (Hg. 1987), dtv, München, 1987

Staudenmaier S.J., J.M. (1992), Science and Technology: Who gets a Say?, in: Kroes P., Bakker M., (eds., 1992), Technological Development and Science in the Industrial Age – New Perspectives on the Science-Technology Relationship, Kluver, Dordrecht, 1992

Taschner R. (2007), Zahl Zeit Zufall – alles Erfindung?, Ecowin, Salzburg, 2007

Thom R. (1972), Structural Stability and Morphogenesis, Benjamin, Mass., 1975

Toulmin St. (1988), The Dream of the Exact Language, Festvortrag: Culture, Language, and Artificial Intelligence, Stockholm, May 30th – June 3rd, 1988.

Toulmin St. (1990), Cosmopolis – The Hidden Agenda of Modernity, The Free Press, Macmillan, N.Y., 1990

Turing A. (1936/1937), On Computable Numbers, with an Application to the Entscheidungsproblem, Proceedings of the London Math. Society 2,42/43, London, 1937, S. 544–546.

van Atten M., „Luitzen Egbertus Jan Brouwer", The Stanford Encyclopedia of Philosophy (Summer 2011 Edition), Edward N. Zalta (ed.), URL: http://plato.stanford.edu/archives/sum2011/entries/brouwer/

Veblen Th. (1899), The Theory of the Leisure Class (Dt.: Theorie der feinen Leute), Dover Publ., N.Y., 1994

Wagenknecht S. (2011), Freiheit statt Kapitalismus – Über vergessene Ideale, Eurokrise und unsere Zukunft, Campus, Fft./M., 2012

Weber M. (1922), Wirtschaft und Gesellschaft, J.C.B. Mohr, Tübingen, 1985

Weik K.E. (1985), Der Prozess des Organisierens , Suhrkamp, Fft./M.,1998

White, L. jr. (1962), Medieval Technology and Social Change, Clarendon Press, Oxford, 1962

Wittgenstein, L. (1921/22), Tractatus Logico-Philosophicus, in: Schriften von L. Wittgenstein, Suhrkamp, Fft./M.,

Wittgenstein L. (1958), Philosophische Untersuchungen, Suhrkamp, Fft./M, 1977

Zola E. (1873), Der Bauch von Paris (Le ventre de Paris), Jazzybee Verlag, 2015

Zola E. (1880), Nana, dtv, München, 1976

Zola E. (1884), Das Paradies der Damen, (Au Bonheur des Dames), Jazzybee Verlag, Altenmünster, 2015

Geschichtswissenschaft

Torben Fischer, Matthias N. Lorenz (Hg.)
Lexikon der »Vergangenheitsbewältigung« in Deutschland
Debatten- und Diskursgeschichte des Nationalsozialismus nach 1945

2015, 494 S., kart.
34,99 € (DE), 978-3-8376-2366-6
E-Book
PDF: 34,99 € (DE), ISBN 978-3-8394-2366-0

Debora Gerstenberger, Joël Glasman (Hg.)
Techniken der Globalisierung
Globalgeschichte meets Akteur-Netzwerk-Theorie

2016, 296 S., kart.
29,99 € (DE), 978-3-8376-3021-3
E-Book
PDF: 26,99 € (DE), ISBN 978-3-8394-3021-7

Alban Frei, Hannes Mangold (Hg.)
Das Personal der Postmoderne
Inventur einer Epoche

2015, 272 S., kart.
19,99 € (DE), 978-3-8376-3303-0
E-Book
PDF: 17,99 € (DE), ISBN 978-3-8394-3303-4

Leseproben, weitere Informationen und Bestellmöglichkeiten finden Sie unter www.transcript-verlag.de